U0482561

教育学术文丛

建构主义视域下的教师专业发展研究

Jiangou Zhuyi Shiyuxia de Jiaoshi Zhuanye Fazhan Yanjiu

张奎明　著

图书在版编目（CIP）数据

建构主义视域下的教师专业发展研究 / 张奎明著 . –
北京：北京师范大学出版社，2017.3(2022.12 重印)
ISBN 978-7-303-22019-9

Ⅰ . ①建… Ⅱ . ①张… Ⅲ . ①师资培养–研究–中国
Ⅳ . ① G451.2

中国版本图书馆CIP数据核字（2017）第012602号

营销中心电话　010-58802755　58800035
图书意见反馈　gaozhifk@bnupg.com　010–58805079

出版发行：北京师范大学出版社　www.bnup.com
　　　　　北京市海淀区新街口外大街12-3 号
　　　　　邮政编码：100088
印　　刷：唐山玺诚印务有限公司
经　　销：全国新华书店
开　　本：710 mm×1000 mm　1/16
印　　张：16.25
字　　数：260 千字
版　　次：2017年 3 月第 1 版
印　　次：2022 年 12月第 3 次印刷
定　　价：39. 00 元

策划编辑：赵玉山　李　飞　　　责任编辑：刘萌萌　陈　晨
美术编辑：李向昕　　　装帧设计：耿中虎
责任校对：陈　民　　　责任印制：赵　龙

序

本书是在我博士论文基础上较大幅度地修改增删后形成的。为方便读者阅读和理解此书，有必要先对我博士论文的选题过程、研究思路等做一交代。其实最初我的博士论文选题并不是教师教育，因为在此之前，自己一直对这一领域抱有一种敬而远之的态度。尽管我的大学本科专业是物理教育，是学做物理教师的，但对于师范教育的有效性，对大学教育阶段能否培养出一个合格的教师曾长期持有一种说不清的怀疑态度。这也许源于自己本科教育的经历和当时对教师工作的认知。尽管经过四年的大学本科教育使我自身发生了凤凰涅槃式的变化，尽管在教育实习时面对 40 多位中学生能够做到侃侃而谈，但对于如何做一个教师仍然知之不多、了解不深。在所有针对教师培养的环节中，给我印象最深、对我影响最大的似乎只有为期两周的实习。另外，我当时认为培养一个合格教师几乎是一件不可能的事情。因为教师是培养人的人，而人是世间最复杂的存在，人的成长发展并没有一个绝对正确或标准的路径，而社会的人才标准又是多样的，所以如何教育培养人并没有也不应该有一个固定的模式，那么又如何来培养一个“合格”的培养人的教师呢?

最后确定将教师教育作为博士论文研究领域的原因主要有两个：一是基于师门研究传统。教师教育是我的导师谢安邦先生的主要研究领域之一，尽管先生对我们的论文选题没有明确要求，但似乎有一个没有约定但也成俗的传统，即每届弟子中至少有一个人应选择教师教育作为自己的博士论文研究领域。我们这届接续师门传统的光荣任务最终落在我的身上。另一个原因基于自己以后的工作考虑。在读博之前我已经是一名师范大学教师，毕业后很可能要继续从事教师教育工作，因此需要先育己，把教师教育中的一些基本问题以及自己心中长期存在的诸多困惑尽量弄清楚。确定论文研究领域后，我阅读了大量的研究文献，但并没有获得多少灵感，反而增添了更多的困惑。更没有发现这一领域的前沿在哪里，“巨人的肩膀”到底在何处？最令我困惑的是，尽管文献中有大量关于教师、教师素质、教师如何培养等的论述，但多数重点在谈是什么，应该如何做；而从有关为什么的论述中，并没有找到多少有足够说服力的令我信服的理论和研究支撑。幸运的是当时我们有类似头脑风暴的“神仙会”。记得在晚饭散步回来之后，我们高教专业住校的几位同学时常聚在一起谈天说地，而讨论最多的是一些学术话题，其中“建构主义”就是其中之一，这是我与“建构主义”的第一次接触，但它却给我一种似曾相识的感觉，有一种说不出的亲切感，似乎说出了自己偶有体悟又不能清楚表达的某种感受。后来通过广泛阅读建构主义的相关文献，逐渐对这一理论有了较深入的了解，并开始以此为视角来观照自身的学习、成长与发展，来重新看待所熟识的教育现象和问题，它像一副带有魔力的眼镜，使我对很多教育问题产生了与以往不同的认识和看法。我为这一貌似浅显的理论所具有的强大解释力所深深折服，并逐渐成为一个“建构主义者”。将建构主义与我的论文建立联系颇有戏剧性。那是 2003 年暑假，我为家在南京的一位同学送东西，当他带我游览他们的校园经过一个书摊时，忘记是看到怎样一本书了，我突然有了灵感，并告诉他自己将从建构主义视角来研究教师教育。朋友错愕地看着我，并开玩笑说“你快疯魔了”。这个决定使迷茫困惑中的我终于确立了前进的方向，就如一个海中溺水的人终于看到一块坚实的大陆。

建构主义作为一种认识论、学习理论，确实为我理解学习与教师发展，理解教师教育提供了一个新的视角、理论平台和方法论。但随着研究的深入，发现仅靠建构主义这一理论，许多问题还是不能完全说清楚，譬如如何解释教师应该成为学生学习促进者这一角色转变？建构主义只能用来说明学生是如何建构知识的，以及为什么要以学生为学习主体。但早在几十年前皮亚杰的认知发展理论就已出现，而以学生为主体的学习观点早已为人们所熟知，那么还有什么理由需要今天的教师发生这种角色的转变？进一步地探索和思考后发现，还需要从社会学的视角来看待这一新的角色，即从知识经济时代社会经济、科技发展对创新型人才的需要，从社会知识观、人才观的变化对教育的影响等来加以认识。由此，论文研究的基本思路和问题框架就基本确立起来，我要研究的是处于当今特定历史发展阶段和具体社会背景下的教师，他们承担着时代社会和人的发展所赋予的特定教育使命，为完成这些使命教师需要扮演许多新的角色，拥有许多新的素质，而教师教育就应该以这些角色及其相应素质的培育为目标。按照这种思路，接下来需要回答的问题是：建构主义是什么？建构主义作为一种“舶来品”是否适合我国的国情？当代教师应承担的角色有哪些？要承担好这些角色对教师的素质有哪些基本的要求？国外建构主义教师教育改革是如何进行的？有哪些值得我们借鉴和学习的经验？等等。最后，基于我国教师教育的实际和教师应有的角色及素质发展目标，以建构主义理论为视角、借鉴国外建构主义教师教育改革的经验，探索如何开展和实施我国的教师教育改革。对这些问题的研究结论便构成了博士论文的主要内容。

对博士论文相关问题的研究和思考并没有随着毕业而终结，而是一种新的开始。毕业后的十几年来，我分别为学院教育学专业的本科生、比较教育学专业的研究生开设了教师专业发展、教师教育比较研究等课程，先后主持承担了《教师教育学院建设的理论与实践》《新课改背景下的中小学教师培养研究》《优秀高校教师教学能力发展的理论与实证研究》等课题。在此过程中，建构主义（确切地说是我所理解的建构主义）已经成为指导自身教学、研究和学习的基本思想和主要方法论，这使我对建构主义理论有了更深入的认识和体悟，也使我对有意义学习理论、深度学习理论、个体思维发展的过程与特点等有了更全面而深入的理解。也使我更容易接受教师个体知识、实践性教学知识、教师专业发展、教师校本发展等新概念、新理念。我也没有如人们所担心那样成为一个“相对主义者”，使自己陷入相对主义“泥沼”，相反它帮助我进一步完善了自己的辩证法思想。另外，论文中有关教师角色与素质发展目标等内容是我所承担的教师专业发展等课程的重要组成部分。通过反复的讲授、不断的学习、研究与思考，我对这些问题有了更全面深入的认识。

本书共有八章，其中第一、二、四、五、七、八等章节就是在论文基础上修改形成的，另外两章是后来增加的。全书的结构布局是按照总分总的思路设计的：第一章是研究概述，主要阐述了研究的缘起、意义，研究的现状、研究的思路与方法等。第二章是建构主义认识论、学习理论，主要探讨了建构主义的概念、内涵、理论渊源、不同流派的建构主义及其观点，建构主义学习理论、建构主义教学论的基本主张，分析了建构主义思想是否具有普适性，是否能够适应我国的国情与文化等问题。这一章是一个总领章，它为以后的各章节的研究提供了主要的认识论、学习论、教学论基础。第三章研究的是教师职业特性与专业化，主要以当代社会发展和教育改革为背景，从职业比较的视角总结分析了教师职业所具有的独特性。在此基础上又对如何实现基于教师自身特性的专业化之路进行了初步的探讨。这一章总括了我们对于教师职业的基本认识，以后各章是在这一认识基础上展开的。第四、五、六三章分别从促进社会改革、促进学生发展、教师自身发展三个目标维度分别对教师的角色、职责以及应有的素质等进行了探讨。第七章探讨了国外建构主义教师教育改革的理念、思路和做法；第八章是终结章，它以前面几章的研究为前提和基础，针对我国教师教育的现状与问题，基于建构主义认识论、学习论的视角，对如何推进和深化我国的教师教育进行了研究。

另外，附录部分列出了几篇有关教师教育的论文，它们不是出自博士论文，但彼此存在密切的关系，是对论文中一些问题研究的深化。

记得唐代大诗人贾岛在其《剑客》诗中有云："十年磨一剑，霜刃未曾试。今日把示君，谁有不平事？"从博士毕业至今已经十多年过去了，在作品即将付梓之时，我却没有诗人的那种踌躇满志，尽管自己为此付出了长期而艰辛的努力，从育己的角度看确实收获巨大，从根本上改变了我对教师、教师教育的看法，使我从一个教师培养的怀疑论者变为一个坚定的信奉者、践行者，但作为一部要"示君"的作品，还是心怀惶恐。敬请各位方家批评指正！

2016年11月于曲园

目录

第一章 绪　论

1

我们当教师的没有教儿童思考。从他开始过学校生活的最初日子起，我们就把他眼前那扇通往周围大自然的迷人世界的门关闭了，他再也听不到小溪的潺潺流水声，听不到春雪融化时水滴的叮咚响，听不到云雀的婉转鸣唱了。他们只是背诵关于所有这些美好事物的一些枯燥乏味的语句。

——苏霍姆林斯基《帕夫雷什中学》

一、研究问题的提出

（一）问题研究的背景

“教师素质是在先天生理的基础上，通过个体在后天的环境和教育中自身的努力养成的，比较稳定的身心发展的基本品质，它自然与学校的目的和功能、社会的特点及其对新一代的要求有着直接和密切的关系，但最终还是由社会发展的要求决定的。”① 社会的发展，教育目标的调整和教育基本理论基础的变革，几乎无可避免地，会涉及对教师素质的重新界定。“只要时代处在深刻变化的转折关头，人们在重新审视现有教育、找出它的问题、希望改变它的现状，并赋予它新的使命的同时，总会提出教师质量问题，为教师重新画像。”②

自20世纪80年代以来，人类社会进入到一个以科技创新驱动和知识型、创新型劳动者为支柱的知识经济时代，经济增长方式的转变、互联网技术的普及、知识更新和科技创新速度的加快使教育尤其是学校教育真正进入社会的中心，成为影响经济发展、科技进步和社会整体改革的基础性甚至决定性因素。为提高国家的经济实力和综合竞争力，实现经济社会的良性健康的发展，世界各国纷纷实施教育改革，30多年来，各种各样的持续不断的改革，成为时代教育的一项鲜明的特征。在这些改革中，持续最

① 谢安邦:《师范教育论》，中国建材工业出版社1997年版，第90页。

② 叶澜:《教师角色与教师发展新探》，教育科学出版社2001年版，第17页。

久、影响最为广泛的应该算是自20世纪80年代后期以来自美国兴起的基于建构主义的教育改革。美国学者布鲁克思曾对此做过这样的描述，“几年前，建构主义的字眼还只是出现在那些仅仅由哲学家、认识论者和心理学家们阅读的专业期刊中，而今天，建构主义已经遍及在教师的教科书的教学手册中，出现在政府教育部的课程框架中，充斥在各种教育改革的资料和教育类期刊中。”[①] 马修斯认为“建构主义学习观是1980年代以来对科学课程产生最显著影响的心理学理论”。[②]

这股“建构主义”之风，在20世纪90年代后期登陆中国。1995年，台湾地区创办了《建构与教学》(*Constructivism and Teaching*)的期刊。大陆较早对这一理论进行系统介绍的是北京师范大学的何克抗，他于1997年在《电化教育研究》等期刊上，相继发表了题为《建构主义——革新传统教学的理论基础》等的系列文章。在此后的20多年里，建构主义受到了我国心理学界、教育理论界和广大学校教师的广泛关注，涌现出大量关于建构主义理论和教育教学实践等的研究文献。在1997年1月到2004年9月的短短7年间，中国期刊网上以“建构主义”为关键词的文章就有1670篇，而从2005年到2016年的10多年间，期刊论文、硕博论文数量达到惊人的11561篇，其中大多数文章集中在教育教学领域。也相继出版了一些有关建构主义的著作，早期的著作有袁维新教授2002年出版的《认知建构论》,[③] 华东师范大学高文教授等的译著《教育中的建构主义》，郑太年、任友群等翻译的《学习环境的理论基础》等[④]。从硕士、博士论文研究的情况看，建构主义基本理论和教育教学等，已经成为当前一个重要的研究领域，从2000年到2003年期间，有关建构主义为理论基础和教育教学研究的各类硕士、博士论文近100篇；2004年到2016年13年间各类硕士、

① Brooks, M.G., & Brooks, J.G.,The courage to be constructivist. *Educational Leadership*57(3),1999, pp.18-24.

② Matthews,M.R.,*Constructivism in Science and Mathematics Education*,Chicago,University of Chicago Press,2000,pp.161-192.

③ 袁维新:《认知建构论》，中国矿业大学出版社2002年版，第8页。

④［美］莱斯利·P. 斯特弗:《教育中的建构主义》，华东师范大学出版社2002年版，第9页。

博士论文发表数量为1178篇。另外从以上文献所涉及的内容看，遍及基本理论和教育教学实践的多个领域，研究的问题分布在从学前教育到大学教育、成人教育和职业教育等多个教育层次和学科类别中。

显然，这种“外来之风”对于我国的许多教育工作者来说，已经是习以为常了，作为一个理智的研究者，在决定接受或放弃某种新的理论或学说之前，必然要对其作出一番全面细致的了解和考察，不但要了解理论本身是什么，判断其内在的合理性，也要结合我国的教育实际，对它在我国社会文化背景下的生命力，对于它是否有利于帮助我们实现人才培养的目标，是否有利于解决我国当前教育改革中所遇到的理论和实践问题等，进行全面认识和综合判断。

可以看出，我国学者对于建构主义及其教学论主张正是抱着这样一种审慎的态度。如有研究者指出，“建构主义将不可避免地导致竞争意义的缺失”。[①] 也有作者指出“应清楚地认识与批判各种建构主义在哲学上的错误主张等”。[②] 但从总的情况来看，大多数的研究者，包括以上持批评态度的研究者在内，都对建构主义可能给我国教育教学改革带来的积极意义，持肯定和乐观的态度，认为建构主义对于转变我国的教育教学理念，推进和深化基础教育改革，实现教育教学方式的转变，实现以创新素质等为核心的人才发展目标等是有利的。如傅维利等认为，建构主义教学理论更利于学生创造精神和创造力的培养；[③] 建构主义教学论为培养与发展学生的主体性提供了新的视野和思维空间。[④] 建构主义学习理论顺应了当前的教学改革，充分尊重学生，把学生作为教学的中心、发展的中心，这些都非常符合我国当前教学改革的本质。[⑤] 华东师范大学的钟启泉教授在“建构主义与

① 沈书生，李艺:《论建构主义的竞争意义缺失》，载《中国电化教育》2002年第6期。

② 郑毓信:《建构主义之慎思》，载《开放教育研究》2004年第1期。

③ 傅维利，王维荣:《关于行为主义与建构主义教学观及师生角色观的比较与评价》，载《比较教育研究》2000年第6期。

④ 胡斌武，吴杰:《建构主义教学论述评》，载《电化教育研究》2002年第7期。

⑤ 杨春宏，张生春:《建构主义与基础教育改革》，载《河北师范大学学报(教育科学版)》1998年第3期。徐静竹:《建构主义学习理论与我国当前的教学改革》，载《青岛大学师范学院学报》2003年第1期。

课程教学改革国际研讨会”上的发言中也指出，“教育中的建构主义思想，正在深刻地影响着我们对于学习、教学和课程的认识，因而有可能成为推动学校教育变革的革命性理论之一。”①

建构主义对我国教育的影响，显然并不仅仅局限在理论上。2001 年教育部出台的《基础教育课程改革纲要》中，尽管并没有明确指出是以建构主义为指导的，但从对教学改革提出的具体要求看，背后有着明显的建构主义支撑，如指出“应改变传统的课程实施中过于强调接受学习、死记硬背、机械训练的现状”“倡导学生主动参与、乐于探究、勤于动手、培养学生搜集和处理信息的能力、获取新知识的能力、分析和解决问题的能力以及交流与合作的能力”等，可以认为是与建构主义的许多教育教学主张是一致的。而在我国新课程标准中表达的更为明确：“教师应该是学习的组织者、引导者与合作者，其作用在于激发学生的学习积极性，向学生提供充分从事学科活动的机会，帮助学生在自主探索和合作交流的过程中，真正理解与掌握基本的知识和技能、思想和方法，获得广泛的学科活动经验，最终使学生成为学习的主人”等。②

综上所述可以看出，近 30 年来，建构主义已经被我国越来越多的教育研究者和教师所认识和接受，成为我国基础教育改革的重要理论基础，对我国教育教学改革产生着全面而深刻的影响。作为一种新的认识论、学习论思想，由此引发的改革，不是在传统的教育基础上的修修补补，而是一种以新的时代人才和社会发展需要为目标，在新的知识观和学习观基础上进行的一种革命性的教育变革，这种改革正如有研究者所指出的，需要对传统的教育，包括基本的教育理念、教师、学生等观念进行全面的解构与重构。③

---

① 裴新宁:《东西理念碰撞：建构对教育的理解——首届建构主义与课程教学改革国际研讨会综述》，载《开放教育研究》2003 年第 1 期。

② 中华人民共和国教育部:《全日制义务教育教学课程标准(实验稿)》，北京师范大学出版社 2001 年版。

③ [日]佐藤学:《学习的快乐——走向对话》，教育科学出版社 2004 年版，第 176 ~ 177 页。

（二）研究的基本问题、意义

教师是影响教育教学质量的最关键要素，是决定教育改革成败的重要力量，推进教育改革首先应实现教师的转变。任何一项重大的教育改革，都会对教师素质提出一些新的要求，在没有适当素质的教师的积极参与下，无论改革在表面上是多么的轰轰烈烈，也无论理论家们对前景描述得如何天花乱坠，改革都难以取得实际性的成效。那么这次以社会发展的重大转型和快速变革与发展为背景，以创新型人才培养为目标，以促进学生自主建构、主动学习、合作学习为核心的建构主义教育教学改革，它对教师的素质提出了哪些基本的要求？ 教师要胜任作为学生“学习的组织者、引导者与合作者”的角色，需要具备哪些相应的素质？ 应如何培养这些素质？ 这种以建构主义教育教学改革为背景，以我国经济社会的发展对创新型人才培养的要求为现实依据，来考察教师素质及其培养问题，正是本书研究的核心所在。

关于教师素质等问题研究的必要性和意义至少表现在以下几个方面：

第一，它为教师的培养、培训以及教师个体自身专业发展目标的确立提供借鉴。任何的教师培养、培训都是以一定的教学实践和教师素质为参照进行的，以胜任建构主义教学为目标的教师培养、培训工作，必然要求提供相应的行为和素质参照。

第二，从当前研究的情况看，国内对这一改革思想和实践基础上的教师素质关注的还不够，研究成果的数量还相当有限，研究的问题也不够全面，多数研究只是关注教师的知识和能力，而缺乏对教师相应的观念、教学伦理、道德素质和人格特质等进行全面系统的研究。这一状况，显然无法满足教育实践对教师素质全面性变革的要求。

第三，关于建构主义教育教学改革相关的教师素质的培养问题，由于国内对这一问题关注较晚，所以相关的研究也很少。从国外有关的研究看，多数研究者认为，传统的教师教育范式无法培养出符合建构主义教学改革实践所需要的教师，教师教育的范式同样需要进行变革。那么需要采用怎样适当的新范式进行培养呢？这显然是教师教育改革必须作出回答和解决的问题。

最后，我们把要研究的问题做一简要概括：

1. 什么是建构主义？建构主义的基本主张是什么？建构主义教学改革兴起的时代背景和主要目的是什么？这一理论是否适应我们的国情？是否有利于实现我们的教育改革目标？

2. 当代教师应承担的角色有哪些？承担好这些角色对教师的素质有哪些要求？

3. 国外建构主义教师教育改革是如何进行的？有哪些值得我们学习和借鉴的经验？

4. 基于我国教师教育的实际和教师的新角色以及素质发展目标，以建构主义理论为视角、借鉴国外建构主义教师教育改革的经验，探索如何开展和实施我国的教师教育改革。

二、文献研究综述

综述共分为三个部分：第一部分，为提供一种广泛的研究背景和视野，将对国内外关于建构主义教师问题研究的情况概况做一简单总结；第二部分，主要针对我国学者提出的关于建构主义教学改革背景下教师角色、职责和素质的主要观点、主张进行梳理；第三部分是国内有关建构主义教师教育的实践和研究状况。

该综述的目的主要有三个：第一是为本课题的研究提供一个基础背景，已为本研究提供一个适当的切入点；第二对相关材料进行必要的梳理，以便发现当前研究中存在的问题，为我们的研究提供借鉴；第三进一步确立我们研究所应主要解决的问题。

（一）国内外相关研究概况

总的来看，国内外对建构主义教育改革背景下教师素质和培养问题的研究几乎是与教育教学改革同步的。美国大量相关研究文献的出现是在 20 世纪 80 年代后期，我国则是开始于 20 世纪 90 年代末。如果把研究的问题按照教师素质和教师培养两个部分内容来划分，各部分研究的大致情况是：国外对教师素质的专门性研究较少，而对建构主义教师培养问题的研究较多；我国在这两个方面的研究都很有限，相比之下，其中关于教师素质的研究比较多。

1. 有关教师素质的研究

首先，从国外教师素质等的研究情况看，尽管他们提出并在广泛使用“建构主义教师”（Constructivist Teacher）的概念，但迄今为止，还没有发现对建构主义教师素质进行专门性论述或研究。大量的相关讨论隐含在有关学习和教学的研究中。研究的问题主要涉及教师的角色、教师的职责、教师的教学行为原则、教师的能力、观念、态度和人格等。这些研究中，其中较著名的和被引用较多的是 Jacqueline Grennon Brooks 等的研究。他们在《寻求理解——建构主义教学案例》（*In Search of Understanding——The Case for Constructivist Classrooms* ）一书中，对“建构主义教师”进行了全面而细致的刻画，概括出了 12 种教学行为特征。另外，还有其他的一些研究，涉及教师观念、能力等讨论。但总的来看，与建构主义教学中的其他问题相比较，教师素质问题的研究没有受到应有的重视。这一方面应与他们强调实证的研究传统有关，教师素质领域很难通过实证的方式进行研究，尤其是建构主义教学改革正在进行中，还不尽完善。另一方面可能与建构主义所主张的教学实践的个体性、独特性和情境性等观念有关，也就是说，对于一种高度个性化、情境依存的教育实践，也就很难对教师素质提出统一的要求。还有一个可能的原因是，建构主义教学存在着各种不同的理论基础和教学主张，试图确立一个统一的教师素质标准虽然是困难的，但并非不存在这种需求。实际上一些教师教育者在呼吁，需要弄清楚建构主义教学的教师到底需要知道什么，需要做什么？从网络资源的搜索看，当前对建构主义教师相关的研究呈现快速增长的趋势，在 2004 年

11 月份以“Constructivist Teacher”为搜索项在 GOOGLE 中的搜索结果为 55300 项；2005 年 4 月份的搜索结果为 244000 项。

相比较而言，我国学界对教师素质问题更为重视。尽管“建构主义教师”还没有作为一个通用的词汇，但已有一些文献[①]从建构主义学习和教育教学的目标、任务和方式出发，对教师的角色、知识基础、能力要求等素质问题进行了探讨。张桂春博士在其论文《激进建构主义研究》第三部分中，对激进建构主义的教师观和学生观进行了论述。在其他有关学习和教育教学的文献中，也穿插着不少关于教师角色和素质等问题的讨论。

2. 有关教师培养的研究

与建构主义基础教育与改革相关的教师培养是我们关注的另一个问题。我们主要考察的是建构主义教师教育（Constructivist Teacher Education），所谓“建构主义教师教育”主要是指以建构主义为指导的教师教育，也就是说以建构主义知识观和学习理论为理论基础和方法论的教师教育。从相关教育方案的目标看，建构主义教师教育方案主要是以“建构主义教学的教师为培养目标为取向的”。所以，在综述中我们把建构主义教师教育与建构主义教师素质的培养看作是一致的，是一个问题的两种视角。从掌握的资料看，对建构主义教师的培养问题，在美国、澳大利亚、加拿大等国家得到了较为普遍的重视。许多研究者和大学的教育学院，都以服务中小学建构主义教育教学改革实践为重要目标，强调把建构主义或相关的一些理论和方法，作为改革教师教育的重要理论和方法论基础。如美国马萨诸塞州立大学教育学院（UMass School of Education）的建

① 主要包括刘娟:《建构主义课堂教学对教师提出的新要求》，载《教育评论》2001 年第 3 期。郦妍:《建构主义视野下的教师能力构成与师资培养》，载《安徽教育》2003 年第 10 期。黄飞莺:《建构主义教学观对教师教学行为的影响》，载《杭州教育学院学报》2002 年第 2 期。汤丰林、申继亮:《论基于问题学习的教师观——兼论我国新课程实施中教师角色的变化》，载《高等师范教育研究》2003 年第 4 期。柳英林:《建构主义教学模式与大学英语教师角色的重新定位》，载《现代教育科学》2002 年第 1 期。傅维利、王维荣:《关于行为主义与建构主义教学观及师生角色观的比较与评价》，载《比较教育研究》2000 年第 6 期。张文兰:《建构主义学习环境下教师角色的再定位》，载《电化教育研究》1999 第 4 期。王紫馨:《建构主义视角下的师生身份确认与角色转换》，载《西南交通大学学报（社会科学版）》2004 年第 3 期。

构主义教师教育方案（Constructivist Teacher Education Program）(CTEP)、加拿大奥卡诺根大学学院 (Okanagan University College)2002 年 9 月起开始实施的教师教育方案、美国哥伦比亚大学的发展教师教育 (DTE) 计划、美国享德里克斯（Hendrix）学院 2002—2003 年的教师教育方案和美国怀俄明（WYOMING）大学教育学院 2004 年的教师教育计划等，都是以建构主义学习理论等为指导形成的。在怀俄明大学 2004 年的教师教育方案中这样写道，我们相信每个学习者都在构建自己的理解，一个负责的专业应该帮助学习者实现这一目标。我们的教育方案，包括课程、活动和评价等都是以建构主义哲学为基础的。

美国学者当格（Dangel）和盖顿（Guyton）在 2004 年所做的关于建构主义教师教育方案的综述性研究中，收集了 40 个建构主义教师教育方案的案例。[①] 如果把各种以教师教育的理论性研究计算在内，资料的数量要远远大得多。根据 2005 年 4 月份在 GOOGLE 引擎中以 Constructivist Teacher Education 为核心词进行搜索的结果为 212000 项。

从国内我们收集到的资料看，无论是理论研究，还是教师教育实践改革研究，相关的资料都很有限。在我们收集到的文献中，只有很少几篇是明确以建构主义为指导来考察教师教育的，如首都师范大学的丁邦平等，在他们的教师发展学校中，把建构主义的思想运用到教师的在职培训中。[②]

另外，我们也注意到有一些有关教师教育的研究，他们在教学的主张上，也清楚地体现着建构主义思想和原则，类似的研究如北京大学的陈向明博士的《如何营造一个支持性培训环境》《小组合作学习的条件》等的系列文章。[③] 但在职前的师范教育阶段，还没有发现有关的实践案例。

在 2004 年之前，国内很少有以建构主义为理论基础研究教师教育的硕士和博士论文，只是在张桂春博士的学位论文中对激进建构主义教师教

① Rainer Dangel, J. & Guyton, E., An emerging picture of constructivist teacher education, *The Constructivist, 15*(1), 2004,pp.1-35.

② 丁邦平、张琦：《办好教师发展学校，促进教师专业发展》，载《教育科学研究》2002 年第 6 期。

③ 陈向明：《如何营造一个支持性培训环境》，载《教育科学》2003 年第 1 期。陈向明：《小组合作学习的条件》，载《清华大学教育研究》2003 年第 4 期。

育的目标做了简单介绍。[①]

（二）教师角色与素质研究

在综述的材料选择上，我们把在建构主义框架下（知识观、学习观、教学观）进行教师素质的研究都纳入考察范围，其中也包括学者对国外学者研究结论的介绍。由于教师素质问题的讨论必须以教师的角色和职责等为前提，所以，我们首先对教师角色观和职责等进行考察。

1. 教师角色、职责与作用

研究者们基于不同的建构主义认识论立场以及相应知识观和学习观为前提，提出了多种教师角色观、职责观。

（1）教师角色的主张

多数的研究者从学生个体自主建构知识的建构主义原则出发，提出教师应从“知识的传授者”转变为“学习的促进者”。有关“学习促进者”角色的形象化比喻大致包括“助产士”（提问者）、“知识教练”“咨询者”“对话者”等。如激进建构主义代表人物冯·格拉色斯费尔德等认为，教师教学的目标不应该是传授知识，而是帮助学习者建构自己的知识。教师的作用不在于给予“真理”，而是帮助和指导学生在确定的经验领域里，在概念建构上给学生支持和控制，教师的角色不再是传授知识的工程师，而是像苏格拉底的“助产士”。

徐斌艳等介绍了美国国家数学教师委员会，在20世纪80年代后期的教学标准中对教师角色转变的要求。该标准提出：“一个教师必须从信息演讲者转向‘知识教练’，他可以是某个角色模拟者(模拟问题解决)，可以是咨询者(帮助学生获得并监控自己的进步)，也可以是调解者(提出问题，鼓励学生进行小组讨论)，或者是对话者(鼓励学生反省)，或者是质问者(确保具有可防御的地位)。[②] 一些研究者将这些形象化的角色要求具体为

① 张桂春:《激进建构主义研究》，华东师范大学博士论文，2002年，第123～124页。
② 徐斌艳:《极端建构主义意义下的数学教育》，载《外国教育资料》2000年第3期。

教学中的以下行为职责：教师转变为学生学习的辅助者、教学环境的设计者、教学气氛的维持者、教材的提供者。

有研究者分析了在以多媒体、计算机和网络通信为主要认知工具的建构主义学习环境下教师角色的转变，认为在这种环境下，学生将成为信息加工的主体，成为意义的主动建构者，教师将从传统的知识传授者与灌输者的角色，转变为学生意义建构的促进者、课程的开发者、群体的协作者、信息资源的设计者和查询者、学生的学术顾问等。①

（2）教师在师生关系和教学中的地位和作用的认识

第一，建构主义者主张学生是知识建构的主体，强调教学中应以促进学生的主动学习为中心，但也认为，教师在促进学生学习中有着非常重要的作用。如激进建构主义的代表人物冯·格拉色斯费尔德认为："建构主义的教师不是放弃自己作为指导者的角色——他要去鼓励和引导学生努力去建构知识，而不是仅通过呈现预备的结果，导致扼杀学生的自主性。"而更多的学者认为，建构主义教学改革使教师的责任更重了，对教师的要求更高了，教学能否取得如期的效果，关键在于教师的教学设计、情境创设、教师如何引导等。我国学者何克抗在比较中美教育文化的差异，借鉴西方建构主义教学的经验、教训的基础上认为，建构主义的师生关系不应是"以学生为中心"，而应是"主导—主体相结合"等。② 这种观点在我国颇具代表性，实际上"以学生为中心"并没有什么问题，因为学生是发展的主体，而要促进学生的发展必须以他们的原有发展状况为基础，另外只有学生自主地学习了，教育才会有实际的效果，所以当然应该以"学生为中心"。以学生为中心并不意味着他们可以为所欲为，也不意味着教师就不重要，而是要求教师围绕学生的全面发展，以学生的主体性发挥为主要教育原则等。实际上，与学生中心对应的以教师为中心，这是教师和学生在教育教学中的定位问题，而主导与主体相结合是一个教育的原则，是方

① 张文兰:《建构主义学习环境下教师角色的再定位》，载《电化教育研究》1999 第 4 期。

② 何克抗:《关于建构主义的教育思想与哲学基础——对建构主义的反思》，载《基础教育参考》2004 第 10 期。

法论层面的问题。

第二，强调师生关系的平等、合作、民主等。认为只有平等民主的师生关系才有利于营造一个安全交流的学习环境，学生才能够敢于自主构建和创造性地学习。实际上师生关系的价值与功能不仅仅体现在对学生认知的影响上，还应看到其实现学生人格与社会关系社会化的价值和功能。显然从促进学生社会化的视角看，建构主义教学改革的这些主张是与美国文化和社会的主导价值相符合的，那么它是否符合正在改革发展中的我国的国情和发展需要呢？

2. 建构主义教师素质

研究者们普遍认为，建构主义教学对教师素质提出了更高和更全面的要求。如徐静竹认为，基于建构主义理论的教学活动，对教师提出更高的要求，教师要适应建构主义改革的要求，必须学习现代教学理论和学习理论，更新教学观念；适应教师角色的转变；掌握多媒体、网络信息的知识和技术；具备较强的组织能力；掌握学生认识发展的特点，能根据建构主义学习理论为学生设计符合学生实际情况的学习方案，帮助学生进行元认知的学习等。①

黄飞莺②认为，教师实施建构主义教学应具有七种教学能力：一是对学生先前的经验结构的敏感力。建构主义认为学生先前的经验结构是进行教学的前提，所以教师对学生先前经验结构不仅很关注，而且非常敏感。二是教学设计或学习环境的设计能力。建构主义教学的主要特征是让学习者在合作交流、意义协商的基础上主动探究，积极地建构新知识，培养解决问题的能力。而要促进学习者进行建构性学习，教师必须有较强的进行自上而下的教学设计的能力，甚至要具备更宽泛意义上的学习环境的设计能力。三是发展学习者多元认知和自我调整策略的能力。建构主义教学更注重学生的学习过程，注重在这过程中培养其思维能力和解决实际问题的

① 徐静竹:《建构主义学习理论与我国当前的教学改革》，载《青岛大学师范学院学报》2003年第1期。

② 黄飞莺:《建构主义教学观对教师教学行为的影响》，载《杭州教育学院学报》2002年第2期。

能力，所以教师要通过提出开放性问题，来启发学生的多元性思维。四是灵活运用现代信息技术的能力。现代信息技术迅猛发展使教学方法愈益多样、方便与高效，使我们可以超越许多一直以来阻碍教学的障碍。而建构主义教学受益于现代信息技术的发展，多媒体技术、互联网的特性及功能最有利于充分体现建构主义学习与教学的理念。所以作者认为灵活运用现代信息技术进行建构主义教学的能力是教师素质的重要组成部分。教师运用信息技术的能力主要表现在组织教学活动中，如运用信息技术创设网上合作的情境；通过多媒体、超媒体技术提供逼真的真实情境模仿。五是较强的沟通能力与社交能力。教师与学生的沟通能否顺利进行在很大程度上是决定教学成败的一个重要因素。六是敏锐的洞察能力与高水平的反思能力。七是开放性思维与善于学习的精神。建构主义教学观清楚地指出了课本知识的非权威性，由此打破了我们长期以来赋予教师的权威性。也就是说，教师不再是知识与信息的唯一载体。在这一理念的支持下，无论在教学过程中还是评价中，教师要善于理解学生先前的观点与经验，善于认同与接受学生有创意的思想、观点，鼓励学生形成独立的思想见解。同时，他自身也要善于运用各种认知途径获得新的知识与经验。郦妍将建构主义教师的能力概括为三个方面：首先，教师应具备掌握现代教育基本理论的能力；其次，教师应该具备一定的信息能力，也就是教师要具备将现代教育基本理论应用到教学中的能力；再次是与人合作交流的能力等。①

3. 简评

从以上研究可以看出，研究者对建构主义教师角色和职责等的认识，多数是基于建构主义的学习论主张，即所谓的“知识不是被动接受的而是学生主动建构”为基本前提进行的。由于学习论是教育建构主义的核心部分，学习观的转变也是建构主义教学改革的一个重要的逻辑起点，抓住了问题的关键，具有一定的合理性。但由于视角过于单一，不足以说明教师应承担的多种角色和相应职责。在对教师素质的研究上遵循着一个相似的

① 郦妍：《建构主义视野下的教师能力构成与师资培养》，载《安徽教育》2003年第10期。

思路，同样从学习论的视角，基于更有效促进知识学习的目标，来看待教师所应具有的知识以及技能，因而也很难对教师应有的素质做出全面合理的阐释。从人类教育发展的历史看，任何一次大的教育改革都是基于一定的外部社会需要和在外部社会力量的强力推动下展开的，建构主义教育教学改革能够波及全美而后又遍及全球，美国社会必然存在推动这一改革的外部社会需求。既然它能波及世界，不仅仅是因为美国教育拥有着强大的影响力，是世界各国仿效学习的榜样，更可能的原因是各国发展都存在一些相似的需要，面临一些共同性的问题，譬如面对知识经济的挑战，都需要培养大批的各类创新型人才等。因此，要深入地了解和把握在建构主义教育改革中教师的角色、职责以及相应素质，首先需要全面把握推动这一改革的外部社会背景、基本需求和主要驱动力，因为它们是教育改革目标确立的主要依据。其次是了解教育改革的主要目标尤其是人才培养的目标是什么？在此基础上才能够确立课程教学改革的方案，讨论教师的角色以及素质等。另外，由于各国的国情不同，尽管同样冠以建构主义的教育改革，若想取得成功必须基于自己的国情和教育实际，不能生搬硬套。基于这种思路，如果要在我国推进基于建构主义的教育教学改革，需要了解当前我国社会发展对教育提出的要求是什么？需要教育为社会培养怎样的人才？我国教育中主要存在的问题是什么？教育教学的改革应如何进行等。对我国教师在改革中应承担的角色、职责以及相应素质的研究与最终确立必须以这些问题回答为前提。基于以上分析，后面对该问题的研究需要在以下方面加以关注。

首先，应该全面看待教师素质。显然，仅仅从学习论或心理学的视角来看待教师角色和素质，不但给人一种唯心主义的嫌疑，而且也不全面。从教育拥有的多种社会功能以及实现这些功能对教师职责的要求看，教师承担着远比促进学生知识学习要多得多的职责。具体来说，教师不但要负责促进学生认知的发展、能力的提升、品德的培育、行为的养成，还应承担社会赋予教育的其他职责，譬如，还要承担促进社会民主和文化革新等的职责。因此，我们还需要从教育社会学的视角进一步考察和认识这些职责及其素质要求，深入地认识国外建构主义教育改革的目的，批判性地理解、学习和借鉴他们的改革经验，基于我国社会发展的实际和文化土壤，才能全面、有效地推进我国的教学改革。

其次，为便于批判和借鉴，我们需要对美国掀起建构主义教学改革的主要目标进行全面深入的研究。包括它们是基于怎样的现实和理论的需要，具有怎样的实践与理论的合理性？ 这些不同目标分别对教师应扮演的角色、承担的职责提出了哪些具体的要求？ 这些目标和要求如何统一在教学过程中？ 它们是否存在冲突？ 对于这些冲突有哪些解决的方式、方法？实现这种综合的目标对教师的素质要求应是怎样的？

再次，不同建构主义理论流派对同一素质目标的实现，在方法的主张上是不同的，如在学习方法上，一些主张个体自主建构，一些主张合作学习为主的社会建构，另一些主张批判性地学习，这些不同的主张对教师职责和相应素质的要求显然是不同的，我们如何来看待和借鉴这些主张。

最后，还有一个基础性的关键问题，就是如何看待知识，如何看待教师传统的知识传授。长期以来我们习惯了将科学知识作为知识的典范，强调知识的客观性、普适性等，而建构主义将知识看作是人类基于一定的工具、手段和自身经验对外部世界进行建构的结果，因而强调认识条件与认识结果的不可分性，强调知识的主观性、情境性、发展性等，这些对于我们来说都是具有一定颠覆性的观念，会对我们的世界观、价值观等产生深刻的影响，我们是否应当接受它？ 它是否对我们的文化产生巨大的破坏性作用等。另外，我们习惯于通过教师讲授的方式来传授知识，并且我们一直强调这种以间接知识学习和班级授课制的优点，为什么在建构主义这里就要变为学生自主学习、情境性学习呢？ 除了建构主义认识论、学习论的主张外，其他合理性依据是什么？ 以上这些问题，是进一步考察建构主义教师角色和素质时需要思考和弄清楚的。

（三）关于建构主义教师教育的研究

这部分资料选择的标准主要有两个：一是明确以建构主义理论为指

导，培养培训教师的有关研究；二是以建构主义所主张的一些教学模式，如以问题为中心的学习教学、主动参与式教学、情境教学、合作学习教学等为主要方式、方法进行教师培养培训的有关研究和实践。

1. 教师教育的理论范式的研究

教师培养需要以怎样的理论范式为基础？这是教师培养或教师教育改革要面对的一个首要问题。长期以来，以教育科学理论的传授加短期的教育教学实践为主要模式的教师教育，因其严重脱离日常教育实践，在西方受到了严厉的批判。德国学者特尔哈特认为，在当前的教师教育中，教师培训使用的也是最终考试主要依照的教学论材料，在考试以后便被教师们迅速地丢在一边永不再用了。“教学论的讨论……是在一个自我控制的圈子里进行的，彼此之间站在各自的立场上，对现实不加考虑地劳苦地工作着”。①

当前更多的研究者基于建构主义教学实践的立场认为，教师学习者们长期以来接受着与他们未来的教学实践相反模式的教育教学。因此，主张采用一种建构主义的教师教育范式。关于这种范式，刘微曾做过简单的介绍，她认为国际上存在六种基本的教师教育范式，分别是：知识范式、能力范式、情感范式、“建构论”范式、“批判论”范式和“反思论”范式。②这种对“范式”的划分是否适当、合理，我们在这里并不想展开讨论，但认为其中所谓的“建构论”范式、“批判论”范式和“反思论”范式等，都可以包括在我们当前讨论的建构主义范式中。

关于建构主义教师教育，张桂春从激进建构主义的角度，对建构主义教师教育目标做了较为详细的概括。他认为，建构主义教师教育的基本目标是，使正在成长发展中的教师自己建立一种建构主义的知识获得观。他援引哈特菲尔德（Hatfiled）的论述认为：“建构主义对新教师产生的最有力的影响，应是促使他们自己对教师的感知和推理，以及对他们自己作为

① [德]埃瓦尔德·特尔哈特：《建构主义与教学（一）——在普通教学论中会出现一种新思想吗？》，载《外国教育资料》2000年第3期。

② 刘微：《国际上的六种教师培养范式》，载《中国教育报》2002年1月4日。

学习者时经验的回忆。因此，教师教育环境自身在本质上就必须是建构的，就如同作为未来教师所经历的那样。”

张桂春认为，激进建构主义教师不仅应该力争形成对教与学的正确理解，而且还要理解关于学习的学习，以及如何把学习作为过程。[①] 师范生应该形成一个对个人建构过程的兴趣和对特殊的建构持一种宽容的态度。他们应该学会“阅读”学生的解释和学生的行为，并依此建构一个尽可能实用的学生知识模型，以此作为教学活动的基础。具体来说“师范生”要具备这样几个能力，即形成一个达到要求的提出问题的能力，或者一般意义上所讲的清楚学生思考什么和控制谈话的能力，还涉及形成传统上要求的对学生思维过程的分析能力。作为未来的教师还应该具有促使产生影响学习的摄动能力，一个应变能力是随时进行干预的能力，因为建构主义教学过程不可能固定不变地计划好，教师应该能够按照实际情况和需要实施教学。这就要求相当高的专业能力和已有的弹性的思维结构，包括解决处理不同问题的处理方式，特别重要的是形成与学生进行建构性探讨的能力。最后是对自我知识的真实性的反思，以及教学内容的社会性建构的意识等。

他引述哈特菲尔德等对激进建构主义导向的教师培训的目标所做的概括：包括基于观察和认真倾听的学生的知识建构过程的模式化；承认和接受学生的特殊的知识建构；接受学习进步的不确定性；掌握影响学习摄动的不同的工具；注重具有激励任务的个人探究的重要性；重视包含情感因素的重要性；认可和注意互动和社会动力的重要性；理解交往的问题；理解作为成人习惯的传统的知识规范；理解这种习惯的单纯的模仿只能产生表面的知识；理解作为活生生的社会建构的数学课程；接受在一个开放环境中作为学习陪伴者的角色。

2. 建构主义为指导的教师培养的理论研究

我国有一些研究者也以建构主义学习理论为指导，对教师教育改革问

① 张桂春:《激进建构主义研究》，华东师范大学博士论文，2002 年，第 3 ~ 4 页。

题做了初步的思考。其中李广平提出了一个比较全面的理论和原则框架。他认为，当前基础教育课程改革的现实需要以建构主义思想来培养和培训教师。按照建构主义学习原则，教师的各方面素质发展应该是一个个体主动建构的过程。从这个基本的前提出发，他认为“教师教育信念的形成和修正”“学科专业知识的学习和深化”“教师个人实践知识和理论知识”都需要教师自己的主动建构。在此基础上，他提出了教师教育中运用建构主义理论的策略：教师本位策略、丰富经验策略、持续建构策略、多重建构策略、协作建构策略和反思建构策略。[①]

3. 建构主义教师培养、培训的教育教学主张

近年来，随着国家基础教育课程改革的推进，教师职后培训方式已经开始在局部发生着改变。其中一些培养方案中，以建构主义学习原则为指导，采用了“参与式”培训模式。陈向明教授认为：“尽管参与式教师培训已经在实验区大幅度地展开，这一理念也得到普遍认同，但对于如何成功地开展参与式教师培训并不清楚。”[②]为此，基于自身实践经验，她对参与式培训提出了许多具体的意见和实践主张，认为这种协助参与者学习是“以学习者为中心”的，学习是学习者自己的事情，你在帮助别人学习，而你自己同时也在学习 。她认为，成功地开展参与式培训需要培训者具有一定的条件，其中之一是要有合格的培训者。她说，合格的培训者都应具有如下特点：热情、开放、宽容，具有对参与者表达赞赏、支持和接受的能力；掌握一定的社交技能，能够将小组成员聚集在一起，既不失控制，又不损害小组本身的群体动力；具有组织能力，不仅能事先准备好培训所需的材料和设备，而且在培训过程中能恰当地使用和安排这些材料和设备；具有敏锐的观察能力，能时刻注意并协助参与者解决面临的困难，对参与者不断变化的需要做出灵活的反应；不仅对培训内容非常了解，而且富有热情，能够用一种非常有趣的方式将培训内容介绍给参与者；其组

① 李广平：《建构主义理论对教师教育的启示》，载《外国教育研究》2004年第5期。

② 陈向明：《如何营造一个支持性培训环境》，载《教育科学》2003年第1期。

织方式既能够使参与者产生想法，形成技能，又能够利用他们自己的已有经验。另外，她认为合格的培训者不仅取决于培训者本人的素质，而且也取决于培训者的态度和目的。最后在培训方式上，她认为需要从操纵转向协助培训者与参与者之间的交流方式等。

从我们所掌握的资料和了解的情况看，在师范教育阶段，还没有发现类似教师教育改革实践案例。总体来看，我国当前的师范教育，在基本的理念和培养方式、方法上，仍然保持着一种相对单一的、单向知识“灌输”为主的传统教育模式。这一状况与当前中小学教育教学改革对教师素质的要求是不相适应的。

4. 简评

综合我们所掌握的教师教育的资料，当前我国的教师教育的研究，还主要集中在以教师专业化、教师教育一体化、教师培养的大学综合化发展等宏观的理论和体制等层面上，而对教师教育的核心部分，具体培养的微观层面，也就是对教育教学理念、课程、方式方法等方面的关注很不够，特别是能够以当前我国中小学新课程改革或类似的教学改革需求为现实参照，以建构主义学习和教学理论为指导对教师教育进行的研究还相当有限。尽管一些研究者也开始在他们的培养培训工作中，进行着新培养模式的探索，但这种转变也只是局限于部分教育者，还不具有普遍性。另外，这种局部的改革实践主要是在教师的在职培训阶段进行的，而大学教育阶段的师范教育改革力度不大，仍然主要延续着传统的以教师为中心、以知识讲授为主的教育教学模式。这一状况，显然已经滞后于我国中小学教育教学改革发展的实际，无法满足改革对具有新素质教师的要求，因而，对于深化我国当前的中小学教育教学改革，实现素质教育改革目标显然是不利的。

基于以上对建构主义教师教育研究文献的梳理，我们认为，当前国内对这一问题的研究还存在如下一些不足或尚待澄清的问题：一是建构主义教师教育的主要理论基础是什么？ 也就是说什么是建构主义，其基本的主张和内涵是什么？尽管目前有关的论述并不少，但这些研究是否对建构主义的多种流派、观念和主张作出了全面性的阐释，进而针对我们国家的教师教育，我们应选择哪些适当的理论观点作为基础？二是建构主义教师教育的基本培养目标是什么？这实际上是我们前面探讨的教师素质问题。但需要明确的是两者并非完全一致，对于教师职前培养的师范教育来说，还应进一步思考这种素质发展目标应如何适当的定位。三是在一定的素质培养目标下，建构主义教师教育的基本途径、方法和核心的教育教学主张应是什么？这些问题，我们认为是提出一种新的教师教育范式所必须回答的，也将是我们在本书中将要着力探讨的问题。

三、研究的方法论和主要方法

（一）研究的方法论依据

本研究把教师素质和教师教育作为一个“结构不良”的知识领域。[①] 因而在研究方法的定位上是采取“质的研究”，在具体的研究范式上主要是以“建构主义”认识论为框架。根据美国学者托马斯·库恩提出的科学发展的范式理论，我们把教师素质及其培养问题研究看作是在新的研究范式下，从新的理论和观念视角对相关问题进行重新认识和解读。具体来说，是依据一定的知识观、学习观、价值观、个体发展观和社会发展观，以及在此基础上提出的教育教学观和方法论原则，对教师角色及其相应素质的一种探究和认识。这种认识范式与传统的客观实证主义的认识论范式的根本区别如下。

第一，它是以明确的价值为导向。研究中，我们明确地把教育是培养

① 所谓“结构不良”（bad structured domain）的知识领域概念，是由斯皮罗等为探求在一些不同知识领域适当的认识、学习和教学方法而提出的。他们建议应根据问题领域知识的结构化程度进行必要分类。一类知识，如数学等是结构良好的，这种知识的认识方式或教学呈现方式上可以是线性的，而另一类领域的知识是结构不良的、复杂的。这种领域内的知识的认识和学习，需要全面地考虑它的复杂性，需要反复地，从不同角度等来认识。

人的本质活动特征，教育应为促进人与社会和谐发展服务，把现代学校教育看作是实现人类社会文明不断进步、个体实现解放的重要基础，教师应成为人类社会未来发展的重要创造者，作为推动社会民主、公正的积极促进者等价值取向作为研究的基础。[①] 因而这种认识的方法论与传统的科学主义价值中立的研究原则是不同的。所以反映在研究的目标上，主要不是发现真理，而是强调对问题的一种基于一定理论和个人知识、经验为基础的合理化的理解，是依据一定的目标和价值，对现有研究性成果进行的解读、整合与创造。

第二，它是以个人经验和知识为基础。基于建构主义认识论，我们把对教师素质和教师教育问题的研究，作为一个基于个人知识和经验基础上的探究和认识过程。作为一个研究者，这种经验和认识是长期以来在自身的学习、成长和教育实践过程中形成的，但由于个体经历、思维方式等的独特性，这些经验和认识无疑有着明显的个体性特征，这些看法和观点已经成为自己认识教育和社会问题个体经验域的一个有机部分，是新认识的起点和新知识建构的基础，同时也对认识过程起着内在的制约作用。

这种基于个人经验基础上的建构主义认识论，常常受到的批评是容易陷入独断论，在真理的标准上采取“相对主义”。对于这些批评我们也有一定程度的认同，但同时也认为这些对建构主义的认识并不全面，他们只是用一种静止的观点来看待建构主义及其结果。建构主义并不必然会导致独断论和不可知论，因为任何人的成长过程同样也是个体社会化的过程，因此严格说来，个体获得的经验不是一种纯粹的个体意义上的经验，同时融合许多在特定历史文化下人们对社会和教育问题的一般性看法和观点，所以它具有一定的普遍意义。因而以此为基础建构的知识不可能完全是个体的、独断的。

但由于受自身阅历和学识有限性等的制约，这种陷入独断论的危险确实存在，正如有学生在听完一次建构主义讲座后，他讲述的自己对建构主

① 实际上对教育问题的认识，无论研究者怎样标榜自己的客观中立，他必然都是以一定的价值为前提的。

义的理解：

“什么是建构主义？一则寓言：一只青蛙远游回家，他的邻居鲫鱼来青蛙家。青蛙给鲫鱼讲远游遇到的事情，讲得最多的是关于牛的故事。‘牛的个体很大，头上有两个角，有一条尾巴……’鲫鱼就想象着牛的样子，一条鱼身上长了两只角，一条牛尾巴……这就是建构主义，把所学的知识简单拼凑，没有真正理解。这是我的理解，不一定正确，是听讲座时听来的。”

显然作者对于寓言和建构主义的认识进行了自己的建构。[①] 从后面的论述中我们将知道，他对建构主义的理解显然是错误的。[②] 因此，为了防止我们的研究由于个人经验的有限性和时间有限等原因带来的认识上的偏颇，为防止陷入“独断论”，我们采取的是“交往和互动”的认识方式。也就是本研究认识范式的第三个方面。

第三，它遵循一种交往互动原则。“知识是社会建构的”是社会建构主义知识发展观和学习观的一个重要理论基础，也是本研究方法论的重要认识论依据。我们认为，研究中遵循这一原则可以从一定程度上防止独断论结果的发生，同时提高认识成果的适应性，增强研究的“效度”。如这一原则指导我们在资料的占有上要尽量地丰富，不但要了解与我们观点相一致的，也要了解那些不同的，甚至是对立的观点，这种做法不是为了证明，也无法做到证伪，而是为了从不同的视角来看待问题，从而在更高的程度上突破“鱼就是鱼”的认识困境。

在我们看来，这种占有资料的过程，是研究者进行社会交往实现互动的重要过程。研究者在不断地收集资料获得信息过程中，会不断地遇到困惑，出现认知失调，通过与他人交流、实践探究，通过对更多作者观点的了解和基于自身不断地反思与整合，逐渐走出困惑，实现经验和知识的拓

---

①“鱼就是鱼”谚语的故事原来的梗概是这样的：有一条鱼很想了解水外面的世界是什么样的，他就去询问邻居青蛙，青蛙就把自己在陆地上看到的各种东西：鸟、牛和人等描述给他。结果在鱼想象的世界中，每样东西都有了鱼的形状——人被想象成为用鱼尾走路的鱼、鸟是长着翅膀的鱼，奶牛是长着乳房的鱼。“这个故事说明了在人们基于自己已有的知识建构新知识中，创造性的机遇和危险并存。”（约翰·D. 布兰斯福特·安等：《人是如何学习的——大脑、心理、经验及学校》，华东师范大学出版社，2002 年版，第 19 页）

② 这种错误从后面第二章建构主义学习论中我们将认识到是有积极意义的。

展，并在一个较高的认识和问题层面上实现认识的统合。从而尽量避免使我们的研究成为一种武断性的“独白”，而成为一种能够实现有效交流的，并具有一定现实适应性的成果。

第四，它主张理论与实践的统一。理论与实践的统一、知识与情境的统一是建构主义认识论的基本主张。在研究过程中，理论与实践的统一主要表现在以下两个方面：一是把建构主义理论用于日常的教学和生活实践中。譬如，我以建构主义理论为视角来理解自己日常的生活，指导自己的教育教学实践等。二是基于建构主义理论，对自己长期作为学生、作为教师的学习和教育生活经历、经验进行反思和重新认识，并对这些学习和教学方式等的适当性作出判断。

第五，它主张持续不断地理解与反思。主要表现在研究过程中，对同一问题和观点在不同的时间和地点，从不同角度进行多角度的理解和持续不断的反思。

（二）主要的研究方法

1. 理论研究法

所谓理论研究方法，主要是指以概念、基本的理论等为基础，通过分析、比较、综合、演绎等辩证逻辑的方法，对问题进行研究的一种方法。

2. 比较研究法

所谓比较研究法，主要是对国内外相关问题的研究进行比较，对国内同一相关问题的历史与现状进行比较。

3. 调查法

所谓调查法，主要是针对我国教师教育的理论研究和实践现状而进行的部分调查。主要选择了一所省属重点大学，对其课程方案、教学、教学实践等进行了较长时间的调查。

4. 准实验研究方法

所谓的准实验研究方法，是指在一种自然的、非严格变量控制状态下进行的实验性探究。这里主要是指把建构主义有关教育理论和方法运用到自己的教师教育教学实践中。如为深刻地理解建构主义的思想、原则，初步验证以建构主义为指导改革教师教育教学的有效性、可行性，获得建构主义教育教学的经验性认识，2005 年 1 月 30 日—2 月 3 日，本人在自己教师教育函授教学中运用了建构主义的方法，并进行了教学效果的相关比较研究。但在教学实验中，并没有采取较为严格的变量控制，也没有前测、后测等的效果检验比较。评价的方法主要是通过教学观察和学生的个体认识与感受，如学生参与学习的积极性、学生对教学的评价和学生对一些问题理解转变的自我描述等为依据。

第二章

建构主义基本理论、教学论的研究

2

建构主义并不是声明要在教育领域进行天翻地覆的发明，它仅仅宣称，为这样一些，迄今为止，老师们被激励去做，但又缺乏理论支撑的事情，提供一个整体性的理论基础。

——格拉富菲尔德（E. Von Glasersfeld）(1995)

教师素质的规定性来自教师的基本职责和任务，来源于教育教学目标和实现这些目标所依据的规律性认识。因此，探讨建构主义视野下的教师素质，就必须先认识什么是建构主义，以及建构主义的教学论。本章主要探讨这样几个问题是：什么是建构主义？建构主义的思想理论渊源是什么？有哪些类型的建构主义？建构主义认识论、学习论的基本观点是什么？建构主义教学论的基本主张有哪些？等等。

一、建构主义的基本内涵及其理论渊源

（一）建构主义的基本内涵

随着建构主义理论的不断拓展和在实践中的广泛运用，建构主义概念被赋予了多种不同的内涵，马修（Matthews）总结出了 8 种：建构主义作为一种学习理论、作为一种教学理论、作为一种教育理论、作为一种认知理论、作为一种个人知识的理论、作为一种科学知识的理论、作为一种教育伦理和政治的理论、作为一种世界观。[①] 其中最基本的、也是在教育中最常采用的，是把建构主义作为一种认识论和学习哲学，具体包括以下两层基本含义。

---

① Matthews,M.R.,'Constructivism in Science and Mathematics Education'. In D.C. Phillips (ed.),*National Society for the Study of Education*,99th Yearbook, Chicago,University of Chicago Press,2000,pp.161-192.

1. 认识论层面

认为建构主义根本上是一种认识论，是关于人类认识的方式、方法以及认识的结果——知识及其特性等的理论，其核心是关于“知识”本质的认识。如理查德森（Richardson）认为:“建构主义是一种认识论，一种关于学习或意义建构的理论，这种理论提供了对知识本质的一种解释。”“知识不管如何定义它，都是在人们的头脑中的，并且，思考者无一例外地是基于他或她自己的经验建构其所知的。”[①] 布鲁克斯（Brooks）等认为：建构主义是关于知识和学习的……该理论定义知识为暂时的、发展的、社会的和文化中介的，因而是非客观的。

2. 学习论层面

学习论层面的建构主义主要是关于人是如何学习和应当如何学习的。建构主义学习论是教育中的建构主义的核心内容。如美国学者布朗认为:“建构主义是一种关于人们如何学习的理论。建构主义认为，人通过在其所处社会环境中的交互理解，以及于其中体验构建成新的含义。它认为先前获得的知识和体验在学习中起着重要的作用，是后继行动的基础。它着重的是学生对学习‘为何’关注，从而打开批判性思维和智力开发之扉。”[②] 丁邦平认为建构主义是一种新的认知理论，建构主义的要义是科学知识是不能传递的，它必须由学生主动地建构。[③] 戴维斯等认为:“建构主义认为学习者们通过个体或集体建构他们自己的知识。每个学习者有着一套概念和技能组成的工具包，他或她用这个‘工具袋’来建构知识以解决环境提出的问题。”

由以上可以看出，建构主义本质上是一种关于人类认识和学习的理论。我们认为，以上二种内涵在理论层次上存在一种逻辑递进关系。建构主义认识论是基础，学习论是基于认识论为前提的。为便于对建构主义基

---

① Jones.M.G.,Brader-Araje.L.,The Impact of Constructivism on Education: Language,Discourse,and Meaning, *American Communication Journal5*(3),2002,pp.1-10.

② [美]布朗:《什么是建构主义》，载《职教论坛》2003 年第 6 期。

③ 丁邦平:《建构主义与面向 21 世纪的科学教育改革》，载《比较教育研究》2001 年第 8 期。

本内涵的了解，下面就其认识论发展的基本脉络、理论的继承性做一历史的梳理。

（二）建构主义的主要理论渊源

尽管建构主义教育教学改革兴起于 20 世纪 80 年代后期，但其基本的思想理论基础——建构主义认识论思想却有着悠久的历史渊源。为便于系统地比较和梳理，我们下面将要进行的分析将按照以下的内容框架：第一，关于认识主体与认知客体的基本关系问题的基础性假设。如世界（包括人类社会）是可以认识的吗？对这一问题的回答构成其他问题探讨的前提性基础。第二，关于主体的认知方式。如人是如何认识事物的。第三，知识的基本特性是什么？对于这些问题的认识，将有助于我们深入地了解建构主义的基本思想和主张。其中，在分析过程中，我们把一些心理学的研究也作为认识论思想来对待。我们将主要介绍以下几位作家的观点，他们分别是：意大利哲学家维柯、德国哲学家康德、瑞士心理学家皮亚杰、苏联心理学家列·维果茨基和美国科学史学家库恩等。

1. 维柯——人创造自己的历史

扬母巴蒂斯塔·维柯 (Giambattista Vico，1668—1744)，是 17、18 世纪意大利的哲学家、人文主义者。他的理论是当今激进建构主义理论的重要思想渊源。维柯被人们称为 18 世纪以来最伟大的哲学家之一。马克思曾对维柯的研究给予过相当高的评价。19 世纪以来的不少学者推崇他为“历史哲学”“现代思维科学”和“人类文化学”的创始人。“他的有关理论对 19—20 世纪的人类文化学、神话学、政治学、思维科学、美学、文学理论和文化学有着重大的影响。”①

维柯的认识论思想主要集中体现在他的《新科学》一书中。维柯所谓的“新科学”实际上是关于人类社会的发生学。他的认识论主要是关于人的思维和社会制度产生发展的认识论。根据我们上面的问题框架，他的有

① 邱紫华:《维柯〈新科学〉在思想史上的创新》，载《江汉大学学报》2001 年第 4 期。

关认识论主张有以下两个方面。

（1）只有人创造的才能被认识

维柯在认识主体与认知客体的关系上，主张客观世界是不可知的，而社会是可以认识的。他的这些论断是基于这样一个认识论前提，即只有事物的创造者才能够真正地了解事物。他认为:“只有人创造的事物才可能被人们认识”，“这个自然界既然是上帝创造的，那就只有上帝知道。”“而这个民政世界既然是由人类创造的，人类就应该希望能认识它”。[①]

显然，维柯并非在做一种纯理论的演绎，他的认识论前提假设是有所指和批判的，具体来说，这些观点是针对当时的笛卡儿机械物理学在社会领域的不适当应用而提出的。维柯哲学创造的时代，正是笛卡儿形而上学（Metaphysics）的鼎盛时期。但他认为，笛卡儿以机械式的物理学来建立形而上学是根本错误的，是非常有害的。“以机械式的物理学研究形而上学，是以已经形成了的物质作为哲学的出发点，这种哲学封闭和束缚了自由活动的心智，无法解释人类心灵的活动，因而对于研究人的哲学是毫无意义的”。[②] 所以他认为，要克服笛卡儿形而上学的错误，建立研究人的哲学，就必须把形而上学的基础从机械物理学转向民政世界，把哲学与语言、法学融为一体，发现新的哲学原则，建立“人类的形而上学”。建立一种真正属于人类社会的科学。因而从我们所关注问题的角度看，他的观点实际上包含着实践与认识相统一、不可分的思想。这也是当今建构主义认识论的基本主张之一。

（2）人是万物的尺度

关于人对事物的认识方式上，他主张人是通过自己的感觉经验认识事物并推测事物。他认为，人类认识事物基于自身的感觉经验。“人心除非它先有一种感官印象就不能理解任何东西。人心在从它感觉到的某种事物中见出某种不属于感官的事物，这就是拉丁文动词 intelligere(理解) 的

① [意] 维柯:《新科学》，商务印书馆 1987 年版，第 154 页。

② 何萍:《维柯与文化哲学》，载《福建论坛・人文社会科学版》2001 年第 3 期。

意义”。[1]

关于人的思维方式和特点，他认为，人习惯于把自己作为万物的尺度，“由于人类心灵的不确定性，每逢堕在无知的场合，人就把自己当作权衡一切事物的标准”。这种思维方式具体地表现在两个方面：一是“凡是人所未知的东西他都把它夸大了”。二是“人对辽远的未知的事物，都根据已熟悉的近在手边的事物去进行判断”。[2]

概括以上认识，维柯的认识论思想大致包括以下内容：（1）客观世界的认识是不可知的；（2）人类社会是人创造的，认识人类社会只能从人类自身去理解和寻找；（3）人类的认识是基于自身的经验进行的，人把自己的经验作为一切事物认识的标准等。

维柯思想对“激进建构主义”的创立产生了直接的影响，据激进建构主义创始人冯·格拉塞斯菲尔德回忆，“维柯的观念，即我们仅仅能够理性地理解我们自己创造的东西，而诗人和神话编撰者的认识完全是另一种艺术的这种观念，与我思想中自由漂浮的一些思想相当吻合。后来我阅读了维柯 1710 年关于认识论的论文，这篇论文第一次清楚地表达和描述了建构主义”。[3] 从后面的陈述中我们会看到，激进建构主义所采取的“不可知论”等认识论原则与维柯的观点是一致的。

2. 康德——人具有先天综合判断能力

德国哲学家康德（Immanuel Kant，1724-1804）是德国古典哲学的集大成者，被称为实现人类认识上的“哥白尼式革命”，他确立了人在认识中的主体地位。他对现代建构主义的主要影响，是他关于人类实现真理性认识的先天综合判断能力，即所谓知识形式的“范畴”的假设。

（1）康德认识论哲学的基本前提是世界是可知的。但他认为，对客观真理的把握程度取决于人的主观能力，这种主观能力是对知识的先天综合判断能力。

①［意］维柯：《新科学》，商务印书馆 1987 年版，第 172 页。

②［意］维柯：《新科学》，商务印书馆 1987 年版，第 98 ~ 99 页。

③ 张桂春：《激进建构主义研究》，华东师范大学博士论文，2002 年，第 9 页。

（2）人类获得真理性认识的机制。康德不赞同经验论和唯理论在对真理性知识的来源问题上的观点。[①] 他认为，真理性知识既不单纯是“外源的”（经验主义）也不单纯是“内源的”，而是通过认识主体的人的“先天综合判断能力”对后天的经验的综合而获得的。[②]

康德认为，所谓的先天综合判断能力，是人类天赋的认识能力中的知性。[③] 知性中的“范畴”，即知性的先天概念，是建构科学知识的先天条件。康德认为，“范畴”是知性的纯粹概念，它对于经验认识具有“必然性与普遍有效性”，它的功能是“综合”，即把一个统一的意识带给感性杂多，以形成科学知识。

通过这种途径，康德在对传统经验派和唯理论扬弃的基础上实现了两者的统一，也使得“真理性”知识或“客观知识”来源问题，变成了“人

---

① 康德之前的两个主要派别，经验论和唯理论在对知识的来源问题上，存在根本分歧。以英国的培根、洛克、贝克莱、休谟等为代表的经验派认为，知识来源于人类的经验；而以笛卡儿等为代表的理性派认为，普遍必然性的真知识不可能从感觉经验中得来，而是源于人类自身的理性。表现在具体认识方式的主张上：“经验派强调观察、实验，倡导经验归纳法，理性派强调数学方法的普遍意义，倡导理性演绎法；经验派强调感性认识的重要性和实在性，强调认识的经验来源；理性派则强调理性认识的可靠性和必要性，强调认识的理性来源。”这两种认识论主张，在今天被人们称为“照相机”和“放映机”理论。经验派和唯理论最终的发展都陷入明显的困境。康德指出，唯理论在未预先考察理性能力的情况下，认为理性自身就可以获得关于实体及世界本质的绝对知识，并认为只有自己的理论才是真理，从而导致“独断论”；而经验论到休谟那里变成了怀疑一切事实知识的可靠性的“怀疑论”。

② 为解决两者在发展中的困境，康德把客观存在分为“现象”和“自在之物”两部分，其中“现象”是“自在之物”的外在表现；同时他把人的认识能力也分为了“感官刺激”和“先天综合能力”两方面。康德认为“现象”是可以认识的，而“自在之物”是无法认识的。我们获得的知识主要是“现象”，也就是“自在之物”对我们感官刺激产生的。但康德认为，人类对这些现象的知识，具有一种“先天的综合判断”的能力。“人的认识活动就是用先天的认识能力，去整理后天的感觉经验，形成后天的‘综合判断’，使零散的或然的知识变成具有普遍性的和必然性的知识。”

③ 即所谓的“理性”（广义的）包含三个环节：感性、知性与理性（狭义的）。康德指出，人类认识的先天条件：在感性，有先天的直观形式，即空间与时间，这是获得感性认识的先天条件；在知性，有范畴，即知性的先天概念，这是建构科学知识的先天条件；在理性（狭义的），有理念，此为理性的必然概念，这是追求理想或形上学的逻辑根由。康德认为，范畴是知性的纯粹概念，它对于经验认识具有“必然性与普遍有效性”，它的功能是“综合”，即把一个统一的意识带给感性杂多，以形成科学知识或康德所说的“经验”。康德说：“一般可能经验的先天条件，同时也是经验对象可能性的条件。现在我主张，范畴无非是一种可能经验中的思维条件，正如空间与时间是经验的直观条件一样。范畴是我们用来思维现象的一般对象的，所以，也就有其先天的客观有效性。这正是我们原来所想要证明的［详见：钱广华:《康德的范畴理论》，载《安徽大学学报（哲学社会科学版）》，2001(3)］。

的主观的认识能力问题”，实现了所谓康德认识论的“哥白尼式革命”，从而也提出了新的认识论课题：这种人的“先天的综合能力”是如何获得的？对这一问题的思考，便诞生了皮亚杰的“发生认识论”。

3. 皮亚杰——认识是有机体与环境双向共建中生成和发展的

瑞士心理学家让·皮亚杰 (J. Piaget，1896—1980) 是当代世界最著名的心理学家之一。他的“发生认识论”是建构主义的主要理论基础。他是最早使用“建构主义”概念来说明“人的思维结构的发展建构”，以及“人对客体结构建构”的心理学家。皮亚杰发生认识论的创建直接受到了康德等人哲学观的熏陶。皮亚杰的“图式”概念，便源于康德的“知性范畴”。他曾这样表述：“我把康德范畴的全部问题重新审视了一番，从而形成了一门新学科，即发生认识论。”① 皮亚杰的主要目的就是要揭示这种对知识起到综合作用的认知“图式”，揭示人的认知结构是如何生成和发展的，知识是如何被个体整合的。

（1）人类认识的中介或“图式”起源于活动

皮亚杰认为，人类认识的中介不是先天的，而是起源于活动。他通过对人类个体认识之初，还不具备认识论意义上的主体身份之前的认识考察后认为：在人类认识之初，起中介作用的并不是知觉，而是可塑性要大得多的活动本身 。② 所以他认为“一些被认为是与生俱来的或者是很原始的知觉机制，也只是在客体建构的某种水平上才形成的”③。

（2）认知图式是有机体与环境双向共建中生成和发展的

他认为：“如果从一开始就既不存在一个认识论意义上的主体，也不存在作为客体而存在的客体，又不存在固定不变的中介物，那么，关于认识的头一个问题就将是关于这些中介物的建构问题：这些中介物从作为身体

---

①［瑞］皮亚杰：《心理学与认识论》，求实出版社 1988 年版，第 23 页。

②“认识既不是起因于一个有自我意识的主体，也不是起因于业已形成的，会把自己烙印在主体之上的客体；认识起因于主客体之间的相互作用，这种作用发生在主体和客体之间的中途，因而同时既包含着主体又包含着客体，这是由于主客体之间的完全没有分化，而不是由于不同种类事物之间的相互作用。”（详见皮亚杰：《认识发生论》，商务印书馆 1987 年版，第 21 ～ 22 页）

③［瑞］皮亚杰：《认识发生论》，商务印书馆 1987 年版，第 22 页。

本身和外界事物之间的接触点开始，循着由外部和内部所给予的两个互相补充的方向发展，对主客体的任何妥当的详细说明正是依赖于中介物的这种双重的逐步建构。”即所谓的同化与顺应。同化是指个体将感受到的刺激纳入原有格式的过程。当新的经验与原有的认识发生矛盾时，就会出现“认知失衡”而产生“顺应”。顺应是指有机体通过调节自己的内部结构以适应特定的环境刺激的过程，它包括反思、整合以达到对自我与客体的双重建构。同化与顺应之间的均衡可称为平衡。平衡是一个动态过程，平衡并不是先同化，再冲突，然后顺应的序列过程。平衡是不断升级的平衡、适应和组织，生长与变化的动态性相互作用的过程。

（3）主体通过已有的内部条件来建构知识

他认为:“看来在发生学上清楚的是，主体所完成的一切建构都以先前已有的内部条件为前提。”[①] 这种已有的内部条件主要指个体形成的认知图式也称为认知结构。

（4）人类的认识永远无法达到客观实在

皮亚杰认为，思维与外界客观事物之间的和谐是有机体建构的结果。并不存在“那种宇宙与思维之间的‘先定的’和谐，在我们思想上应该由‘被建立的’和谐取而代之”。[②] 他认为，客体肯定是存在的，客体又具有结构，客体结构也是独立存在于我们之外的。但客体及其恒常性只是借助于运演结构才为我们所认识，人把这些运演结构应用到客体身上，并把运演结构作为使我们能达到客体的那种同化过程的构架。所以客体只是由不断地接近而被达到，也就是说，客体代表着一个其本身永远不会被达到的极限。

显然，皮亚杰在人类认识的条件上，抛弃了康德的“天赋”假设，认为人的认知发展起源于活动，认知图式是有机体与环境双向作用、不断建构中发展的，知识是个体基于内部条件的建构所得。思维与客观实在之间的和谐是有机体建构的结果，人类的认识永远无法达到客观实在本身。皮

①［瑞］皮亚杰:《认识发生论》，商务印书馆 1987 年版，第 104 页。

②［瑞］皮亚杰:《认识发生论》，商务印书馆 1987 年版，第 103 页。

亚杰的这些理论主张是“个人建构主义”的主要理论内核，也是激进建构主义等的主要理论基础。

4. 维果茨基——人类的认识是以文化为中介的

列·维果茨基（Lev Vygotsky，1896—1934）是俄国杰出的心理学家，他的主要研究领域是儿童发展与教育心理，着重探讨思维和语言、儿童学习与发展的关系问题。他所创立的意识发展的文化历史理论等，于20世纪60年代由布鲁纳介绍到美国，从此对西方心理学产生了广泛的影响，并成为社会建构主义的主要理论基础。

（1）人类的认识是以文化为中介的。维果茨基认为人的心理过程结构的变化是由语言等特殊的“精神生产工具”为中介的，“思维发展是由思维的语言工具和儿童的社会文化经历决定的”。“言语思维并不是天生的、自然的行为形式，而是由历史文化的过程决定的”。[①] 其中最重要的就是各种符号系统，尤其是语词系统。人的心理过程受这些特殊工具中介的特性，决定了人能够在改变环境的同时，调控自己的行为和心理过程，从而使人的行为具有理性和自由度。

（2）人所特有的被中介的心理机能不是从内部自发产生的，它们只能产生于人们的协同活动和人与人的交往之中。

（3）人所特有的新的心理过程结构，最初必须在人的外部活动中形成，随后才有可能转移至内部，“内化”为人的内部心理过程的结构，即“思维发展的真正方向不是从个人思维向社会思维发展，而是从社会思维向个人思维发展”。[②]

显然从认识的角度看，维果茨基和皮亚杰一样都是要回答人类认识的发生、发展问题，与皮亚杰着眼于个体的生物机制和心理的数学逻辑结构不同，维果茨基强调语言等社会文化作为认识中介的作用，以及个体发展的社会性本质。维果茨基心理建构的文化历史观是社会建构主义的主要理

①［俄］维果茨基:《思维与语言》，浙江教育出版社1997年版，第57页。

②［俄］维果茨基:《思维与语言》，浙江教育出版社1997年版，第21页。

论基石。另外，它也是批判建构主义、多元文化教育等的重要理论基础。[①] 社会建构主义及其教育主张在当前的教育实践中得到普遍重视。

5. 库恩——科学知识是社会协商的结果

托马斯·库恩 (Thomas S. Kuhn，1922—1996) 是美国科学史学家。他的研究为建构主义知识观、社会建构论等提供了科学史的依据。他的思想主要体现在《科学革命的结构》一书中，其中他揭示了科学研究所赖以进行的基础——科学“范式”在变革中所存在的社会性因素影响。因而他的研究从一定程度上动摇了科学实证主义范式下的真理观基础，消解了常规科学所标榜的知识的绝对真理性和客观实在性的承诺。其主要的认知论和知识观主张可以概括为以下几个方面。

（1）作为科学研究基础的“范式”是社会协商的结果

库恩认为，常规科学研究是在以一定的理论和认识工具等可以作为基础的“范式”下进行的。“这种作为科学研究基础的范式的形成，并不是由于这种作为新范式的理论被证明是客观的正确无疑的，而在很大程度上是出自科学共同体成员的一种信仰，一种共识”。[②] 因而理论形成本身是具有社会性的因素影响的。

（2）不同“范式”下的知识都能对世界进行和谐解释

库恩从自然科学，特别是物理学和化学等发展历史考察中发现，在科学发展的不同时期，依照不同的理论范式，人们都可以对世界作出一种自洽的、合理的解释。不同范式之间并不具有可比性，不同范式之间是一种质的差异，范式的变化是一种质变，是一种认识的革命。一种新的范式取代旧的范式，只是说明新范式在解释一些现象比旧的范式的解释更具有合理性，而不能说明新的理论范式比旧的范式更为科学。

---

① 我们认为，这并不说明维果茨基的理论比皮亚杰等的理论更“科学”，而是更加适合当代西方社会发展的需要。

②［美］托马斯·库恩：《科学革命的结构》，北京大学出版社 2003 年版，第 1 页。

（3）人类对世界的认识受到其作为工具的理论的影响

库恩认为，依照不同“范式”的研究者眼中的世界是不同的。人们的认识受到作为认识工具的理论基础的影响。

库恩的以上研究结论和主张，对建构主义的影响是广泛的。一些社会建构论者，如泰勒与坎贝尔等基于他的理论提出了建构主义的第三个原则：知识是个人与别人经由磋商与和解的社会建构。成为激进的建构主义证明客观实在是不可知主张的间接证据，被理解为“科学理论人为建构的社会表现形式”。[①]《剑桥哲学词典》在评价社会建构主义时指出：“库恩提出了一种反对科学实在论的科学观和经验主义的科学观。库恩本人并不愿意承认他的理论所导出的明显的激进社会建构主义的后果，但他的著作已经影响到最近的科学的社会研究，这种研究的倡导者通常怀有相对主义和激进建构主义”。[②]

6. 总结

以上我们分别就不同时期几位作者的主要认识论观点和彼此的继承关系，以及对建构主义的影响做了简单的概括。为进一步揭示这些认识论主张和观点之间存在的相对一致性和理论发展的逻辑脉络，下面对上述观点再做一集中归纳、比较和概括。

（1）都强调了或说明了人在认识中的主动性。如维柯强调人是万物的尺度，康德主张真知的获得取决于人的先天认识能力，皮亚杰揭示了人基于自身的基础来认识事物，维果茨基强调通过主动地参与社会交往活动促进人的心理的发展，而库恩则表明了科学知识中人的主观性的存在。

（2）都强调知识的获得是以一种“前结构”的存在为条件。如维柯的“人所熟悉的事物”、康德的“知性范畴”、皮亚杰的“认知结构”、维果茨基的“内部语言”和库恩的“范式”。

（3）在知识、认识主体和客体三者的关系上，都主张知识是主体基于

① 张红霞：《建构主义对科学教育理论的贡献与局限》，载《教育研究》2003 年第 7 期。

② Robert. Audi,*The Cambridge dictionary of philosophy*, Cambridge ,Cambridge university press,1999,p.855.

自身经验或一定的理论基础，对客体的认识和建构的结果，都直接或间接地表明“物自体”是无法真正达到的。

（4）一些作者的理论主张之间尽管存在分歧，但具有一定的互补性。如皮亚杰和维果茨基的理论，前者注重从个体内在心理结构的角度来解释人类认识的发展，而后者注重从社会文化和历史的视角来认识个体意识的发生发展。

显然，这些特征的出现并不都是偶然的，其中与研究者之间的继承性，同时代作者之间的相互影响存在直接的联系。如维果茨基的研究通过与皮亚杰等论战而得以超越和完善，库恩的研究借鉴了维果茨基等的认识成果等。当然这种结果也与当代的建构主义作者们基于一些共同性的目标和研究问题，而进行的选择有直接的关系。也许正是这种在认识论选择上的和而不同，才使得建构主义在后天的发展中，在不同的领域中所表现出“不同而和”的特征。

最后，需要指出的是以上作者对当代建构主义所产生的影响力是不同的。从严格意义上来说，皮亚杰是建构主义理论真正的奠基者。因为，按照“建构”的字面含义来说就是“结构”的建设，是一种动宾结构，这种结构在维柯那里是模糊的，康德提出了结构，但他的结构是静态的、“天赐”的，只有到了皮亚杰，才真正地在探究这种结构是怎样“发生”的。他的理论也成为建构主义理论发展的重要基础。另外，维果茨基的理论，在一定程度上弥补了皮亚杰发展理论的缺陷，以及该理论在教育实践运用中的不足。可以说他们二人都是当代建构主义思想的最重要贡献者。

二、建构主义认识论与学习论的基本观点

建构主义发展至今，已经成为一个枝繁叶茂的巨大理论群落，教育中也存在着许多不同的谱系或立场的建构主义。澳大利亚的翟兰（D. R. Geelan）和美国的马丁·多基马（Martin Dougiamas）等分别总结出六种不同形式的建构主义。翟兰的六种不同的建构主义形式分别是个人的建构主

义（personal constructivism）、激进的建构主义（radical constructivism）、社会建构主义（social constructivism）、社会建构论（social constructionism）、批判建构主义（critical constructivism）及与情境建构主义（contextual constructivism）。[①] 马丁总结出的六种建构主义形式与翟兰的分类略有不同，缺少"情境建构主义"，而多了"文化建构论"（cultural constructionism）。[②] 我国学者高文也概括出了 6 种建构主义形式：分激进建构主义、社会建构主义、社会建构论、社会文化认知观点 (sociocultural cognition) 或称对待中介行为的社会文化观点 (sociocultural approaches to mediated action)、信息加工建构主义 (information-processing constructivism) 和控制系统论 (cybernetic system)。另外日本学者佐藤学概括出建构主义学习论的 4 个谱系，分别为心理学建构主义谱系，以人工智能为模型的认知心理学建构主义谱系，文化、历史学建构主义谱系和文化人类学建构主义谱系。[③] 但正如我们在上文对其认识论的梳理中所看到的，尽管不同谱系的建构主义可能在一些具体的主张和观点上存在差异，但它们基本的认识论基础，以及主要的学习论主张是相对一致的。[④]

（一）建构主义认识论的基本观点

建构主义认识论的对立面是客观实证主义认识论。概括有关的教育中的建构主义观点，有关认识论的基本主张如下。

第一，在认识主体与客体的关系上，主张人是主动认识世界的，人对世界的认识不是一个被动接受的过程，而是一个能动的、创造性的认识过

① Geelan D. R., Epistemological Anarchy and the Many Forms of Constructivism,*Science & Education6*, 1997,pp.15-28.

② Dougiamas, M，A Journey into Constructivism，*Accessesed January 21*, 2003. http://dougiamas.com/writing/constructivism.html.

③ [日] 佐藤学:《学习的快乐——走向对话》，教育科学出版社 2004 年版，第 53 ~ 63 页。

④ 依照建构主义流派中所关注问题和教育目标取向的不同，可以概括为两类：一是以认知发展为取向的；二是以社会关系变革和重构为取向的。为保持内容前后逻辑的一致性，在这部分中，主要概括的是认知取向的建构主义的观点。其中主要包括个人建构主义、激进建构主义、社会建构主义和社会建构论等派别的观点。社会变革取向的建构主义，如批判建构主义等的主要观点，在"建构主义教学论"中有所提及。

程，它受到个体或群体的已有经验、认识水平等的影响，并基于自身的经验和已有认识赋予事物以意义。认识不是主体对客观实在的简单的、被动的镜面式反映，而是一种基于个体或群体经验、一定理论基础上对所认识事物的一种“解读”“理解”或“创造”，因而这种认识必然具有一定的主观性和局限性。建构主义并不否认世界的客观存在，但认为人类尽管可以无限接近客观事物，但永远无法完全到达客观事物本身。由于人类个体基于自身经验看待世界的认识特性，由于个体的经历和经验的不同，因而他或她所看到或经验到的世界也是不同的，不同的人具有自己独特的世界观。

第二，在认识的条件和方式上，都强调个体已有经验在认识中的重要作用，强调在认识过程中个体认识的主动性。

具体存在以下两类具有互补性的主张，[①] 一类主张强调个体是基于自身的已有的心理图式或自身的经验来认识新的事物，认识是个体与环境不断相互作用的过程，并最终达到个体认识与个体所经验到的世界的协调与统一。另一类主张强调认识的社会性前提，认为人的认识总是在一定的文化的、历史的和现实的社会关系背景下进行的，是以语言等工具为中介的，因而认为，人类的认识过程本质上是一种社会性的建构过程。这种过程存在两个方面的理解：一是强调个体基于语言等文化工具进行新知识内化的心理过程，也就是说，个体通过已经形成的“内部语言”，对事物或知识等代表的外部语言的翻译和转化为内部语言的过程。另一种理解是强调认识的社会协商。主张人类的认识受到社会共同体等的影响，是一种团体的社会性协商的结果。这两类认识分别为人们理解个体相对独立的、自主的认识和基于社会性协商的认识提供了重要的理论参照。另外它们具有许多的共同点，如前所述，都强调人在认识过程中的主动性，强调认识是一个建构的过程等。

---

① 两类主张分别基于这样一些建构主义立场：一类是心理建构主义的，包括个人的建构主义和激进的建构主义等（详见 Geelan D. R., Epistemological Anarchy and the Many Forms of Constructivism, *Science & Education6*, 1997,pp.15-28.)；另一类是社会建构主义的，包括文化、历史学建构主义谱系，文化人类学建构主义谱系（详见：[日]佐藤学:《学习的快乐——走向对话》，教育科学出版社 2004 年版，第 53 ~ 63 页），社会建构论（social constructionism）等。

第三，关于知识的特性、意义上，都主张知识及其意义是非客观的，是认识者主动建构的。

根据认识方式的不同，相应地存在两类基本的主张，一类主张是个体认识与意义层面，强调知识个体性，知识的意义并非客观存在的，而是认知者个体赋予；知识的情境性、整体性、复杂性；知识及其意义与认识者具有不可分性；知识不是凝固不断的，是具有发展性、演化性等。另一个层面认识强调知识及其意义的社会协商性，如建构主义的第三原则认为："知识是个人与别人经由磋商与和解的社会建构。"[①] 强调个人建构知识与社会文化之间的内在关系。强调知识意义是通过语言等在主体间达成的。因而综合两类认识可见，个体所建构知识的意义虽然具有主观性，但也不是随意的任意建构，而是需要与别人磋商和和解来不断地加以调整和修整，而且会受到特定文化与社会的影响。[②]

（二）建构主义学习论的基本主张

建构主义学习论主要反对的是以刺激反应理论等为代表的行为主义心理学基础上的学习和教育主张。尽管建构主义流派纷呈，不同流派对具体的学习主张也存在一定差别，但在基本的观点上仍具有相当的一致性。

1. 关于学习本质的认识

关于学习本质存在两类基本的观点：一类主张学习是个体内在结构的变化，是个体经验基础上知识的获得。认为学习是学习者基于自身原有经验主动建构的过程。具体包含以下含义：第一，强调学习是以学习者主动为前提的。所谓主动是与刺激反应下的被动相对的，表示学习愿望是由学习者发出的，在动机上是内在的、积极的；第二，强调学习是以个体已经拥有的知识、经验为基础的，而不是以"白板"和"空洞"等为隐喻的心理为前提；第三，强调学习是一种主体的自我建构，而不是一种单一的、

① 张静嵤：《何谓建构主义？》，载道客巴巴文献库：http://www.doc88.com/p-8981953381465.html，2016 年 1 月 10 日。

② 同上。

外部的“装载”或“输入”。自主建构的结果体现为新知识与认识者原有认识所建立的内在联系，并共同构成个体整体经验的有机部分。

另一类认识强调学习本质上是一种基于语言的象征性意义建构。具体地说，学习被“视为‘科学概念’的一般意义（meaning）内化为‘自发概念’的‘感受意义’（sense）的过程”。① 由于语言是社会性的，任何学习都是发生在一定的文化历史背景下和特定的社会文化情境中的，因而，认为学习本质上是一种社会性的知识和关系的建构。同时认为：“从相互心理作用过渡到内部作用的一种现象，也就是从儿童的社会的、集体的活动发展到个体化的活动——这是一切高级心理所共有的发展模式。”②

2. 关于学习方式的主张

（1）强调学习者主动参与下的有意义的学习

特别是强调学习者“认知方面的积极参与”，重视儿童主动的心理建构活动和积极对话基础上的社会性建构。一些具体主张包括：应鼓励学习者自己能够提出问题并解决问题；应坚持学习者能够对学习结果进行自我表达；认知主体对学习过程的自主控制和对问题解决过程的反思，也就是强调重视学习者对元认知的把握，重视“批判性”的学习，重视学习者本人对自己的评价，重视“错误”对学习的积极意义等。认为错误是个体主动学习的重要表现，“错误会引起学生顺化自己的知识结构，并把所观察到的结果同化到修正过了的知识结构中”。③

（2）强调基于真实情境性的探究性学习

建构主义者从知识与认识过程的不可分性的认识论前提，以及促进知识迁移的目标出发，强调“学生学习的关键是发生在有意义的情境脉络之中”“学习的结果是个人的和与特殊知识情境相关的”。④ 强调应重视个体或群体基于真实情境中的知识的考证或研究性的学习。

---

①［日］佐藤学：《学习的快乐——走向对话》，教育科学出版社 2004 年版，第 11 ～ 57 页。

②［俄］维果茨基：《思维与语言》，浙江教育出版社 1997 年版，第 145 页。

③ 施良方：《学习心理学》，人民教育出版社 1994 年版，第 190 页。

④ 张桂春：《激进建构主义研究》，华东师范大学博士论文，2002 年，第 94 页。

（3）重视社会交往、合作等基础上的学习

强调以个体或集体间的对话、交往、合作、团体活动为形式的学习。认为“只有当儿童同环境中的人们及其同伴相互作用时，学习才能起作用而激起各种各样的内部发展过程”。[①] 所以强调应“把建构并表达意义的语言性活动作为学习的核心活动”。[②] 提倡批判性基础上的学习者彼此间的学习架构，认为“通过加入、联合和批判性地考察别人的观点来学习，通过互动可以产生新见解”。[③] 社会性的学习被作为个体孤独式学习的一种必要的补充，是个体知识获得必要的反馈和修整以达成一定共识的重要基础。

三、建构主义教学论的主要观点

概而言之，建构主义教学论是为实现一定的社会和个体发展目标，依据一定的建构主义知识观和学习论为主要理论指导，综合其他有关教育教学中的规律性认识而确立的，有关教学的基本目标、原则和方法等的系统性的理论和主张。显然，“任何的学习与教学，无论是否清楚地意识到，都是以一定的认识论等为前提和基础的”[④]，因而认识论、知识观的转变，必然带来学习观、教育教学观的变革。但教育作为一种与社会发展密切联系的社会实践，新的教育观念的确立，仅仅依照认识论和知识观的逻辑演绎是不够的，新的教育观念、理论要能够落实到教育改革实践中，还必须表明它能够同时满足时代教育和社会发展需要。也就是说，建构主义为指导的教学改革的合理性的获得，不能仅仅是因为建构主义理论本身是人类认识和学习的合理性解释，还应该证明建构主义的教学论主张，是符合当今社会变革、人才发展需要的，具有更为全面的合理性依据，反之亦然。

① 郭裕建：《“学与教”的社会建构主义观点述评》，载《心理科学》2002年版第1期。

② [日]佐藤学：《学习的快乐——走向对话》，教育科学出版社2004年版，第57页。

③ [美]莱斯大利·P.斯特弗：《教育中的建构主义》，华东师范大学出版社2002年版，第27页。

④ Paul Ernest，Social Constructivism as a Philosophy of Mathematics: Radical Constructivism Rehabilitated?, Accessed July 20,2015. http://www.tigerulze.net/prof/profdocs/ernest.pdf.

那么建构主义教学对于时代社会和人的发展的合理性是什么？

（一）建构主义教学兴起的时代背景

从上文我们知道，建构主义基本的认识论和学习论的主张，并不是什么新的发明，那么建构主义教学改革运动，为什么会在20世纪80年代后期突然地爆发？从时代发展需求的角度来认识，其中关键的因素包括以下几个方面。

1. 知识经济与互联网对传统教育的挑战

传统的学校教育是以知识的传授为中心的教育，这种教育的合理与合法性是建立在科学主义知识价值观和传统的工业化生产基础上的。20世纪80年代，人类进入一个以知识和科技创新为标志的知识经济时代，知识成为生产的基本要素，人类科技与知识创新速度不断加快，加之个人电脑、互联网技术的普及应用，使知识分享的程度和个体获取知识的能力大大提高，对于教育来说，这既是一个重要的发展机遇，同时面临诸多前所未有的挑战。知识经济使教育的社会地位进一步提高，容易获得更多的社会资源和政策支持，但知识创新速度的加快以及基于知识的经济发展与竞争模式也带来了知识老化、过时的问题。正如美国福特汽车公司首席专家路易斯·罗斯所指出的，在知识经济时代，对你的职业而言，知识就像鲜奶，纸盒上贴着有效期。如果时间到了，你还不更新所有的知识，你的职业生涯很快就会腐烂掉。这种“知识有效期”增加了学校尤其是承担专业人才培养任务的高等院校在课程和教学内容选择上的难度，因为知识更新速度的加快使得多数教材中的专业知识还没有来得及使用已经过时。另外，互联网技术和大量的网络资源使个体非常容易获得各种知识，这些状况使学校以知识传授为主要目标的传统职能受到质疑，也使以知识的记忆为目标的教学模式、评价模式等陷于合理性危机。建构主义认识论以其知识是个体建构所得的主张在否定了科学知识所具有的知识霸主地位的同时，也使传统学校教育陷入更深的危机。这种由时代经济和科技发展带来的传统教育的危机为建构主义教育改革的兴起提供了机会，但它能否兴起还要看它是否能够有效地应对这些时代的挑战，是否能够比传统教育更好地满足社会的需要。

2. 培养创新型人才的需要

经济的全球化使世界各国对全球市场的竞争日趋激烈，知识经济的转型又使竞争的焦点转移到知识与产品的创新和提高劳动力的素质上来，为了在竞争中占得优势，实现经济的顺利转型，欧美等西方发达国家纷纷以提高教育质量培养创新型人才为目标实施教育改革。美国在 1980 年后，面对日本汽车等在美国传统强势领域的超越，美国国家高质量教育委员会于 1983 年发表了《国家处于危险之中：教育改革势在必行》的报告，掀起了以教育质量全面提升为目标的新一轮的教育改革。由于美国教育长期以来主要采用的是以行为主义心理学为基础的学习理论，但糟糕的基础教育质量使他们不得不对这一传统进行深刻而全面的反思，而以认知心理学为基础的建构主义学习理论的兴起使他们看到了希望，所以似乎在一夜之间以建构主义为新范式的教育改革大潮就在美国兴起，建构主义出现在政府教育部的课程框架中，充斥在各种教育改革的资料和教育类期刊中，遍布于教师的教科书教学手册里。这一改革浪潮自美国兴起就迅速在世界范围内传播开来，这并非是各国之间的心有灵犀，也并非他们面临同样的教育问题，而是出于对创新型人才的共同渴望。那么建构主义理论对创新型人才的培养提供了哪些希望？ 这可以从创新型人才的思维发展来看。学术界对于创新型人才思维特点的一个公认观点是其发散性，判断个体创造潜能大小的一个操作性概念是说出砖头的用途的多少，枚举用途越多者意味着其拥有较大的创造潜能，反之则较小。研究表明个体思维的发散性大小主要受后天成长环境的影响，其中学校教育是主要的影响因素。传统教育以让学生掌握唯一正确的科学知识和思想观念为目标，这在很大程度上会限制学生发散性思维的发展，而建构主义主张重视学生原有的认识基础、思维方式，允许和鼓励学生对知识的自主建构和多元建构，这有利于学生个体思维独特性的保护，促进学生思维的发展性，所以建构主义似乎使人们看到了如何通过教育培养创新型人才的希望。不仅如此，建构主义关于合作学习的主张也与培养具有合作意识和能力的人才目标是相符的。因而建构主义有关认识、知识和教学的主张也就获得了现实的合理性。

3. 新的社会关系的建构

随着“今天的学校教育正在为一个没有到来的社会培养人才观念”的深入人心，学校被历史地寄予了创造社会未来的历史使命。西方社会，特别是美国等国家基于对长期以来个人主义基础上的社会关系危害的认识与反思，基于对全球化和区域一体化推动下的文化多元化基础上的共存与发展的理解，基于对社会民主化在新时代的维持与发展等目的，对学校教育教学提出了更加全面的、综合性的要求，希望学校在教学中能同时兼顾新的社会人才、个体发展和社会关系培育等任务。对于这一任务，传统的学校教育被认为是无法胜任的，而社会建构主义学习理论及其教学论主张等，为这些目标的实现提供了教育教学改革的适当的理论框架。这是教育教学改革社会目标层面合理性的基本依据。

4. 教育技术革命的推动

一般认为，建构主义之所以在当代兴起，是与多媒体、互联网等现代信息和网络技术的逐步普及密切相关的。它们为建构主义所倡导的理想学习环境提供了强大的物质支持，才真正使建构主义理论走出心理学家的“象牙塔”，开始进入各级各类学校的课堂，成为支持多媒体与网络教学以及“信息技术与学科课程相整合”的重要理论基础。可以说，建构主义之所以有今天的辉煌，离不开多媒体与网络技术的支持。另外，通过网络工具的学习和教学，也是信息时代学习能力发展的必然要求。①

5. 个体终身学习的需要

由于终身学习社会或学习化社会的出现，学校教育的中心功能已经从特定知识的传递转变为终身学习者的培养。未来的学生应该成为自己学习的负责者、掌控者，这一能力发展的目标定位，必然要求教育教学中应重视学习者自主学习能力的培养，要求教师进行教学角色的转换，而真正成为主导者、伴奏者、帮助发现者，这样的角色转换将使他们逐步发展成为

---

① 何克抗:《关于建构主义的教育思想与哲学基础——对建构主义的反思》，载《基础教育参考》2004 第 10 期。

研究学生、研究教学的专门家。[①]

（二）建构主义教育教学的主要目标

建构主义教育教学目标，可以概括为三个大的方面。

1. 促进学生对知识的深层次理解

建构主义者从培养创新性人才素质的目标出发，基于建构主义认识论和学习论主张，强调“建构性的学习和教学旨在使学习者形成对知识的深刻理解”。[②] 这种深层次的理解的标志是新知识与学生原有知识和经验建立了密切的联系。为理解而学习，为理解而教学成为建构主义学与教的重要目标和行为原则。美国学者金奇洛（Kincheloe）认为，“学习中唯一重要的是为理解而学习，毫无目的的为标准化考试而进行的记忆，除了对于应付考试自身以外，即使仅仅从经济的视角来看也是没有价值的。因为，在全球化、信息化、技术化的社会中，任何类型的职业凡是从事与信息相关的工作，都需要这种高度的理解力。标准化测试中的多数功能，现在可以自动化地完成。[③] 因而，建构主义者都主张把促进学生基于自身经验的主动建构作为教师的基本任务。如冯 - 格拉色斯费尔德认为：“既然知识与能力被看作是个人建构自己经验的产物，教师的作用将不再是讲授‘事实’，而是帮助和指导学生在特定领域中建构自己的经验。”[④] 莱茵（Rhine）等认为：“真正的建构主义实践把学生对概念的理解放在教学的中心，教学是帮助学生积极地投入具有挑战性问题解决的艺术。”[⑤]

2. 促进学生创新能力等的发展

建构主义教学致力于学生的创新能力、合作学习能力、终身学习能

---

① 杨启亮：《教师成长发展的观念及其昭示的必然性分析》，载《教育发展研究》2001 年第 11 期。

② 张建伟、陈琦：《简论建构性学习和教学》，载《教育研究》1999 年第 5 期。

③ Joe L. Kincheloe,*Teacher as researchers*: *qualitative Inguiry as a path to Emprovement*, London, Routledge Falmer press,1991,P.6.

④ 徐斌艳：《极端建构主义意义下的数学教育》，载《外国教育资料》2000 年第 3 期。

⑤ S.Rhine, K.Smith,What Do Constructivist Teachers Do?*Accessed May 20,* 2004. http://www.willamette.edu/~srhine/Articles/whatconstruct.html.

力、知识迁移能力、实际问题的解决能力和批判思维能力等的培养。其中的创新能力体现在个体思维和认识的独特性、发散性、批判性等。合作学习能力包括合作、协商的意识、态度和能力等。终身学习能力包括自主学习的自控能力、方法，终身学习的态度和习惯等。这些能力是时代经济和社会发展对人才素质的基本要求，也是与未来社会人才素质需求的预测相吻合的。因而有效地促进学生在这些能力素质方面的发展，也是建构主义教学改革合理性的基本依据。

3. 培养学生良好的未来社会公民素质

促进学生对民主、平等等核心社会价值为中心的社会关系的认知，以及态度和行为习惯等的养成，以促进社会文明的不断进步是现代教育的重要使命，也是建构主义教学改革的重要目标。艾斯纳（Elliot Eisner）认为："学校的功能显然不仅仅是使学生能够在测验中获得好的成绩，或者是使学校自身得到好的发展。"而应该以"形成学生为进一步推进社会民主生活，而需要形成的对知识的理解和态度"为目标。"在我们的学生中培养一种强烈的个人和社会意识，使学生成为他们自己教育的建构师，以便使他们在自己的生活中能够不断地更新自己"。[①]

（三）建构主义教育教学的主要原则

根据杜布斯、布鲁克思、谢应宽等的研究，建构主义教学论的一些原则主张可以概括为以下方面。

1. 主体性原则

主体性是人们自主、能动、创造性地认识事物的主观特性。所谓主体性原则是指在教学过程中，必须把教师和学生的主体性都充分发挥出来，教师积极主动地创造性地"教"，学生自主地、能动地、创造性地学。具体体现在以下方面：第一，表现在师生、生生关系上，他们应是一种互为

① Michael L. Bentley, Intrducing critical constructivism: Critical Consciousness Through A Critical Constructivist Pedagogy, *Accessed May* 20,2016. https://web.utk.edu/~mbentle1/Crit_Constrc_AESA_03.pdf.

主体的存在，是一种主体间的交往关系，体现为一种“主体间性”，即一方的主体性并非是以对方的客体化为条件，教师和学生同为教学交往的主体，学生与学生同为相互支持合作建构的主体；第二，教师对待教学内容与方法上，教师应根据学生原有的经验或认知发展水平，根据课堂教学情境和问题，可以自主地、创造性地进行内容的处理与方法的选择；[①] 第三，表现在学生知识的学习上，应是一个积极主动的建构过程，是学习者根据自己原有认知结构或经验，主动与教师、同学合作，获得意义的过程。其中建构主义最为强调的是学生自主学习或知识建构的主体性的体现。

研究者认为，为了发挥学生的主体性，应主要从以下几个方面入手：第一，建立起民主、平等、和谐、互动的师生关系和课堂文化。要建立这种关系、创造这样的课堂文化，教师应把学生作为具有丰富个性的、独立的人。师生之间，学生与学生之间在人格上是平等的，教学过程中师生间应是合作、互动、相互作用的。应该鼓励学生基于事实依据合理地提出不同的见解，接受并重视学生出现的“错误”，并把错误看作是促进学生有意义学习和思维发展的重要契机。这样的师生关系或合作文化有利于学生主体性的发挥。第二，让学习者参与目标或子目标的提出与确立。建构主义者认为，只有学习者清楚地意识到自己的学习目标，并形成与获得所希望的成果相应的预期时，学习才可能是成功的。教师还应启发和鼓励学生根据学习的需要，对初始的目标进行分解或转化。第三，让学生主动提出问题，鼓励学生自主地、创造性寻找解决问题的途径与方法，并形成自己对问题的理解。如美国数学科学教育委员会在一份报告中指出：“事实上，没有人能够教数学。高效能的教师是那些能够激励学生学习数学的教师。大量的研究结论表明，只有当学生们建构起他们自己对数学的理解时才能学习好。”[②]

---

① 这里的主体性主要体现为教师教学的创造性。相对立的是被外在的权威（行政和学术）强大约束下的缺乏主动性的教师教学。

② Mathematical Sciences Education Board (MSEB) and National Research Council,Everybody Counts: A Report to the Nation on the Future of Mathematics Education, *Accessed June 30*, 2004. https://www.nap.edu/catalog/1199/everybody-counts-a-report-to-the-nation-on-the-future.

2. 情境性原则或整体性原则

所谓情境性原则包括两层含义：一是指教学中知识的呈现应是置于一种复杂的、"真实"的情境中，教学是由学生和教师围绕这种真实的情境中的知识而进行自主合作探究、发现问题、抽象问题、解决问题等的过程。二是应保证教学是在一种适当的，包括知识呈现方式、课堂文化在内的总体的情境中进行的。建构主义者认为，学生在传统教学中所获得的知识是不完整的，具有内容空泛、难于提取、不灵活和无法在新的情境中迁移运用等不足。[①] 建构主义者从情境性的知识有利于个体意义的建构和整体性知识结构的形成等前提性认识出发，反对将问题过度简化的传统做法，主张应将知识置于具体的情境中，以体现知识与"真实"情境的联系。认为这种基于"真实情境"中的知识教学的意义至少表现在：一是有利于学生形成综合性的知识，增强学生解决实际问题的能力；二是有利于实现与每个学生的经验相联系；三是有利于激发学生的情感和兴趣；四是有利于学生探究能力等创造性能力的培养。这种情境性的问题对于低年级学生的学习尤为重要。

为此，布鲁克思等认为，建构主义教师必须认识到课程应该贴近学生的日常生活；麦克斯纳强调应"在一种情境的关系中提出新的可学会的知识单元"。杜布斯从知识整体性的角度认为，教学在内容上必须是面向全面综合的、贴近生活和职业的、可以作整体观察的问题领域，不应将问题简单化，因为某些东西只有能在全面的整体关系上被观察和深入，并且最终能够被重新带回到整体关系上才能被理解。

关于适当的教学情境的创设，冯·格拉塞斯菲尔德等提出如下的设计依据：[②]（1）原有的经验：教学情境的设置是否允许学生的学习，是否是建立在其先前经验的基础上。（2）真实的和挑战性的情境。知识应是寓于真实生活等情境之中的，问题应富有挑战性，强调问题在难易程度上应能够

① 温彭年、贾国英：《建构主义理论与教学改革——建构主义学习理论综述》，载《教育理论与实践》2002 年第 5 期。

② 张桂春：《激进建构主义研究》，华东师范大学博士论文，2002 年，第 95 ~ 96 页。

激发学生学习的积极性，理想的状态是处于学生的“最近发展区”。这一要求对于不同年级的学生同样是适应的。（3）教师角色。教师是教学情境中的重要设计者和组织者，其本身也是教学情境的重要组成部分。教师应与学生协商形成一定的规则，并在规则约束下，让学生相当程度地承担起自我管理和对学习自我控制等的责任。教师真正起到指导者和促进者的作用。（4）情感。建构主义认为情感是学习的发动机和控制器，教学中能够让学生产生“持续学习的动机的唯一方法，是使他们体验到那种伴随在他们自己成功地解决问题过程中的欢乐”。（5）错误。教学环境是否容许错误和失败。研究者认为，宽容的教学环境，鼓励冒险的学习环境，对于激发学生的创新思维和能力具有非常关键的作用。因为依照建构主义观点，学生出现错误是学生进行深度思维的重要表现，而对错误的反省并发现问题，提出新的解决方案的过程是学生有效学习和理想发展的重要的途径。

3. 因材施教原则

因材施教原则是指在教学过程中，必须按照学生身心发展以及文化背景等的个别差异，施以不同的教学，以促进学生个性的健康发展和认知能力的不断提高。建构主义者反对传统班级教学中忽视学生个别差异的做法。他们认为，由于客观世界的复杂多样性，每个人对客观世界都有自己的理解，并在一定程度上具有合理性，并且承认在教学中，师生之间、生生之间在认知水平、认知方式等方面是有差异的。因此，在教学过程中不能用统一的标准来要求学生，而应尊重每个学生的观点和看法，并采取适合他的教学方法来促进其在原有水平上得到最大限度的发展。为了能够做到因材施教，在教学过程中应该做到：

第一，教学应致力于促进学生积极地与他们原有知识和经验取得联系。为此，布鲁克思强调，建构主义教师应该寻求和珍视学生的看法和观点，因为教师只有了解了学生关于概念的看法，才能帮助他们进行教学设计，并根据学生的需要和兴趣进行相应的教学。杜布斯认为，只有当知识是个体基于原有知识和自己的经验的联系中获得重新建构，就是说被建立在自己的解释和自己的理解上时，学习才真正成为一个主动的过程。

第二，重视集体学习环境和学习合作共同体的建设。建构主义者认为，按照传统的教学理念与方法，即使在班级规模小的课堂中，教师也往往难以照顾到和了解到每一个同学，因而强调应通过适当的集体的学习环境建设，通过教师与学生，学生与学生之间的学习合作交往，来实现学生自主性的学习。杜布斯认为，集体学习环境对个体的主动建构具有重要意义。集体的对话的环境可以使个体通过对问题理解的对话，超越和拓展自己的理解或建构。学生可以在对话和交往中调节他们的学习，并且使学习得以持续进行。

第三，运用现代教育技术和现代计算机网络技术，实现个体化的指导教学。研究者强调，这里的计算机等的现代技术辅助教学不应是以计算机代替教师，每个学生与他的计算机通过教学软件形成一个独立的、封闭的人机对话系统，而使学生成为一个缺乏交流的孤独的学习者。[①]

4. 过程性、参与性评价原则

所谓过程性评价是强调评价是在教学过程中进行的，注重评价的诊断性、即时性、情境性。如布鲁克思认为，建构主义教师应在日常教学情境下评价学生的学习，而不是分离的。杜布斯强调，学习成绩评估的重点应是检查学习过程的进步。为给学生提供即时的反馈，评估应在具体的学习情境中进行。所谓参与性原则是指学生应成为教学评价的重要参与者，重视学生的自我评估。学生参与教学评估，特别是与自身学习相关的评估，对于促进学生反思能力的提高、元认知的把握、知识的深层次建构和学习策略的改进等都具有重要的意义。教学中贯彻以上原则，应做到：

第一，应把评价作为促进学生主动建构为目标的教学的基本手段，而不仅仅是评判最终学习优劣的工具。应该重在诊断性、帮助性的形成性评价，而不是仅仅关注结果、评判优劣的终结性评价。如布鲁克思等认为：

① 何克抗:《关于建构主义的教育思想与哲学基础——对建构主义的反思》，载《基础教育参考》2004 第 10 期。

"评价不应该作为这样一种有效绩效的工具：即它使一些学生获得自我良好的感觉，而使另一些人被迫放弃。"教学应该是诊断性的、建设性的，应重视在学生学习过程中的即时评价和反馈，也就是说在具体的教学情境下的评价。因为，这样的评价，通过挑战学生当前的认知图式或水平，有助于学生对问题的反省和认识的拓展与超越。

第二，采取多元的、个体化的评价标准。由于学生的个体经验和内部语言的差异，学生对问题的不同于"标准答案"的表达并不一定就是错误的，也可能是"另一种"表达。即使是真正错误的理解，这种理解由于是建立在学生经验基础上，因而应把它当作促进学生学习和观念改变的重要基础。布鲁克思等认为，在建构主义教室中的评价应该是这样的：当一个学生没有准确给出所探询的答案时，建构主义教师不是简单地说"不"，他们会努力去理解学生对于当前话题的思维。通过无判断性的质疑，引导学生建构新的理解，获得新的技能。评价应成为一种能同时加强学生的学习和教师对学生当前思维理解的工具。①

第三，重视学生的自我评价。鼓励学生对自己的学习进行不断的反思和评价，把学生的自我评价作为增强学生的元认知能力、自我分析学习能力、促进知识的反省和深度建构的重要途径。

（四）建构主义教育教学的师生关系

建构主义教育教学中的师生关系具有民主、平等、协商、对话、合作、强调学生的主动性等特点。为清楚了解这些师生关系的特点，可以与传统的灌输式教育中的师生关系做一比较。

关于传统的师生关系模式，巴西教育家弗莱雷曾提供了一种较为全面但宽泛的描述，②我们将其与建构主义的师生关系主张做一对比（见表2-1）。

---

① Brooks, Jacqueline Grennon and Martin Brooks,In Search of Understanding——The Case for Constructivist Classrooms, *Accessed October 20*, 2004. http://www.konnections.net/lifecircles/constructivism.htm.

② 保罗·弗莱雷:《被压迫者教育学》，华东师范大学出版社 2001 年版，第 25 ~ 26 页。

表 2-1：两类师生关系模式比较

传统的师生关系模式	建构主义的师生关系主张
(1) 教师教，学生被教	(1) 学生学，教师促进学生主动地学
(2) 教师无所不知，学生一无所知	(2) 教师和学生各有所知，教师也需要不断学习，需要先向学生学习。教师想要学生知其所知必须先了解学生之知
(3) 教师思考，学生被考虑	(3) 教师和学生共同思考，教师思考学生的思考
(4) 教师讲，学生听——温顺地听	(4) 教师讲，教师允许并鼓励学生讲，主动提出问题——师生对话
(5) 教师制订纪律，学生遵守纪律	(5) 教师和学生通过协商共同制订纪律，或主要由学生协商，教师协助制定纪律
(6) 教师作出选择并将选择强加于学生，学生唯命是从	(6) 教师允许学生作出选择，并尊重学生的选择，允许并鼓励学生为自己辩护
(7) 教师作出行动，学生则幻想通过教师的行动而行动	(7) 教师作出行动示范，并通过语言等让学生明白自己的行动；学生理解教师的行动，教师允许作出创造性行动
(8) 教师选择学习内容，学生(没人征求其意见)适应学习内容	(8) 教师和学生都可以是学习内容的提出者，教师希望学生提问题来驱动教学；教师允许并鼓励学生自主选择学习内容和解决问题
(9) 教师把自己作为学生自由的对立面而建立起来的专业权威与知识权威混为一谈	(9) 教师的专业权威，表现在帮助学生发展他们自己的思维，建构自己的知识，教师的专业权威与尊重学生的自由与自主是一致的
(10) 教师是学习过程的主体，而学生只纯粹是客体	(10) 学生是学习过程的主体，师生之间的主体性表现为彼此共存的主体间性。教师和学生是共同探究问题的合作主体，教学对话的行为主体

总之，在建构主义教学情境中，教师不再是知识的施与者、强权的管理者，而是一个向导、促进者、协商者、合作探究者和激励者；学生不再是知识被动的接受者、一个无条件的顺从者，而是学习的主动建构者、探究者、协商者和对话者等。

建构主义所主张的师生关系确立的依据，一方面，是为促进学生主动的知识建构和创造性素质发展为目标，根据建构主义的知识观和学习论主张为基础确立的；另一方面，也是在培育新的社会人际关系，以实现个体良好社会性发展目标为依据的。如弗莱雷在谈到关于师生之间平等的交流主张时指出，这“并不等于说师生之间不存在差异。教师和学生之间的对话并不是把他们放在同一专业水平；但它确实标志着师生之间的民主的位置”。他认为对话的社会意义是显然的，因为，“作为对话的主体，对话的当事人，不但获得了他们的统一性，也积极地为它进行辩护，从而获得共同的成长。准确地说，对话并不是使他们拉到同样的水平，也不是使他们达成一致，彼此观点不分。相反，它包含了一种真切的，基本的主体间的尊重。这种尊重在权威主义下常常被侵犯或阻止它成为现实”。[①]

（五）对建构主义及其教学论的有关批判

一些学者认为，建构主义强调知识的个人建构，知识意义的个体性，容易使人陷入相对主义和极端个人主义（主要是针对激进建构主义等观点批判）。另外，认为批判建构主义等对知识权威、社会权威等的批判，容易导致“无政府主义”等。

下面我们主要考察有关建构主义教学论及其教学实践的批判。归纳起来主要有两个方面。

1. 认为建构主义教学导致自由放任

如理查德（Richardson）在指出建构主义教学的局限时认为，教师珍视学生的理解是以学生知道“正确”的答案为代价的。[②] 建构主义教师经常放弃课程的统一性的知识要求，而去追求他们学生的细枝末节或胡乱猜想。[③] 学生们的知识会由此变得杂乱无序，对同一个概念，有多少学生会

---

① Anthony Cody,Constructivism and Social Change, *Accessed May 15*,2004.http://tlc.ousd.k12.ca.us/~acody/2c.html.

② Abdal-Haqq, Ismat, Constructivism in Teacher Education: Considerations for Those Who Would Link Practice to Theory, *Accessed December 12*,2004.http://www.ericfacility.net/ericdigests/ed426986.html.

③ Brooks.M.G.,& Brooks.J.G.,The Courage to Be Constructivist, *Accessed November 11*,2004.http://www.ascd.org/publications/ed_lead/199911/brooks.html.

形成多少种概念的理解或解释。而这些解释显然不是同样适当的。所以他认为，不恰当地运用建构主义方法，可能成为一种“放任自流”的教学方式。另外，也有其他一些类似的批评认为，采取建构主义数学教学，可能使教学“只有乐趣但没有数学。”如第三次国际数学科学研究 (TIMSS) 的结果也支持了这种观点。调查中有 80% 的教师，他们教学的改革目标不是针对学生思维的训练，而是指向一些别的东西，只有 19% 的教师将概念的理解作为改革的目标。另外，也有作者指出建构主义教学的潜在危险性，认为“你可以使学生分组合作讨论一些琐碎的任务。你可以让学生动手操作去做一些俗套和无意义的事情。一个教师可以在教室里来回走动地鼓励学生，但却从不检查学生的作业和探究他们的思维状况”。①

2. 认为建构主义方法不严格缺乏精确

有研究者认为建构主义教师只关注一些大而宽泛的反复无常的概念，却把在课程中集中体现的信息、事实和基本的技巧扔在了一边，而这些方面是通过晋级考试所需要的。

对于以上批判，建构主义学者布鲁克思等认为是愚蠢和滑稽的。他认为忽视学生观点和前提性认识的教学是无效的。让学生像科学家真正地进行科学探究一样，进行探索性认识，要比那些按照多次修正过的科学过程进行重复操作，更能够促进他们对知识的真正理解。另外他认为，把一些事实、信息和技能放在一些大的观念（bigger ideas）下进行学习，更有助于学生的记忆。对于课程标准与建构主义教学的关系，他认为不是必然对立的，“政府规定的课程强调学生学习什么。建构主义作为一种教育的方法，强调学生如何学。建构主义教师通过把学什么和如何学有机地融合起来，来对待学生的学习”。建构主义课堂教学与那种按部就班地压缩式课堂教学相比较，对教师和学生提出了更高的要求。②

---

① S.Rhine, K.Smith,What Do Constructivist Teachers Do?, *Accessed May 20*, 2004. http://www.willamette.edu/~srhine/Articles/whatconstruct.html.

② Brooks.M.G.,& Brooks.J.G.,The Courage to Be Constructivist, *Accessed November 11*,2004. http://www.ascd.org/publications/ed_lead/199911/brooks.html.

另外，也有许多文献表明，建构主义教学不仅能有效地促进学生的思维发展，也能够提高学生常规的标准测试成绩。

四、应如何看待建构主义

以上我们对建构主义及其教学论做了简单的梳理，也对建构主义教学改革浪潮兴起的时代背景和原因进行了分析，从中我们对建构主义有了一个较为全面的了解。由于我们的目的是将这一思想引介到我国，用以指导我们的教育改革，为此我们还需要回答这一理论是否适应我国的国情和需要，是否有利于帮助解决我们的教育问题，应如何看待不同谱系的建构主义主张等。下面就我们关于对建构主义及其教学论的几个主要问题的认识、观点和态度，做一简单陈述，并对我们应如何进行积极合理的借鉴提出有关的建议。

（一）不能简单、孤立地看待建构主义

在对建构主义理论等的梳理中我们发现，建构主义是一个非常庞杂的理论体系，存在着多种语脉的建构主义，这些不同立场的建构主义在关于知识和学习的问题，进而在教学论主张上强调的重点不同。我们也发现许多理论之间具有互补性，建构主义是一个观念互补的体系。[①] 如个人建构主义和社会建构主义分别从个体和文化的视角回答了，个体是如何进行知识建构的，个体建构主义为我们提供了一种基于个体自身成熟的内在发展机制和学习策略，而社会建构主义从文化历史的角度，从认识发展的文化中介和社会交往的作用等，揭示了人的学习的社会文化机制。对于我们全面了解个体的认知发展和学习的内在规律来说，这两个方面是不可或缺的。再如，社会建构主义与批判建构主义对特社会关系建构的两种态度。社会

① 这里所谓的互补性，并非理论本身是非对立的，实际上，许多理论正是从否定对方而产生的，但由于理论根基的相对统一性，因而这种对立的观点实际上常常是方式方法的，也正缘于此，为我们解决问题提供了多种视角和方法途径，这些方法之间可以相互补充对方的不足。

建构主义从历史、现有文化对个体认识的影响来看待个体交往中关系的建构，注重的是继承性；而批判建构主义以公正、民主、平等等人类的社会核心价值目标出发，注重对现有知识、学校制度和话语中所体现的权利等不平等因素的解构，强调的是个体之间在解除权威基础上的平等的关系的建设，因而注重的是新的社会关系的创造。

这种认识提醒我们，不能简单、孤立地看待建构主义，如我国许多学者更多地关注的和采用的是激进的建构主义立场，这种做法因缺乏其他的观念和方法的制衡和补充，因而具有一定“危险”性。因而为形成一个较为完整适当的教学论体系，需要对建构主义进行全面的考察，充分注意到其中的对立性和互补性。

（二）应辩证地看待建构主义

建构主义作为一种理论思潮既具有普适性的一面又具有具体性的一面。第一，这里的具体性是指，我们今天在教育领域所熟悉的“建构主义”，是作为知识的客观主义和心理学的行为主义相对立的，一种在西方现代经济、文化和社会背景下出现的理论思潮，因而它是具体的，有着明确的时代性。尽管它的许多思想来源于 18 世纪、来自 20 世纪初的“发生认识论”“意识形成的文化历史观”，但它并不是原本的皮亚杰理论和维果茨基的理论，建构主义作为一种时代思潮，有着明确的问题域和特定的目的性。这可以从上文中建构主义教学改革时代背景的概括中明确地发现。所以这提醒我们，认识建构主义应从时代的高度，从背后深层次的价值和意义领域来全面地认识它。另外，在借鉴西方建构主义的教育思想和理论主张时，应对其背后的价值和意义取向、基本的目标和理论假设等作出全面的认识，不能不加分析地生搬硬套。

第二，所谓的普适性是指建构主义所依据的一些基本认识论思想，具有较为普遍的适应性。如关于“人是基于自身经验来建构知识、通过个体经验来认识世界等主张”，都是在人们生活中所能够体验到的，因而对现实具有较普遍的解释力。实际上，建构主义所依据的一些基本的思想，作为一种人类观念文明，并非西方所独有，如我们曾有“盲人摸象”的寓言，“摸到象腿的盲人”会用“柱子”来比喻大象等，其中就隐含着个体是通过身边熟悉的事物来认识其他事物的思维方式认识前提。再如我国的心学大师王阳明和他的学生关于花的著名典故，即“因为心中有花，所以花才存在”，其中的思想，与建构主义关于个体先在的经验影响对新事物的认识和感知等的观点，具有很大的相似性。另外，建构主义思想也普遍体现于我们日常生活和学习的经验中，如我们在读英语时，常常会遇到这样的情况，尽管句子中的每个单词都认识，但却搞不明白句子表达的意思，这可能是因为我们缺乏对这些文化的了解。再如，我们在平时生活中常常对不熟悉的事物熟视无睹等。因而，这种认识告诉我们，建构主义所依据的许多思想，揭示了人类文化中的一些思维和行为方式等的共性的内涵，建构主义的基本思想和主张离我们的文化和生活经验并不遥远。

基于以上两点看似对立性的认识，我们认为应该辩证地看待建构主义，既应看到它局限性的一面，又要看到它具有普遍适应性的地方。也就是说，我们在对待建构主义的态度上，既无需完全排斥它、否定它，也不能不加思考地照本宣科。实际上，按照建构主义的观点来看，完全否定它是不可能的。因为，就你否定它的过程本身也是一个基于个人经验建构的过程，否定作为一种结果，本身就是个人建构的结果。同理，完全照本宣科也是做不到的。所以，我们建议在运用建构主义指导我们的教育教学改革时，首先应全面地把握其基本的思想，同时与我们的经验和教育实践相结合。针对我们的教育目标和问题，创造性地来运用它。这种思想指导下的改革，才不会脱离我们的实际，才能真正地实现所谓的“本土化”。这种态度本身也是建构主义所倡导的。[①]

① 真实情境和基于真实情境的建构，是建构主义在功能上存在互为补充的学习两条原则。它有两个基本假设：一个假设认为真实情境包含真实的问题、矛盾，蕴含着整体性的知识，所以只要是以真实的情境为基础进行的建构，可以了解各类知识之间的联系，获得整体性的知识，也易于学习者进行知识的迁移。另一个假设认为真实的情境是学生所熟悉的、易于理解和记忆的，可以为学生知识建构提供一个好的建构支架。

（三）关注建构主义教学论的两个目标维度

认识建构主义教学论，应注意到它至少有两个目标维度。一是认知维度，二是社会改革维度。尽管这两个维度各有侧重，但在教学中常常是融合在一起的。

认知维度主要强调的是如何促进学生主动学习，实现学生对知识的深入理解、思维发展等目标。这也是当前人们关注建构主义教学最多的部分。

社会改革维度关注的是促进社会改革，如批判建构主义等那些明确地把社会改革和促进社会公正作为主要目标的理论和教学主张，但常常忽视了在以促进认知发展为目标的各种教学主张等背后，所依据的各种社会改革的目标或旨趣。

我们认为，认识和了解这两个密切结合的目标维度，尤其是充分认识以认知发展为主旨的教学主张所具有的社会改革意义，对于全面理解和判断建构主义教学改革的时代合理性是至关重要的。对于教师来说，明确地认识教育在不同维度中的具体目标，是其自觉主动地履行自己的教育职责所需要的，也是不断提升自己教育专业水平的重要依据。

五、建构主义对我国教育改革的可能价值

当前我国教育最大的任务是如何推进素质教育和培养创新型人才。自20世纪80年代初我们就开始了以推进素质教育为目标的改革，但近40年的努力并没有取得如期的效果，应试教育仍然在基础教育中大行其道，学生的学习热情在以记忆为主的死学、苦学中被年复一年日复一日地消磨着，他们的好奇心与创造性思维在教师的呵斥和以成绩为命根的“升好学”压力下被压制并逐渐消失殆尽，许多学生的自信心在不断的考试竞争失败下被粉碎。尽管这其中的原因非常复杂，但与我们学校教育中落后的、不适当的教育思想、教育观念、教育教学模式、评价模式等直接相

关。实际上，直至今日，在我们的学校教育中占主导的仍然是科学主义的认识论和知识观，学校的主要责任就是帮助学生有效地学习科学知识、正确的思想观念和科学的方法论，认为学生掌握了这些科学的知识和方法就可以形成正确的世界观、人生观、价值观，就可以将这些科学知识、正确的观念应用到工作和生活中去，从而实现高效地工作和获得幸福地生活，因此在教学上遵循的是一种灌输为主的教学观，学习上采用的是机械记忆为主的学习方式。学生的个体知识和经验被认为是狭隘的、幼稚的、不成熟的，没有多少价值的，需要用科学知识、正确的观念来取代，因而它们在教学中是不被重视的。我们认为这样一些认识论、教育教学思想的存在是造成今天教育问题的关键根源所在。那么如果以建构主义理论为基础重建我们的认识论、学习论、教学论，对于我们推进素质教育、培养优秀的创新型人才会有哪些积极的意义和作用，我们认为至少体现在以下六个方面。

（一）有利于帮助学生树立自信心，形成一种自信而又谦虚的人格

建构主义关于知识是个体建构以及知识是发展的等观点为个体知识、经验的意义和重要性提供了理论支撑。由于个体经历、认知方式的独特性，所以每个人的经验都具有独特性，因而是有价值的，所谓的“三个臭皮匠顶个诸葛亮”，另外这些经验多数是个体经过自身的践行、体悟所得，被验证为有效的合理的，它们对于个体的工作、生活与学习都具有重要的意义。因此，每个人都应该为自己拥有这种独特的经历和经验而自豪，从而建立自己的自信心，每个学生应该为自己对所学知识的独特理解而欣赏自己。另外，人们同样能够从这种建构主义观点推测出，自己的认识不是唯一的，因为他人同样拥有着独特的经历和思维方式，对事物的认识、对知识的理解同样具有独特性，因而应尊重他人，应真正抱着一种谦虚的态度去了解他人的观点，这样才能使自己对事物的认识、知识的学习更全面。因此，如果在教育中能够正确运用这些思想，就可以引导学生形成自

信而又谦虚的人格，这对于改变国人长期谦卑的人格特性，培育自信而又谦虚的新型人格具有积极的意义。

（二）有利于帮助学生保持学习兴趣

可以说每个小学生都是抱着浓厚的学习兴趣来到学校的，但枯燥的学习生活与巨大的学习压力使他们的学习兴趣逐渐消失了。在如何帮助学生保持学习兴趣方面，建构主义关于个体基于自身已有知识和经验建构知识的观点为我们提供了启示，使我们看到了努力的方向和成功的希望。我们认为，学生的学习兴趣是从能够理解、获得和应用新知识过程中获得的，如果学生能够运用原有的知识和经验理解新知识，如果这些新知识能够帮助他们更好地认识这个世界，帮助解决诸多疑惑的现象和问题，他们就会产生浓厚的认知乐趣，体会到学习的快乐，这种快乐不是功利性的，而是源于人的本能的认知需要的满足。按照这种认识，如果在我们的教育教学中真的能够做到让学生自主地以自己已有的经验和知识来建构学习，学习就成为一个学生改组、重组自身经验和认识的过程，学习怎么能不快乐呢?

（三）有利于保护学生的好奇心，培养和发展学生的创造性思维

好奇是人的天性，保持一颗好奇心是个体学习与创造的重要前提。上文我们提到，在我们的教育中学生的好奇心与创造性思维在教师的呵斥和以成绩为命根的“升好学”压力下被压制并逐渐消失殆尽，这与我们原有的不适当的教育理念等密切相关，而要保护学生的好奇心，培养和发展学生的创造性思维，需要重建我们的教育目标观、教育过程观、教育评价观。建构主义教学论主张以学生的思维发展为目标，营造安全和宽松的教学环境，鼓励和支持学生对知识的多元建构等对于保持学生的好奇心、发展学生的创造性思维显然具有积极的意义。因为只有关注学生思维的发展我们才能更为清楚知识学习与思维发展的关系，认识到思维的发展才是知识学习的根本目的，从而有助于消解长期以来知识学习与能力发展的二元

对立；只有安全宽松的课堂教学文化才能使学生们主动发问、大胆设想，解放被束缚的好奇心和发散性思维；而鼓励和支持学生对知识的多元建构的教学评价导向能够使学生好奇心得到保持、思维得以发展的同时获得一种成就感、满足感和自信心。

（四）有利于学生形成整体性的、合理的认知结构

在我们长期以来的学校教育中，知识是以学科为单位进行组织的，因而从总体来看学生学习的知识是被不同学科肢解而处于支离破碎的状况，从而造成学生获得的知识缺乏整体性，形成的认知结构不够合理，难以用来解释复杂的现实和解决复杂问题。另外，按照杜威的观点，由于在教学中没有使这些知识与学习者的经验实现有机结合，导致学生难以做到学以致用，所以主张应以学生的经验为中心，在做中学。建构主义吸收了杜威关于以经验为中心的教育思想，主张通过学生基于经验的主动建构来进行学习，既克服了杜威过分重视做来实现知识整合的不足，又为知识如何通过基于个体经验的间接学习来实现整合提供了方法论。另外，建构主义教学论主张情境性学习、以问题为中心的学习等，这些真实的情境和问题往往需要学生运用多学科的知识来理解、分析和解决，这样的教学有利于学生对知识进行有机整合。

（五）有利于学生形成平等、合作、协商的人际关系认识

受师道尊严传统文化和长期实施的以管、教为主的学校管理文化等的影响，我国学校的师生关系总体来讲还是一种师尊生卑的关系，尽管这些年来随着社会文化的变革，教育改革的深入，师生关系有了一定的改善，但仍有不少教师秉持着传统的师生关系理念，有些人虽然口头上承认师生平等，却没有体现在行动上。师生关系、生生关系是影响学生人际关系理念建构和人际交往习惯形成的重要影响因素，这样一种不平等的学校人际关系显然不利于培养符合我国社会改革发展需要的合格公民的要求。前面谈到建构主义教育教学改革主张建立一种民主、平等、协商、对话、合作

的师生关系和课堂教学文化，其意义之一是营造一种安全宽松的学习氛围，有利于学生积极思维和主动进行知识建构；其意义之二是为学生人格的发展提供适宜的环境，尽管民主、平等是西方国家一直重视和强调的主导价值，但它们同样是我国当代社会确立的核心价值观，另外协商、对话、合作也是我国当前所倡导的人际关系与行为交往准则。因此，基于我国经济社会发展的实际，积极借鉴国外建构主义教学改革的思想精髓和成功做法，对于深化我国的教育教学改革，培育符合时代社会发展需要的人才具有重大的社会价值。

（六）有利于教师的专业化和教师专业发展

如何有效地促进教师专业发展，提升教师职业的专业化水平是我国教师教育改革面临的巨大挑战。按照传统的专业框架和职业专业化发展思路，教师职业在形成稳固的专业知识基础方面遇到了难以逾越的屏障，它无法如其他专业性职业一样打造出一个“必知必会”的专业知识技能袋，可以让师范生学习掌握以后只要经过一定的实践练习就能成为一个合格的教师。师范教育和教师在职培训的效果不明显也一直多受诟病。建构主义理论的出现为我们重新认识教师职业，寻求教师专业发展之路提供了新的视角和理论平台。建构主义关于知识是个体建构的理论以及对知识特性的观点为提高教师个体知识和经验在知识体系中的地位提供了重要的依据。建构主义学习观使我们将教师教育的重点从教师教育者的“教”转移到教师学习者的“学”上，使学习者真正成为学习的主体、发展的主体，这有助于打破教育理论与实践相脱离的魔咒，有效提升教师教育的效果和水平。另外，我国基础教育教学改革也正在实现由重视教师的教到学生学的转变，如果教师教育不能做出相应的变革，就会使师范生面临学无以致用的局面，而建构主义恰恰可以为教师教育的改革提供理论和方法论依据。

六、结语

以上我们对建构主义认识论、学习论、教学论做了一个较为全面的梳理，对这一理论兴起的时代背景进行了分析，也对基于这一理论推进我国教育改革所可能具有的积极意义做了初步的探讨。

认识到它在关于知识的特性和学习的主张上与科学主义和行为主义存在本质的区别，因而在此基础上建立起的建构主义教学论，与后者基础上的传统的教学论相比较，具有显著的和根本性的差别。它从行为主义教学论对结果的重视，转向了对意义形成的过程的关注；从注重教师的教，转到重视学生的学。因此，从某种意义上说，建构主义教育教学改革，是一种对传统的“颠覆性”的变革，它不是在传统基础上的修修补补，而是一种全面性的革新。正如日本学者佐藤学等所指出的，它需要对传统的“划一性”和“效率性”为特征的教学系统、教学关系和教学结构等进行新的解构与建构。需要“重建‘教师’概念，重建‘儿童’概念，重建‘教’的概念，重建‘学’的概念，重建‘教材’（知识和素材）的概念，重建‘课堂’（环境）的概念，以及重建它们的相互关系”。①

① [日] 佐藤学:《学习的快乐——走向对话》，教育科学出版社2004年版，第176～177页。

第三章 教师的职业特性与专业化[①]

3

教师——他们的教育、他们的知识和他们的经验——是我们社会未来的根本保证，教学应是高贵专业中最高贵的专业。因为我们把自己最珍贵的——我们的儿童托付给了他们，因而也是把未来相托。

——格里格瑞恩（Vartan Gregorian, *Carnegie Challenge*，2002）

① 本章内容的第一部分发表在《教师教育研究》2008年第5期，但题目和部分内容在原来基础上作了改动。第二部分教师专业化是新增加的。

任何职业要成功实现专业化都必须以自身职业特点为依据。对教师职业特性全面、正确的认识，是实现教师专业化、促进教师专业发展的重要前提和理论基础。长期以来，在教师专业化的理论研究和改革实践中，人们习惯于自觉、不自觉地将教师类同于其他职业，并试图通过借鉴这些职业专业化的成功经验、专业框架来实现自身的专业化。这一做法关注了职业的一般特性，但却忽略了一个根本性的问题，即教师职业的独特性。我们认为与医生、律师等职业相比，教师职业有着许多自身鲜明的特性。全面认识这些特性，对于确立正确的“教师专业”理念，谋求适当的教师职业专业化之路具有积极的意义。本章主要从比较的视角，就教师职业的七种职业特性作了初步探讨。

一、教师的职业特性

（一）教师职业社会关系的复杂性

任何职业都与其赖以生存的外部社会环境存在或多或少的联系，存在一定的相互作用，受到彼此不同程度的影响或制约。职业受外部环境影响和制约程度大小，与该职业所在领域在国家经济与社会发展中的地位，与社会各部门、企事业单位、家庭、个体等对于职业劳动服务的需求状况，与职业的性质等存在直接的关系。一般来说，职业的影响越广泛、在人们心目中重要性程度越高，其受外部关注、影响和制约的程度也就越高。

众所周知，教师所从事的教育行业属于一项基础性行业，承担着社会劳动力再生产、社会文化传承与创新等的任务。随着社会生产和生活的日益现代化，教育对经济社会的发展的影响日益显著，与个体的生存与发展等的关系日益密切。尤其是在当今知识经济和全球化背景下，教育质量的优劣更是直接关乎一个民族、国家的兴衰，关乎企业的生死存亡，关乎个体能否成功地在现代社会生存与发展，因而今天的教育必然会受到包括国家政府、社会团体、企事业单位、学生及其家长等社会各界的普遍关注，受到来自社会政治、经济、科技、文化和个体教育需求等多方面的影响和制约。由于教育属于服务性行业，教育服务标准的制定必须以服务对象的需求为导向，类似于现代企业加工产品，服务对象的要求是制定教育服务标准的主要依据，满足这些来自社会大环境的各种合理需求是教育合法性存在的主要依据。其他以服务社会为目的的专业性职业或多或少也具有类似的特点，但与教育不同的是，它们的社会影响面相对较小，服务对象的需求相对稳定，职业服务标准主要由专业自身来规定。从一定意义上说，教师的这种职业社会关系特性决定了它无法像医生等职业一样在一个有限的、相对封闭的范围内进行自我规约、自主发展。

那么这是否意味着教师职业必须随着社会的变革与发展，根据各种外部社会需求的变化而随波逐流？教师职业需要随着经济社会的发展和人的需求的变化而变化是必然的，但这并不意味着要随波逐流，教育的继承性和教育的未来性以及教育需求主体的多元性要求教育保持一定的相对独立性，需要教育决策部门和广大教师能够根据民族优秀文化的传承、社会与人的现实需要和未来发展趋势做出独立的判断和决策，如每个教师必须清楚你需要负责传承的民族优秀文化是什么？你在为一个怎样的社会培养人？要培养怎样的人等。面对历史、现在和未来，面对快速发展的社会，面对来自政府、社会与家庭、个体的各种需要，教师需要承担起历史的传承者、现实的批判者、未来的构建者的多元角色，以人的培养为核心，以教育行动研究者的姿态主动学习，积极开展教育行动研究，不断改善自身的教育教学。而要做到这一点，需要教师拥有良好的专业素养。

（二）教师职业目标的全面性与发展性

教师职业目标具有全面性、发展性等特点。教师职业目标的全面性主要体现在两个方面：一是教育目标的确立必须同时考虑社会与人的发展两方面的因素，也就是说应同时综合地反映社会与人的发展两方面的需求；二是必须着眼于学生素质的全面发展。教师职业目标的全面性与其他大多数社会职业目标的相对单一性形成鲜明的对比。其他复杂的社会性职业包括医生在内，它们的服务对象是相对单一的，所以它们职业工作的目标也是较为单一的，如外科医生只要把手术做好，律师只要把官司打赢，工程师只要把图纸设计好，就算完成工作。而教师的工作是培养人，为社会培养人才，所以不但要传授好知识，还要培养学生的学习能力和创造能力，完成有关的德育目标，促进学生的身心发展等。由于只有德智体全面发展的人才能称为人才，所以仅仅完成一项或两项是不够的。加之其中的很多目标是难以量化的，因而使教师职业评价成为一项极端困难的工作。这也使那些试图单以教学绩效为前提来提高教师报酬和地位的想法难以实现。

教师职业目标的发展性同样体现在两个方面：一是教育与社会发展的内在关系决定了教育目的必然要随着时代、人与社会的发展变化而变化，因而教师的职业目标必须随着教育目的的变化做出相应改变。二是教师促进学生个体发展的目标会随着原有初期目标的实现而提出更高的目标，因而目标的上限是模糊的，或者说是无上限的，在所希冀的方向上可以无限提高的。在这一点上，与医生职业形成鲜明的差别。医生的目的在于使偏离常态的人恢复到正常状态，而教师的职业目标要求是在不断更新和发展的。在这一特性中，前者使教师职业目标常常处于不断调整之中，后者使教师职业评价的标准更加难以界定，也更加难以操作。

（三）教师职业对象的多样性与复杂性

教师职业的服务对象或教育对象是学生，他们具有多样性、复杂性的特点。多样性主要体现为教育对象个性的多样性，以及学生的经历和经验的独特性、文化基础、认知方式、思维方式等的差异性、多样性。复杂性是因为学生是人，而人是宇宙中最复杂、最神秘的存在之一，几千年前，古希腊奥林匹斯山特尔斐神殿石碑上面所刻的“认识你自己！”的任务，人类至今还未完成，而人类的精神和心理世界无疑是这一难题的核心所在。但这恰恰又是“人类灵魂工程师们”的主战场，是要施加影响的目标所在地。

教师职业对象的多样性、复杂性决定了教师是一项高度复杂性职业。实际上，职业对象的多样性并不必然导致工作的复杂性，只有这种多样性与工作直接相关才会成为复杂性的重要因素。医生每天都要面对性格各异、性别不同的病人，但这种多样性与医生工作的关系并不大，相关的是病人“症状”的多样性，也就是说，只有病症的多样性是与医生工作的复杂性联系在一起的。由于人体结构的稳定性和相对一致性，不管病人高矮、胖瘦、性格气质类型等存在如何的差异，各种疾病的症状分别具有相对一致的特征，这从一定程度上降低了这种复杂性的程度。与其相比，教师职业对象的多样性与教师的工作密切相关，促进学生个性健康发展是教师工作的重要组成部分，教师需要根据学生的不同情况和发展水平进行因材施教等。

教师职业对教育对象具有较大的依赖性。教师的教育教学是与学习者交互作用的过程，需要双方的主动合作来实现，没有学生的主动参与，教学工作将无法进行。在这一点上不同于医生，也不同于工程师，他们的工作更多地依赖从业者个人的素质和技术水平，对工作对象的依赖性不大。

从一定意义上说，教师与商业推销员的工作有一定相似之处，都需要说服对方，把自己的东西“推销”出去，并让对方接受，但推销员可以选择顾客，教师却无法选择学生，不能因为学生不想学就可以放弃他。有人说教师像艺术家，艺术家也要调动观众的情感才能获得观众的认可，但教师与艺术家的最大差别是，艺术家只要使观众感动就是成功，而教师不但要调动学生的动机和情感，还要使学生对相关影响进行系统地加工、整理，并内化为学生的能力和素质。

（四）教师职业知识累积与传递的有限性

教师的职业知识是指教师从事教育教学工作所需要的教学知识的总称。这里主要考察的是教师所需的职业知识的累积与传递特性，试图探讨的是教师职业能否如其他专业性职业一样形成一个稳固的专业知识基础。

一是教师职业所需的基础性学科知识发展的有限性。教师职业所需知识的基础性学科是心理科学、脑认知科学、行为科学、教育学等。尽管这些学科已经取得了长足的发展，但迄今为止，关于人的心理结构及其发展规律等的了解仍然是有限的，人的心理仍然是一只灰色的且不断处于变化中的“黑箱”。并且，心理作为人对客观世界的反映，随着客观世界的不断变化，人的心理也是在不断变化的，这种发展和变化的无限性在一定程度上决定了对人的心理的真正了解也将是一个永远在路上的目标。这种发展和变化的无限性也使人类对自身心理和行为的认识始终是有限的。而对于教师来说，他们所要面对的，恰恰是那些在心理和行为上处于快速发展阶段的个体。另外，脑认知科学等其他基础学科的发展与教育工作需要相比也还差得很远。作为基础支撑学科的这一状况很难使教育学能够走得更远。与此同时，教育学研究的教育领域与多数社会科学研究领域一样，被人们称为知识结构不良的领域，其中的研究对象、问题和现象总是处于变动之中，因而研究获得的知识很难与现实之间实现一一对应，它带有很强的盖然性、时效性和主观性等。

二是教学知识、经验积累和传递的内在局限性。第一，教师的教育教学知识具有鲜明的时代性。随着时代的发展、经济社会的变革，多数的教学知识也会过时，这使得教学知识的积累无法实现有效的延续，造成知识积累的有限性。相比较来说，其他专业性职业工作对象的相关特征是比较稳定的。再以工作对象复杂程度较高的医生来说，由于人体组织结构在人类进化中保持着较高的稳定性和统一性，不同时空下的医生可以观察在结构和功能方面高度一致的“同一个”人体，研究各类器官的一些相对稳定的病变，这对于各种疾病和医学知识的积累、传承与发展无疑是有益的。如医生关于诊断和手术的知识、经验可以编成医学书籍留给后世，并能够起到有效的指导和借鉴作用。第二，教师的教育教学知识具有个体经验性特征。大量研究表明，教师的教学知识是教师个人实践经验积累和反思的结晶，因而是他人无法直接学习和效仿的。尽管一些教育经验可以上升为教育思想而实现跨时代的传承，但这些思想只有通过教师个体的教育实践中成为自己经验中的有机部分才能发挥应有的作用。

（五）教师职责的多样性与工作时空的无限性

教师这一职业具有多样性的特点。教师的职责是什么？有人说是“育人”，有人说是“传道、授业、解惑”，也有人认为教师除了授课及学习成果诊断与评价之外，还要负责辅导、咨询、表率示范以及与家长及其他社会人士的沟通等。以上表述尽管不尽相同，但却反映了教师职责的多样性和模糊性的特点。从当今学校教育对教师的实际要求看，你很难找到有哪些工作是与教师无关的或不需要教师参加的，参与学校管理、班级管理、教学、课外学习辅导、学生心理健康教育、与家庭和社会的沟通等莫不如此。教师职责的模糊性、多样性直接决定着教师职业工作的时空特性。

教师职业的工作时空是指工作在时间和空间两个纬度上的限制。譬如在办公室工作八小时是一般机关工作人员的时空界限。教师职业的时空界限却是相当模糊的。在国家规定的正常工作时间之外，教师在课外进行长时间的备课、批改作业等早已成为工作的一部分。有学者把这种教师职业的时空特性称之为“无边界性”。他认为:“医生的工作是通过治愈一种疾病告终，律师的工作是随着一个案件的结案而终结，教师的工作则不是通过一个单元的教学而宣告结束，教师的工作无论是时间上、空间上都具有连续不断地扩张的性质。”教师这种职责的模糊性、多样性，职业时空的无限性容易导致“教师日常生活中的繁杂、教职专业的空洞化和认同的危机”①。也常常使教师的心理处于紧张和焦虑之中，同时也常常对他们的家

① [日] 佐藤学著:《课程与教师》，钟启泉译，教育科学出版社 2003 年版，第 213 ~ 267 页。

庭和个人生活造成较大影响。尤其是在追求自由和个性化的时代，教师的这种工作和生活状况无疑与这种主流生活方式、理念形成反差和冲突。

（六）教师职业道德的人格化特征

与其他职业的职业道德要求相比，教师职业道德最突出的特点是与从业者个体的道德品质密切相关的。教师职业对从业者有着更高的道德人格要求。自古以来，没有哪个职业能像教师一样获得这样多的赞誉。如人们曾把教师比喻成“人类灵魂的工程师”“园丁”“春蚕”“蜡烛”“托起太阳的人”等。这些比喻反映了我国社会对教师重要性的认可，表达了人们对教师奉献精神的赞扬，也反映了对教师理想道德人格的期待，并在实际中逐渐变成人们对教师实际的角色期望。教师不仅在学校中要“为人师表”，甚至在日常生活中也常常被期望成为“道德的象征”“行为的楷模”。因而这实际上已经超越了一般职业道德的要求，而成为了一种职业与生活合一的高度人格化的职业道德。

实际上，这种人格化职业道德要求也是由教育的内在需要决定的。正如乌申斯基所指出的，在教育中，一切都基于教师的人格，因为教育力量只有从活的人格源泉中产生出来，只有人格才能影响人格的形成和发展，只有性格才能形成性格。美国学者傅雷曼等也认为，教师人格特质是影响学生学习的最主要因素，它比教师使用的教学方法、技术设备等都重要。这种职业道德的人格化特性是教师职业所独有的。以情感为例，我国中小学教师职业道德有三条提到了爱，其中第三条是“关爱学生”，也是教师职业道德的核心，对于教师来说，这种关爱不是一种例行公事程序化的关心、爱护，而是需要真正地投入感情，否则就很难使孩子们真心地爱你，你也难以走进孩子们心里，并使他们心悦诚服地接受你的影响和教诲。而其他职业则不同，如没有人要求医生必须真正从情感上要爱自己的病人，也不会要求律师将个人的情感卷入案件中，但这丝毫不会影响他们成功地进行手术和法庭辩护。但教师要做好工作如果没有情感的投入是难以想象的。

教师这种人格化的职业道德特征，一方面可以使教师获得其他职业可能无法获得的道德崇高感和丰富的情感体验，另一方面也会使不少教师为这种高的道德人格期望所累。因为，有研究表明，由于受个体自身情况和社会所提供的发展条件所限，社会上只有很少数的一些人能够达到很高的道德人格境界。[①] 这种外在期望和现实之间巨大的差异，容易造成教师的道德人格分裂，也会在一定程度上影响和束缚他们的生活。

（七）教师职业具有劳动价值大而交换价值小的特点

教师职业劳动的价值主要体现在两个方面：一是社会对教师劳动的外在的物质回报，二是教师从工作中所获得的内在精神与情感体验。这两个方面也是相互联系的，前者是后者重要的物质基础，后者是在前者基础上的个体心理的体验。这里我们主要考察第一个方面的价值特性。

教师从劳动中所获得的物质回报可以看作是其劳动的交换价值。按照经济学理论，包括劳动服务在内的商品的交换价值会受到需求状况的影响。个体对事物的需求越迫切、动机越强烈，事物对个体的价值也就越大，个体愿意付出的代价也就越高。我们认为教师的劳动具有价值大但交换价值较低的特点。如没有哪个国家、民族和个体会否认教育在实现国家强盛、民族振兴和自身发展中的重要性，也没有谁会否认教师在教育中所具有的不可替代的重要作用。但同样一个无法否认的事实是，除法国等少数国家外，教师收入在世界范围内与同等学历和资力人员相比较普遍不高。这一现象可以从与医生、律师等成熟专业劳动的交换价值比较中得到部分解释。显然，对于个体而言，人们对教育的需求远没有如病人需要解除病患，诉讼当事人希望摆脱官司那样急迫和强烈。所以，对于国家来说，投资可以直接获得利润的商业项目，远比拨款给教师发工资具有积极性。学生家长在交付学生的学费时远没有病人交付医药费来得痛快。

另外，教师劳动获得社会回报较低还与其自身的特性直接相关。第一，教师劳动实际价值的体现是长期的和间接的而不是直接的。而社会往

① 张奎明：《真实生活中的道德判断研究述评》，载《全球教育展望》2001 年第 6 期。

往是以教育产品或服务对需求的满足程度作为价值的最终判据的，学生家长会以子女的身心发展状况、以是否能进入高一层次学习，获得工作机会或找到合适的岗位；社会部门会以学校毕业生在岗位的表现和能力情况；国家会以教育对社会经济、政治、科技文化发展的贡献等情况为总体依据来评价教育和教师劳动。由于这种价值依据生成的长期性，以及期间太多的不可控制因素的影响，导致教师劳动价值在这种间接性的体现中无法清楚地表现出来，甚至常常有被抹杀的危险。第二，以学科基础上的专业教学分工，以年级或阶段划分的分层培养模式以及学生素质发展的整体性要求等，决定了教师劳动价值是群体劳动的结晶，这也带来了教师个体评价的模糊性。第三，教师劳动价值主体的多元化。如上所述，教师职业具有广泛的相关社会利益群体，在多数情况下很难说得清谁是他们劳动的更大的受益者，因而在教育的投资收益关系上以及投资人等问题上至今仍是理论探究的泥潭。第四，即使收益关系可以明确地确定，教育也不能无限制地收费，因为它还关系到社会的基本公平等问题。

二、教师的专业化

（一）何为教师的专业化

所谓教师专业化简单来说就是使教师职业由一般性职业转变为专业性职业的过程。判断一个职业是否是一个专业性职业是有条件的。美国卡内基教学促进会主席、社会学家利伯曼（M. Lieberman）在研究成熟专业职业的基础上，概括出专业性职业的八个特征或标准：一是范围明确，垄断地从事于社会不可缺少的工作。这包括三层含义，第一是职业工作的范围要非常明确。如医药是医生的专属领域；第二是社会不可或缺的工作，如每个人都会生病，因此治病救人的医生是不可少的；第三是垄断性，因为这种工作是不可或缺的，对于社会和个体都是重要的，为保证服务质量，所以需要进行一定的规范，如通过法律等手段规定只有具有某些专业资格认证的人和机构才能从事这一工作，不符合从业资格或未经专业认证的人或机构就不能从事这一工作，否则就是违法，要受到相应的惩罚。二是运用高度的理智性技术。高度理智性技术是专业性职业的核心要素，是其他专业特性的内在依据。这里的理智性技术包括知识和技术两部分，其中的知识主要是指有科学研究支撑和经过实践验证有效的知识，技术是经过研究和实践证明为有效的技术。所谓高度理智性技术是指这些理智性技术是高深的，不是简单学习就能够掌握的，所以才有了第三个特征：从业者需要接受长期的专业教育，如医学专业获得学士学位要五年，博士学位需要八年以上。四是从事者无论个人、集体均具有广泛的自律性。自律与他律相对，自律就是要自我约束。这里之所以强调自律是与第二个特征直接相关，因为对于其中的高度理智性技术外行不懂，所以很难从外部对其进行监督和管理，所以需要从业者进行自律。五是专业的范围内，直接负有作出判断、采取行为的责任。简单地说就是专业自主性。因为每个从业者都有主攻和擅长的领域，拥有更为专精的知识和技术、丰富的经验，所以他们应该具有针对具体情况作出判断和行动决策的权力，这类似于我们熟悉的“学术权力”，当然这更是一种职责和义务，但它同时意味着决策者需要对自己的决策和行为后果负责。六是非营利性，以服务为目的。非营利性并非不可以赚钱，但赚钱不是职业和从业者的根本目的，其根本目的是服务社会，为社会和大众谋福利，如作为医生应以治病救人为目的，为大众的健康而工作，不能以赚钱为本、利益在先。七是形成了综合性的自治组织。这一特性也与自律性一样，主要是由运用高度理智性技术的工作特点所带来的，既然是一项社会不可或缺的重要的工作，只靠个体和集体的自律性是不够的，需要进行管理，前面谈到由于外行不懂难以对其实施有效管理，所以形成一个自我管理的组织，所谓自治性组织。这里的综合性包含两种含义，第一是指这一管理组织人员要有行业各主要领域的代表组成；第二是指组织职能的综合性，其职能包括对专业资格标准的制定与考核，职业规范的制定等。另外，自治组织也有对外争取和保证行业利益、权益的作用。八是拥有应用方式具体化了的伦理纲领，可以理解为具体的可操作性的职业道德规范，它是行业自我约束和个体自律的重要依据。

除以上特征外，专业性职业还拥有一些其他的社会性特征，如它们的社会地位较高，享有较好的社会声望，职业吸引力较大，从业者获得的工资收入较丰厚等。这使它们的职业发展进入一种良性的循环，良好的职业条件会吸引更多的优秀的后来者进入这一职业，从而能很好地保证专业服务的质量，使已有的职业声誉、地位和收入等得以保持。

人们按照以上或类似的标准来看待教师职业，认为教师职业在职业的垄断性、高度理智技术、自治组织、专业自主等方面还有欠缺；另外，教师的社会地位、报酬不高，职业吸引力不强，因此认为教师只能称得上是一个半专业或准专业。所以认为教师需要专业化。那么以上专业标准是否适合教师职业？ 教师是否需要建立自己的专业标准？ 如果依照以上的标准，教师该如何实现专业化？ 这些问题需要我们深入思考。

（二）教师专业化的历程

教师专业化之路自何时始并没有一个统一的说法，人们一般都把联合国教科文组织和国际劳工组织 20 世纪 60 年代联合发布的《关于教师地位的建议》的文件为标志，它首次以官方文件形式对教师专业化发出了呼吁，提出应把教育工作视为专门的职业，这种职业要求教师经过严格地、持续地学习，获得并保持专门的知识和特别的技术。实际上如果以教育理智性技术的追求、教师培养的制度化、专门化、教师资格证书制度的建立、教师专业组织的成立为专业化的标志，教师专业化的历程要大大提前。如夸美纽斯在 1632 年出版的《大教学论》就在探索“把一切事物教给一切人们的全部艺术”，法国教士拉萨尔在 1681 年就创立了世界上最早的教师培养机构，美国开始建立教师资格证书制度和教师组织的时间也都在 19 世纪。

应该说经过数代人的不断努力，尽管至今也没有使教师职业成为社会公认的专业性职业，但在这一方向上已经取得了长足的进步。到目前为止，教育科学理论与教育技术的研究是社会上参与人数最多、研究成果数量最多的领域之一，教师资格证书制度已在各国相继建立并在逐步完善，为教师成为一个垄断性的职业提供了制度保证，以促进教学专业性提高教学专业权益为目标的教师组织也在各国纷纷成立并发挥着不同程度的作用。另外，各国也制定了自己的教师职业道德标准。20 世纪 70 年代以来，为体现对教师工作的重视，世界不少国家也纷纷以立法等形式赋予了教师专业性职业的地位。但问题并没有因为专业地位得到官方的认可而结束，在世界多数国家，教师的地位仍然不高，工资待遇偏低，职业吸引力依然不高。以美国为例，在大学中教育学院作为教师培养的专业学院，每年学生申报到教育学院入学的人数常常低于拟招生的规模，其中的很多学生是其他学院拒绝录取才不得不选报教育学院的。

为改变这一状况，自 20 世纪 80 年代开始，美国等国家掀起了以教师专业发展为根本途径来促进教师专业化的新浪潮。所谓教师专业发展，简单地说，就是通过教师个体主动的学习和实践探索与反思，实现自身教育教学素养的提升、教学质量的提高，成为真正教育专家的过程。这实际上是教师成长观、教师教育观的一种转变，它将教师的成长看作是个体基于自身经验不断发展的过程。在教师培养的方式上，由过去重视外部的知识灌输、技能的训练变为教师的自主学习、实践与反思。在教师专业发展与教师社会性地位等问题的关系上，他们采取的是一种“内圣外王”的逻辑，即如果教师的整体素质和教学质量提高了，那么教师的职业社会声望、地位也自然会得到提高，在这种前提下给教师大幅度提高工资就是一种理所当然的事情。如果这些方面都改善了，教师职业的吸引力不就能够提高了吗？不论这一逻辑是否合理，但教师专业发展理念的提出确实为教师成为一个真正的专业指出了正确的方向。围绕这一主题，关于教师知识、教师专业发展阶段、教师发展的内在机制、方式方法等的研究广泛开展，加之建构主义思潮的兴起，为人们研究和认识教师发展提供了新的视角和重要的理论平台，有力地促进了教师知识观、教师发展观、教师教育观的转变，教师知识的个体性、实践性、情境性的特征得到广泛认可，以实践反思为核心的教师发展理念受到人们的追捧，以建构主义为理论支撑的教师教育改革也在各校兴起。

另一类促进教师专业化的探索是主张通过研究来实现教师的专业化。这类研究最早出现在20世纪50年代的美国，后来研究的重心转移到英国，英国课程专家斯通豪斯等明确提出了教师作为研究者的概念。后来这一思想在世界范围内传播开来，并为越来越多的研究者和教师所接受。当前教师作为研究者已经成为教师的专业形象，而教师成为研究者则被人们看作是实现教师专业发展的必由之路。

时至今日，从美国20世纪80年代发起的教师专业化运动算起已有40多年的时间，在全球性以促进教育质量为目标的教育改革背景下，促进教师专业化已经成为一个遍及世界的教育改革运动，以促进教师专业发展为目标的研究和实践探索已经取得了许多突破性的进展，那么我们是否已经实现了将教师职业转变为一个真正专业性职业的目标呢？如果没有，我们离这一目标到底还有多远？这是一些难以回答的问题，但经验和观察告诉我们目标远没有实现，按照传统的专业标准，我们似乎看不到希望。这一结论令人沮丧的同时，不能不让我们回到问题的原点，我们到底要对教师进行怎样的“专业”化？

三、基于自身特性的教师专业化

从上文我们以职业比较的视角对教师职业特性的分析中可以看出，教师职业有着许多自身鲜明的特征，与其他职业存在着诸多本质性的区别，造成这种本质性区别的根本原因是工作的性质、核心任务与劳动的特点。依照教师的职业特性比照利伯曼的专业标准，我们可以得出这样一些结论：一是由于教师职业社会关系的复杂性、相关利益群体的多样性、教育的社会依存性等，决定了教师职业无法像其他职业一样成为一个自我规约、自我定位、自主发展的独立的利益群体，无法或不允许其实现完全的自治；二是由于教育对象的复杂性、目标的多样性、整体性、发展性、教育过程的创造性、教育成果生成的长期性、教师劳动的群体性等，使教师工作难以得到完全客观的全面的评价，这常常使人们忽视教师对社会与人的发展的贡献，所以不利于提高教师职业的社会声望；三是根据教育目标的发展性，教师知识的累积、传递的有限性，教师知识的个体性等的分析，我们可以得出这样一个结论，教师职业很难形成一个较为稳固的、普遍有效的高度理智性技术基础等。这些结论使我们认识到，教师职业就是教师职业，它的育人本质使其不同于社会上任何其他职业，因而在教师专业化问题上，我们赞同日本学者佐藤学的观点，即教师职业“不能成为历来意义上的‘专门职业的专门职业’”。[①] 但如果按照这种判断，那么我们讨论教师专业化还有什么意义？

实际上，我们永远不要忘记教师专业化的初衷是什么？那就是使教师进行高水平的教育教学，更好地服务社会的发展和个体的幸福。无论是否需要实现教育的垄断、是否有自治组织、是否拥有稳固的高度理智基础等都是手段，都是为这一目的服务的。这也是当前人们强调教师专业发展而弱化教师专业化的一个重要原因。但无论是教师专业化或是教师专业发展，要建立一个能够实施高水平教学的教师队伍需要一些外部条件为支撑，其中关键的是教师的社会地位、收入报酬等，这些也是教师专业化初期阶段的主要目标。前面我们分析过，职业的社会地位、工资报酬等是决定职业吸引力的重要因素，如美国的医生有较高的社会地位和经济收入，可以使从业者过上比较体面的生活，尽管医生工作并不比教师轻松，但大学医学院的招生依然竞争激烈，以 2016 年美国 17 所大学儿科医学专业录取率看，所有大学的录取率都在 10% 以下，录取率最高的是圣路易斯华盛顿大学，为 8.3%，录取率最低的是斯坦福大学，仅为 2.4%。[②] 这样的录取率说明申请报考的人多，他们可以从中优中选优，保证从业者从一开始就拥有一个高的素质起点。试想如果教师职业在这些方面真的能够成为令人

---

① [日]佐藤学著:《课程与教师》，钟启泉译，教育科学出版社 2003 年版，第 244 页。

②《2016 年美国大学儿科医学专业录取率汇总》，http://www.lasedu.com/laseduhtml/usa/qianyan/9318.html，最后访问日期：2016 年 5 月 6 日。

羡慕的职业，加之教师有较长的假期等其他条件，必然会吸引很多优秀的人加入到这一行列，大学教育学院也可以优中选优，教师学习者必须努力学习才能获得教师资格，教师的整体素质不就可以得到明显提高了吗？教师职业不就能实现良性循环了吗？

基于以上分析，我们对教师是一个怎样的专业，应如何不断提高专业水平等提出如下观点。

1. 教师是一个专业，一个育人的专业，一个专业标准不断变化、专业水平需要不断提高的专业

即使按照利伯曼近乎苛刻的专业标准，教师职业也无可争议地称得上是一个专业，因为它是当今社会不可缺少的重要的职业，它同样是一个垄断性的职业，不过这种垄断性不是通过职业自己的自治组织而是通过国家行政管理的手段实现的，它毫无疑问是以服务社会为目的的职业，它需要职业者拥有足够的专业知识和良好的教师素养，它要求从业者接受长期的专业教育，教师在教学中拥有较为广泛的教学自主权，教师职业拥有自身的专业伦理和职业道德等。按照这种理解，说今天的教师职业是一个专业性职业确实是无可争议的。但教师专业是一个育人的专业，这使它本质上区别于其他专业性职业。从上面教师职业特性的分析中我们了解到，人的复杂性、教育目标的多维性与整体性决定了教师专业工作的高度复杂性、个体性和创造性。另外，教育的存在是以服务社会为直接目的的，所以教师职业必然要受到外部相关利益群体尤其是政府的管理、监督和规约，所以它又是一个无法脱离社会而自成一体的专业，而社会的不断发展、人的不断变化和人才观的相应变革又使教师这个专业成为一个将永远处于变化发展中的专业，一个专业标准需要不时的调整、从业者的素质需要持续更新的专业，专业整体水平需要不断提高的专业。

2. 应如何提高教师的专业水平

既然教师本质上不同于其他专业性职业，既然教师已经是一个专业，所以专业化的提法就不是很合适，即使要专业化也是实现符合教师自身特性的专业化。但这并不妨碍我们借助已有的专业框架和专业化的经验进行分析。因此这里我们用提高教师专业水平的提法。对于如何提高教师职业的整体专业水平，我们认为重点应从以下几个方面入手。

一是要全面提高教师的社会地位、工资报酬，吸引更多的优秀人才加入到教师队伍中来。通过前面对教师职业特性的分析和教师专业化历程我们可以确定地说，如美国现有的教师专业化发展思路，即试图通过教师专业水平的提高来赢得社会认可从而获得高的社会地位、工资报酬等“内圣外王”式的发展方式是理想的、不全面的，正如他们长期存在的教师短缺问题一样，是无法真正改善教师地位、提高教师职业吸引力的。正确的思路应是采用“万金买马骨”的做法，先大幅度提高教师的社会地位、工资报酬，使这一职业真正成为人们羡慕的职业，成为青年人向往的职业。这样就可以提高进入这一职业的门槛和标准，从而实现职业发展进入一种良性循环的轨道。

二是要提高教师职前专业教育的水平。教师培养应按照高水平严要求的标准执行，而不是仅仅通过上几次教育理论课和经过短期的教育实习就算合格，更不可能通过教师资格证考试就表明达到了合格教师的要求。需要对教师教学专业能力进行长期专门化的培养和教育实践，如法国和德国的教师要取得教师资格证书需要参加两次考试，进行长期的教育实习等。另外，如第八章我们所探讨的需要对教师培养的理念、目标、培养模式等进行全面深入的改革等。

三是促进教师的在职发展，提高教师职业的成就感、幸福感。吸引了优秀的人才进入这一职业后关键是要留得住。这需要有效地促进教师的在职发展，使他们不断地提高自己的教育教学水平，获得事业的成就感和职业幸福感。实现教师的在职发展关键在教师，但也离不开学校的支持和帮助。以我们在后面第六章中提到的教师作为研究者的教师理想专业形象为例，教师要成为教育专家需要教师成为教学和管理的行动研究者，这是教师实现在职高水平发展的有效途径，但教师要开展教学行动研究，就需要学校为他们提供和创造良好的工作环境和研究条件，如在学校政策上要给予支持和鼓励，应适当降低教师的工作量，以便为他们开展研究提供必要的时间等。教师只要能够不断提高自己的教学水平，看到孩子们在自己的影响下不断取得进步和健康发展，自然就会获得高的教学效能感，获得职业的成就感、幸福感。

第四章 教师作为学习促进者的角色与素质

4

对于大多数人而言，教育意味着努力使儿童与他的社会中典型的成人相似，（然而）对于我来说，教育意味着培养创造者，即使创造者不多，即使一个人的创造与他人的创造相比较是有局限的。

——皮亚杰

从本章开始，我们将分别从学生认知发展、社会变革与教师发展三个维度，对教师的三个角色以及相应素质进行综合考察。这一章主要从促进学生认知发展的维度，对建构主义教育教学背景下，教师作为“学习的促进者”角色以及相应的素质等进行研究。

一、教师作为“学习促进者”的职责与行为

（一）教师作为“学习促进者”角色的概念内涵

教师作为“学习促进者”主要是指：教师应成为学生主动学习、意义建构的推动者，而不是传统意义上的“知识传授者与灌输者”。美国学者舒尔曼（Geoffrey Scheurman）曾把这两种角色的相关情况做过比较，见表4-1所示。[①]

① 资料来源：傅维利、王维荣:《关于行为主义与建构主义教学观及师生角色观的比较与评价》，载《比较教育研究》2000年第6期。

表 4-1：教师角色的模型

教师的角色	传授者	管理者	促进者	合作者
知识的本质	普遍的，“客观的固定的”（独立于学习者之外）	普遍的，“客观的”（受学习者先前经验的影响）	独立建构的，“客观的”（取决于个体的智力发展）	社会建构的，“主观的”（在认识者之间传播的）
理论基础	行为主义	信息加工理论	认知建构主义	社会建构主义
学生的象征角色	转换台	计算机	缺乏经验的科学家	学徒

根据促进学习的途径和方式不同，教师作为学习促进者角色可以有多种不同的称谓，如适当建构环境的设计者、苏格拉底式的提问者、对话者、学生问题解决的合作者、教练等。理解这一角色以及相应职责，需要注意和明确以下几方面问题。

第一，教师作为“学习的促进者”是与传统的“知识传授者与灌输者”相对应的一个角色概念。这种角色的转变意味着，教学过程中教与学重心的转变，即教师应从关注如何教，转到如何促进学生主动地学上来。也意味着教学的目的不仅要学生掌握一定的知识，还要让学生学会学习、学会思考，提高分析问题解决问题的能力。但这并不意味着教师应该完全放弃一定知识的传授，以及讲授的教学形式。研究者认为，无论采取怎样的教学形式，其基本的合理性评价依据应是有利于学生主动学习和意义建构。

第二，支持这一角色转变的核心的理论基础是认知建构主义的认识论、学习论主张。其核心的观点认为“知识不是被动接受的，而是由认知主体主动建构的”。[①] 另外，正如我们在第二章建构主义教学改革的现实背景部分指出的，支撑这一角色的社会现实基础，是由知识经济和科技发展所引发的社会人才观、知识价值观等的变化，传统的以传授为主的教学方式已经无法满足这一变化带来的对创新型人才培养的需要。

① Geelan D. R., Epistemological Anarchy and the Many Forms of Constructivism,*Science & Education6*, 1997,pp.15-28.

第三，这种角色的转变，并不代表教师应放弃自己作为指导者的职责，也并不意味着教师责任的减少和作用的减弱，同时也并不表示学生在教学过程中可以随心所欲、毫无限制地任意建构，为所欲为。“建构主义的教师也要保持自己的自主性。在教学中既要尊重学生的主观建构与兴趣，又不能听之任之、放任自由，教学应该是有目的的活动。”[①] 教师需要对教学进行更精心的设计，激发学生内在的认知兴趣，鼓励和引导学生努力去建构知识，积极深入地思考，创造性地分析问题、解决问题。

（二）教师作为“学习促进者”的主要职责

研究者认为，教师要做到有效地促进学生主动的知识建构，发展学生的思维，需要对教学任务、问题情境、教学环境和教学过程作出适当的设计，针对不同问题的学习和学生的特点，进行适当的教学组织。教师的职责主要体现在以下方面。

1. 与学生协商的基础上确立学习的目标和内容

教师依然应是课堂知识学习的重要提供者。但教师不应把自己或把书本看作知识的唯一来源，应注意拓展和引导学生，去发现并利用那些利于学生自主学习和探究的丰富知识资源。

2. 了解每个学生的认知发展状况与思维特点

由于强调教学是以学生原有经验和知识为基础的，因而了解学生被认为是教师进行教学设计、实施教学等的一项最基本的前提性任务。如康弗雷从激进建构主义的立场出发认为，“极端建构主义数学教师的任务是激励学生构造数学思想，关键是在教学活动中要引进各种不同的相关数学。‘要学会了解学生的数学成为教师的中心任务’”。[②]

3. 负责教学环境、过程等的总体设计

根据一定的教学目的、教育内容、学生的知识、经验基础和思维特

① 徐斌艳:《极端建构主义意义下的数学教育》，载《外国教育资料》2000 年第 3 期。

② 同上。

点，进行适当的课堂教学环境、教学方式的设计，是促进学生主动知识建构的关键。这种环境包括物理的、心理的、文化的环境，环境设计的基本要求是有利于促进学生主动地进行意义和关系的建构。如课堂物理环境设计应是具有人性化的，方便学生相互交流、小组学习等；课堂文化环境应该是相互尊重的、平等的、合作的；心理环境应是让学生感觉宽松的、安全的等。教学过程的设计原则是让学生作为真正学习的主体和发展的主体参与到教学中来，应注重整体性的框架和原则性的安排，要具有一定的弹性，教学的实施进度可根据实际教学的情况和学生学习的需要来确定。

4. 组织课堂教学

建构主义者强调课堂教学应是教师和学生共同控制的，而不是如传统的那样由教师个人控制。教学应是以学生和教师的共同参与的方式展开的，教学过程是在教师和学生积极的相互作用中动态生成的。尽管如此，多数研究者强调教师应是课堂学习活动的主要组织者、协调者。如教师应把握课堂小组讨论的大方向，把握节奏，协调关系等。为促进学生主动自主地学习，在教学过程中，教师除进行必要的知识讲授，作为讲授者以外，更多的扮演提问者、激励者、对话者、咨询者、合作者和探究者等的角色。另外，教师还要承担评价者的职责，在教学过程中，通过真实情境下的评价使学生获得必要的反馈。这里的评价应以鼓励为主，要鼓励每个学生积极参与、鼓励学生有依据的创新性、独特性回答等，另外评价要有助于引发学生对问题的深入思考，教师要能够根据学生的回答提出学生需要进一步思考的问题等。

（三）教师作为“学习促进者”的行为特征

美国学者布鲁克思等认为，建构主义教学中的教师行为具有以下特征。[①]

① Brooks, Jacqueline Grennon and Martin Brooks,In Search of Understanding——The Case for Constructivist Classrooms, *Accessed October 20*, 2004. http://www.konnections.net/lifecircles/constructivism.htm.

第一，他们鼓励、接受学生自律和主动性，并注重学生的合作。教师始终站在学生一边，维护他们对问题的解答，并且允许他们为自己辩护；容许通过学生积极的反应，来推进课堂教学，转变或调整教学策略；寻求学生的主动反应来实现教学的合作；鼓励学生参与课堂对话。教师通过提出经过深思熟虑的、开放性的问题，以鼓励学生的探究。他们也鼓励学生相互地提问。他们与学生一起商讨一种可能的学习方案，为促进学生学习的自主性，提高学生对自身学习的掌控能力，教师常常直接让学生自行设计和起草。

第二，以对学生的原有认识为实施教学行为的前提和基础。为唤醒学生对概念的前理解，帮助学生使原有知识与新知识建立联系，他们在与学生彼此分享对一些概念的理解之前，会探询学生们对这些概念的了解；为拓展学生的思维，帮助学生改变和优化自己的知识结构，教师们常常使学生致力于提出一些与他们已有知识概念相矛盾的事实或问题，并且鼓励展开讨论。如果问题讨论进行彻底，教师会根据学生的反映和讨论情况来安排下一次课的教学。

第三，支持学生的反思，注重引导学生对认知过程的了解。他们在提出问题后，会给学生留一些思考的时间，以便让学生充分地进行思考，唤起已有的知识和经验，建立已有知识、经验与问题的联系，形成自己的对问题的分析与解答。为支持学生的反省，鼓励学生对反思问题通过自己的话语进行解释，反思自己的认知策略，鼓励为自己的策略进行辩解；与学生一起共同回顾已经走过的学习步骤。

第四，在教学知识的来源、呈现方式、任务组织和教学过程安排等方面，教师把自己作为学生学习的许多资源的一种，鼓励学生主动收集信息；为有助于学生进行知识的理解，他们注重利用原始的数据和初始的资源，并结合实物操作；在构建任务时，他们所采用的认知术语是分类、分析、预测和创作等；他们通过频繁地利用学习循环模式来培育学生好奇的天性。最后，教师应在不削弱学生主动性的前提下，拥有并坚持明确的基本教学目标。

二、教师作为“学习促进者”应具备的素质

（一）教师作为“学习促进者”应确立的观念

第一，明确学生的主动学习与发展的意义和价值。教师要成为自觉的学生主动学习的促进者，首先必须认识到这种学与教的教育教学主张对于个体认知、能力发展和社会创造性人才培养的时代意义和价值。也就是说，如果没有对教育促进学生的创新能力、思维品质、探究能力和完满个性发展等的了解，没有对建构主义认识论有关学习的认识论基础的把握，就很难理解建构主义者所提出的教学关键在于如何促进学生的学等的原则性主张，也就无法理解“在教学中学生是学习的主体和自主发展者”的定位。就会出现如一些作者所提出的，“如果教学是学生自主地学，那还叫作什么教学”等困惑。

第二，形成过程与目标相统一的教育教学观。针对传统教育中常常把目标与过程分离的问题，建构主义教育改革者强调作为一个学习促进者的教师，不应该把学生最终掌握的知识、形成的能力看作是某种独立于学习过程以外的东西，它们形成于学生的日常学习、实践的各种活动过程中。主张应把学生的知识能力等发展的目标，看成是教学过程中学生和教师积极的相互作用中“自然”生成的。因此，不应该只关注某些最终的可以观察量化的结果，而应重视教育过程本身。理解教育过程本身对个体身心全面健康成长、思维与能力发展、人格的养成、社会关系的认知、良好学习习惯的形成等所具有的巨大意义。教师应把今天学生在课堂的学习作为他们快乐生活和发展的一部分，而不应单一地看作是为未来生活的准备。强调通过发挥学生的自主性，鼓励学生的自主参与，把课堂教学变得真正如生活中一样，有发现的欢乐，有因被理解和理解别人而获得的心灵的交融等。研究者相信，只有这样的课堂生活才能使学生找到学习的乐趣，才会自觉地投入到学习生活中，他们才能真正实现在知识、能力和社会生活素质等全面的发展，并最终成为一个喜欢学习、勤于探索，具有良好素质的

社会公民。

第三，确立“每一个学生都能够发展”的信念。教师要促进每一个学生的发展，必须相信每个学生都有发展的能力为前提。为此，教师应了解每个学生都有多种发展的潜能，有着自己的“多元智能”。不应该用单一的认知方式和知识标准来评价所有学生。教师应认识到，每个学生是独特的、不同的，每个人都有适合自己发展的方面，这虽然与遗传素质存在一定关系，但与学生在以前的生活和学习中形成的一些习惯、获得的经验等具有更紧密的联系。认识每个学生有自己的适当的“最近发展区”，要使学生对学习的新知识构成意义，必须与学生的已有的知识和经验取得联系，并通过学生自主地建构到他们的认知结构中。教师应认识到脱离学生经验和知识的学习，只能导致学生机械的学习，如果不能对其进行深度的加工、体悟，这些内容无法对学生具有真正的意义。

第四，形成以平等、合作、交往为特征的关系理念。如前所述，师生之间平等、合作的人际关系，体现了教师与学生在课堂教学中的一种主体间性的存在，这种主体间关系是通过互为主体之间的交往而实现的。学生的发展是在师生相互主动作用中实现的，学生不再是一个被动的受改造者和被灌输者，而是一个主动的学与教的交往中的自我发展者。研究者认为，建构主义教学中这种师生关系理念，与传统的单一的教师提问，学生回答的课堂交流不同。学生可以是问题的提出者、意见的倾听者、反思者、回答者和辩护者等。

（二）教师作为“学习促进者”应具备的知识

研究者认为，教师由知识的传授者到学习促进者的转变，对教师的知识和能力提出了更高、更全面的要求。如允许以学生问题为驱动的课堂教学方式，需要教师具有广博的文化基础知识，情境性的知识教学要求教师具有适当结构的学科内容知识。另外，教师也需要掌握相应的教育哲学、心理学、教育学和语言学等原理性知识，以及有关教育教学方法、德育方法方面的知识等。具体来说，作为一个合格的学习促进者教师应重点掌握以下几方面。

1. 掌握精深、整合的学科内容知识

长期以来，对教师学科内容知识的研究主要集中在量的方面，但迄今为止没有形成一种统一标准。[①]研究者认为，作为“学习促进者”的教师应至少具有一定量的学科专业知识，但同时强调对这种量的要求不应该是静态的，而应该是动态的。如果用水来比喻，不仅要达到一桶水，这一桶水还应该是“长流水”，因此主张教师应和学生一样成为终身学习者。他们认为，现代高度发达的传媒技术和丰富的网络资源，可以使学生较快地接触和了解到大量的各类信息，这些信息有些是他们能够理解的，也有很多是他们无法理解的、感到困惑的，这些知识信息会成为他们知识和经验的一部分，教师要做到有效地对他们进行指导，促进学生的知识学习与思维的发展，必须在这些方面的知识量上保持应有的高位。但需要指出的是，教师在知识总量上保持相对的高位，与在许多知识方面的不断出现的缺乏或落后，将是现代教师知识状况的一种基本情况。即使在他们专长的知识领域，教师也会常常遇到“不如弟子”的情况。所以研究者强调，作为学习促进者的教师，应时刻认识到自己的“无知”，只有这样，才能真正的平等地对待学生，才能成为一个真正的终身学习者。

显然相对于量的要求，研究者更为强调教师知识“质”的方面。这里的“质”至少有四种理解：一是要求掌握不同学科的有机整合的知识。如担任数学课程的教师，不仅仅要掌握丰富精深的数学知识，还要了解一些相关学科的知识，譬如物理学的基础知识，并了解这些学科知识之间内在

① 大致存在两类研究结论：一类研究，如蒙克、金汉伯和布鲁尔等认为，教师的专业知识多少与学生的成绩存在正相关：相关的研究详见 :D. H. Monk, “Subject Matter Preparation of Secondary Mathematics and Science Teachers and Student Achievement” , *Economics of Education Review 13(2)*,1994,pp. 125-145 ; D. D. Goldhaber and D. J. Brewer, “Why Don’t Schools and Teachers Seem to Matter? Assessing the Impact of Unobservables on Educational Productivity” , *Journal of Human Resources 32(3)* ,1996,pp.505-520。另一类，如贝戈尔和韩向前等认为，教师只需要一定量的知识，超过一定量则与学生成绩关系不明显（韩向前:《国外教师心理研究述要》，载《心理科学通讯》1988 第 1 期。范良火:《教师教学知识发展研究》，华东师范大学出版社 2003 年版，第 15 ~ 16 页）。

联系等。二是对知识在教师知识结构中的存在状态而言的，要求教师的知识应该是结构化和情境化的有机结合。也就是说，教师的知识既应该能够正确地反映学科知识的内在合理的逻辑，又能够与具体的事例或教师自身的经验紧密联系。这种知识不是机械的记忆获得的，而是要靠教师主动认知获得的，这些知识对于教师来说，是有着丰富意义的知识，这种意义不仅仅体现在知识内在逻辑的抽象意义上，更主要的是可以通过比喻或生活中的鲜活事例等表达出来的意义。三是关于学科知识来源的知识，以及知识获得途径、方法等的知识。如了解学科知识是如何获得的，研究者所采取的方法、途径及其实验或理论研究的结果等。如美国联邦教师职业标准评定委员会 (NBPTS) 就规定，教师应该“对他们所教的科目有着丰富的理解，懂得该科目的知识体系是怎样组织，怎样发展起来，怎样与其他科目相联系，以及如何用到现实世界中去”。[①] 四是关于学科知识的本质的知识。认识到知识真理的相对性，人类认识的多样性。认识到这些知识只不过是迄今为止人类对外在世界的一种合理化的解释，但绝不是唯一的解释。认识到这种真理的相对性，并不仅仅是由于人类认识能力的有限性，更重要的是认识到，所有的人类认识都是以一定的语言、社会文化、人造工具和个体的思维方式等为中介的，因而这些认识必然具有人类的主观的成分，其真理性是有条件的，并不是绝对的、完全客观的。

2. 掌握课程设计、编制等的知识

建构主义教学是建立在一种动态、生成的经验主义的课程观基础之上的。这种课程的有效实施，需要教师作为课程开发、研制、实施和评价等的主体的参与者。强调教师应参与课程的研制、决策、实施和评价的整个课程活动，以便能够把课程的基本内容、目标要求融合并体现在教学中，使学生的自主发展目标与课程目标实现有机的统一。

作为课程参与者的建构主义教师，至少需要了解以下方面的课程知识：第一，教师应该具有有关课程的时代发展理念和课程理论的知识，以

① 方燕萍:《教师应该知道什么、能够做什么》，载《外国中小学教育》1997 年第 4 期。

优化自身的课程理论素养。没有课程理论的高度自觉，就没有课程实践的深刻创新。第二，关于课程与学生经验关系的认识。把儿童的经验和已有知识作为课程的不可分割的重要部分，作为新课程内容选择，实施途径和方法选择等的基本依据。也就是说，课程应该是在学生原有知识和经验基础上的适当的延续、拓展和提升。第三，关于课程的开发和设计等的知识。就课程的既定的内容而言，教师有责任对已审定使用的教科书作出相宜的“裁剪”，从“教教科书”转向“用教科书教”，从该地、该校、该生的实际情况着眼作出富于针对性的设计，不能因盲目照搬统一的课程计划，而忽视特定的教学情境和活生生的“人”。尤其要百般珍视“童心世界”的课程资源价值，依据学生的兴趣、爱好和个性化选择，来加深、拓宽课程的内涵和外延。就课程的开放性建构而言，教师要着力突破狭义的课堂教学的封闭性，主动以教科书为重要载体，构建以教室为物理空间的教学小环境与日常生活乃至宏观世界广泛联系，从而使有限之书与鲜活的现实同化为充满生机的教学共同体。第四，教师围绕课程的创造性和创新性的实施所需要的有关知识，如教育教学的价值、目的、课程的本质、教育教学目标、学生的思维发展的特点和知识经验状况，可以利用的教育教学资源等的了解。

3. 掌握有关“学与教”的方法知识

尽管建构主义者主张，应根据学生的实际和具体的教育情境与问题，创造性地开展教学。但研究者认为，教师了解和掌握一些基本的教学模式，及其相应的教学设计和指导方法，对于他们进行教学设计和方法创新是必要的。这些常用的教学设计模式或方法包括：情境式教学或案例教学、抛锚式教学、浸入式教学、学徒式学习、随机进入式教学、基于问题的学习、探究学习、小组合作学习和循环圈学习等。另外还有一些具体的教学方法或技术，如“提问法”（亦称产婆术）和讨论法等，以及如何通过网络，现代多媒体等进行教学的方法，了解教学沟通的有关知识和方法等。对于传统的讲授的方法也应是教师需要掌握的重要方法之一。

关于这些模式、方法，研究者指出，应深入把握教学法设计的思想和理论基础，不能仅仅局限于形式上的了解，应明确其中的每一种方法都是针对一定的目标或问题而提出的，因而都有其局限性，在运用这些方法时，应该能够做到加以综合运用。

另外，研究者强调教师应掌握学习的基本理论与方法，了解相关教学模式和方法中所有相应的适当的学习方法。但同时指出教师掌握这些学习方法的目的，不应作为唯一的方法标准灌输给学生，而是在适当的时候，如学生运用原来的方法在学习上发生困难时，提供给学生作为参考，或者是强调运用这些方法性知识为基础，找出学生在学习方法上存在的问题，并帮助他在原来的方法上进行改进、修正。

4. 掌握有效促进学生知识建构的教学情境知识

情境性教学是建构主义教学的基本要求。为促进学生的自主学习与建构，设计和安排适当的学习情境，成为决定教学成败的重要环节，这种情境包括物理的、社会的和心理的。物理的情境如学生桌椅的摆放是否有利于进行小组学习和讨论，社会情境如课堂中的师生关系、同学关系是否平等、相互尊重和民主等，心理情境如教师是否鼓励学生大胆质疑、课堂氛围是否宽松、是否允许学生犯错误、是否具有威胁等。教师要想成功实施情境性教学，就必须了解情境设计的相关知识，能够根据一定的教学目标来设计适当的教学情境。

作为一个学习促进者的教师，第一，应该了解什么是教学情境，教学情境包含哪些基本的要素？ 这些要素对于学生知识学习、思维发展、人格形成等的意义是什么？ 所谓教学情境是指教学发生的内在环境，包括硬环境和软环境。这里的硬环境主要是指物理环境，包括选择或布置的教学场景内的设施情况，如教室内课桌的摆放布局、教育技术设备的装配等。软环境主要是指支持学习者主动学习的，包括物理环境在内以及课堂教学规则等所体现的一种课堂文化，这种文化表现为一定的价值依据、导向和行为模式等，用维特根斯坦的话说，就是一套游戏规则。也就是说“在游戏中我们利用语言来实施我们的行为，而其他人也完全按照此时此地确立的游戏规则对这些行为作出反应”。

第二，应了解如何针对一定的教学和学习目标、内容、学生原有的知识基础，来设计适当的物理和文化情境，以便最大程度地促进学生的学习与发展的相关知识。譬如，知识的呈现应以学生所熟悉的现实问题或场景为背景，确立的教学规则应能够激励和引导学生主动地参与到学与教的活动中来，有利于把学习者学习的智力和非智力因素都充分地调动起来，文化氛围是否宽容，是否鼓励学生冒险，并支持他们勇于承担责任。对于发生认知失衡的学生，情境是否有利于支持他，能够通过自身顽强努力或与同学的有效的合作来解决自身的问题等。

5. 把握学生已有知识基础、思维方式等的知识

教师对学生的了解构成了教师知识和能力素质的重要组成部分。美国州际新教师评价和支持联盟 (INTASC) 确立的教师评价的十条原则中，有两条是关于教师了解学生的：原则之一是教师应理解学生是如何学习和发展的，并且能够提供适当的学习机会以支持他们的智力的、社会的和人格等的发展。原则之二是教师理解学生在学习方法上的差别，并能够创造适当的教学机会以适应不同的学习者。[①] 按照这一原则，教师开展教学的一个关键前提性工作就是要了解学生已经知道了什么，学习方法是怎样的？美国学者奥苏伯尔认为，运用建构主义方法，对学生学习产生影响唯一重要的是学生已经知道的。教学的关键是接受这种差异，并且能够以学生的知识和经验为基础设计教学指导方案。

另外，有许多的研究指出，了解学生也是优秀教师的重要素质。如詹姆斯等认为，那些拥有高教学效能感、关爱学生的教师常常通过正式和非正式的方式了解学生，他们利用在学校和在社区的每一个机会时刻保持着对话的关系。拥有高教学效能感的教师了解他们的每一个学生，不仅了解

① Dale P. Scannell, Models of Teacher Education, *Accessed Octomber 12*,2016. https://zh.scribd.com/document/151140895/Models-of-Teacher-Education.

每一个学生的学习方式和需要，也了解学生的人格、喜好和憎恶，以及可能影响在学校中行为和成就的个人情况。[1]

那么作为一个高教学效能感的学习促进者教师应该了解学生的哪些方面的知识呢？ 概括有关的研究，至少应包含以下方面的内容。

第一，了解学生已经有的知识基础。“了解学生对他们所教授学科的知识背景，并能够在这些知识基础上设计适当的教学策略，是这些教师教学有效性的重要途径。”[2] 按照维果茨基关于新知识学习的语言符号为中介的解释，这种原有知识和经验代表的是个体的内部语言，而新知识的学习，是以这种内部语言为工具对新的知识进行内化的过程，因而，教师要成功实现教学目标，达到让学生掌握知识，获得思维发展的目的，必须依据学生的原有知识基础，对外部语言（科学概念等）进行相应的组织和适当的设置。而要做到这一点，不了解学生的原有知识基础，显然是不行的。无视学生知识基础的教学设计在这里是不能够接受的。不了解学生知识的教师也就无法成为合格的促进者。

第二，了解学生的个体思维方式、认知特点。由于个体经验的独特性，因而在认识新的事物或学习新知识时，不同个体的内部解释或思维依据、方式是不同的。所以，教师要想有效地促进学生思维发展，必须了解学生的思维。“教师要能够有效地对学生进行指导干预，纠正他们对概念的错误理解，或者是补充思维中的有关环节，就必须理解每个学生是如何进行意义建构的”。[3]

教师要成功地做到这一点，需要借助一些心理和思维的科学理论为基础。如关于认知发展有关的理论知识、人类思维的知识等。但是这些知识仅仅能为教师了解学生提供一种基本的思维和认识框架，而无法代替实际

---

① James H. Stronge,Qualities of Effective Teachers, *Accessed June 15*,2004. http://www.ascd.org/publications/books/2002stronge/chapter2.html.

② Education Unit,Bagwell College of Education, Kennesaw State University ,Collaborative Development of Expertise in Teaching and Learning,*Accessed May 5*,2004. http:// www.kennesaw.edu/col_hhs/hps/general/TED/BCOE-CF.

③ Steve Rhine,What Do Constructivist Teachers Do, *Accessed May 12*,2004. http://www.willamette.edu/~srhine/Articles/whatconstruct.

教学中对学生实际的了解，这种对学生思维的真正了解，只有在与学生的对话和交往中才能够实现。

第三，了解每个学生个体的性格、情感、爱好、需要、品德等。学生的情感、爱好、需要等是学生学习的重要动力基础。研究表明，师生良好关系建立，是有效教学的重要基础和途径。为此教师需要能够进入学生的情感世界，了解他们的喜怒哀乐，了解他们的性格特点、需要、道德观念和信仰等。

第四，了解学生的个体成长经历和经验。个体成长经历、经验是其世界观、人生观建立的基础。对于个体而言，个人的世界观、认识观、价值观是个体在成长过程中，基于自身的经验体验不断建构起来的。这些观念对于个体来说具有真实性、整体性、一致性、生活性或实践性等特点。它们在长期的指导个体的实践中逐渐形成为信念。这些观念和信念对个体的认知、行为等产生了根本性的影响。个体会把他们“过去的经验和信仰，以及他们的文化的历史和世界观带入学习过程，所有这些都会对影响他们与所遭遇的新的观念和事件的相互作用，以及对它们的解释”。① 因而，无论是从促进学生认识的发展，还是从促进其世界观、人生观、价值观等的转变看，教师都必须了解学生成长的经历，了解他们生长的环境，包括家庭环境和社区状况，了解他们原来的生活方式，尤其是应了解学生成长经历中对他产生巨大影响的事件等，只有这样，教师才能找到适当的教育介入途径和方式。

（三）教师作为“学习促进者”应具备的能力

能力是现代教师素质结构中的重要组成部分。教师能力，对于教育教学活动的有效开展、顺利实施和如期完成起到决定性作用。概括有关的研究，建构主义教学主要强调教师需要具备以下五种能力。

---

① Steve Rhine,What Do Constructivist Teachers Do, *Accessed May 12*,2004. http://www.willamette.edu/~srhine/Articles/whatconstruct.

1. 理解学生知识、把握学生思维的能力

理解学生的能力被认为是建构主义教师能力结构中最重要的能力之一。建构主义者们从不同的角度表达了这种认识。布鲁克思等认为，建构主义教师最优秀的品质就是，当学生们在尝试和摸索把握新的观念时，能够迅速和直觉地了解学生的思维状况。哥伦比亚大学教师学院院长奥瑟·列维（Arthur Levine）认为，一个成功教师的基本素质要求就是能够“了解儿童的发展，了解不同学生的学习方式，教育和传授给儿童不同的方式、方法”。[①] 极端建构主义为激励学生构造自己的数学思想，认为“学会了解学生的数学”应成为教师的中心任务。因而了解和理解学生作为建构主义教师的基本能力是必然的。那么这种能力具体又应包含哪些内容，或者是以哪些能力为基础呢？

教师在具有一定的关于儿童思维和认识发展规律性知识的基础上，教师需要有元认知能力、敏锐的洞察能力、对信息的反思整合能力、“移情”能力以及善于倾听的态度等。元认知能力尽管主要是针对认识者自身思维过程认识和监控的，但这种能力对了解他人的元认知，促进学生的元认知能力的发展显然是有帮助的。而洞察能力、交流能力、对信息的反思整合能力，是获得有效的学生信息反馈，并形成正确判断的基本能力要求。如在以小组讨论为主要形式的教学中，建构主义教师必须用这些能力综合地来判断是否每一位学习者进行了有意义学习、学习者对材料是否有兴趣、是否已理解并完成意义的建构等问题，以便能够作出适当的指导等。另外，“移情”能力是一种感受能力，“移情”一般理解为推己及人，这里更注重的是它体现出的在情感上的亲和力，这是实现教师与学生沟通和了解学生的重要因素。最后，建构主义强调教师应学会倾听，我们认为这更主要的是一种认识和态度问题。由此可见，了解学生的能力实际上是一种综合的能力，或者说要了解学生，需要教师运用多种综合的能力。

---

① Michael deCourcy Hinds.Teaching as a Clinical Profession:A New Challenge for Education, *Accessed Octomber 12*,2016. http://www.doc88.com/p-9189413100466.html.

2. 教学设计或学习环境的设计能力

教学设计或学习环境的设计能力也是建构主义者非常强调的一种能力。布鲁克思认为，在探究式学习为主的教学中，教师的课程和教学设计是其中的关键因素。他指出：“围绕那些能够挑战学生初始假设的问题来进行课程教学的设计，才能够在根本上激发学生的兴趣”。[①] 因此，情境设置是否恰当，直接影响到学生意义建构的效果。这样的情境设计实际上对教师的能力提出了很高的要求。如以知识呈现情境的复杂性来说，建构主义者反对传统教学中将知识情境过度简化的做法，认为教师将呈现的知识置于一种复杂性的情境中有助于引起学生学习的兴趣，帮助学生建立知识之间的联系，而过度简单化的知识情境会使学生产生困惑。

但也有研究者认为，如果学习问题情境过于复杂，并不利于学生进行有效的知识建构。按照社会建构主义的观点，课堂教学适当的情境设计应该以学生的最近发展区为依据等。

3. 较强的沟通能力与社交能力

按照社会建构主义的学习和教学的理解，学习本质上是以语言等为中介的人际交往、对话沟通的过程。作为一个合格的学生学习的促进者，教师要完成自己的教育教学任务，不断提高自身的专业水平，需要进行的沟通和交流活动并不仅仅局限在课堂情境中，还包括社会、家庭、专业社团以及学术性会议、学校的教学研讨小组和教师学习共同体等。因而要求具有良好的人际交往和沟通能力，也是教师素质要求的题中之义。

根据有关的研究，这里的人际交往和沟通能力可以分为基本能力和专业能力。基本的交流能力主要是指个体的先天自然成长所具有的能力，如流利的语言表达能力等。而专业能力是指教师职业所强调需要的基本的能力。这种能力要求与教学的目标要求等存在直接的关系。如传统教育教学中非常强调教师流畅、清楚、逻辑地表达知识的能力。而建构主义教学中

---

① Brooks, Jacqueline Grennon and Martin Brooks,In Search of Understanding——The Case for Constructivist Classrooms, *Accessed October 20* ,2004. http://www.konnections.net/lifecircles/constructivism.htm.

除了这种语言能力之外，还提出了以下一些新的要求。

（1）倾听能力

美国著名教育家爱莉诺·达克沃斯曾经说过："任何年龄阶段、任何发展水平的任何学生，都是带着自己的观念进入教学过程的，因此，教学的首要任务是倾听学生自己的观念，在倾听的基础上创造条件，帮助学生诞生更精彩的观念，这是教学的价值所在。"[①] 研究者认为，要能够做到倾听，首先必须进行关注。所谓"关注就是全心全意地关注某人。关注他人要求我们要诚实地对待自己"。在关注的基础上应能够主动倾听。所谓主动的倾听是真诚地、积极地去理解对话者。[②] 这种真诚的关注和倾听的态度和能力是与他人交往所需要的重要技能。具有了这样的态度和能力才能够抓住讲话中的主要信息，来区分其中的情感内容和理性内容。有效地倾听意味着你要总结对方所说的话并加以辨别，正确地表达你的观点。这种关注和倾听能力是建构主义教育教学改革对教师能力的基本要求。[③]

（2）表达能力

表达清晰是教师应有的重要品质。教师只有清晰地表达自己，才会使学生明白自己的要求或问题。除此以外，建构主义教学中还强调教师对同一问题能够以多种不同的方式进行表达的能力。这种能力是针对不同情况的学生而提出的。

（3）提问的艺术

提问在交流中发挥着重要的作用，但有研究者认为："不恰当地提问，能妨碍、打断思维过程，而且会产生抵触情绪和无礼表现。"因而，"教师在与他人交流时必须学会如何适当地提问，所提问题必须是对交流有意义

---

① 爱莉诺·达克沃斯:《"多多益善"倾听学习者解释》，高等教育出版社 2004 年版，前言。

② 这里运用"对话者"而不是"讲话者"，在于强调倾听者与讲话者二者之间的关系，是一种交互的、对话的关系。在这种关系下的"倾听者"同时也是一个主动的对话者，而不是传统意义上的信息单向度传递中的"听众"。

③ [美]Lynda Fielstein,Patricia Phelps :《教师新概念——教师教育理论与实践》，中国轻工业出版社 2002 年版，第 51 页。

的、清楚明白的问题”。[①] 提问能力在建构主义教学中，是促使学习者认知失衡，以达到“助产”的效果的重要手段。为此，它要求教师能够根据学生的思维现状，适当地提出能够对学生当前的思维语言形成挑战性的新的思索。

4. 利用现代教育教学技术的能力

如前所述，建构主义的勃兴得益于现代信息技术的发展。现代信息技术不但是教学内容呈现的重要手段，更是建构主义教学改革理念实现的重要技术和信息平台。“建构主义的教学要为学生创设包含真实问题的情境，为他们提供丰富的信息资源，不仅需要投影、CAI 课件、多媒体教室等，更需要网络化的学习场所，包括与宽带网相连的教室、图书馆等”。[②] 因而，灵活运用现代信息技术的能力，是建构主义教师能力的基本要求。教师在教学中运用信息技术的能力主要表现在以下几个方面。

（1）创造网上合作性学习环境的能力。教师应有能力将信息技术融入到建构主义教学方法中，创设网上合作的情境，鼓励学生利用网上的资源，在网上交流、解决问题。

（2）提供模拟真实情境的能力。能够通过多媒体、超媒体技术，为促进学生积极的意义建构提供逼真的真实情境模仿，让学生获取与课程内容相关的亲身体验。

（3）指导学生进行网络学习的能力。网络化学习（e-Learning）是 21 世纪人类学习和生存的重要形式，也是建构主义教学改革的重要方向。教师应该有意识地培养学生的网络学习能力，使网络成为学生进行自主探究和知识建构的重要工具。为此，教师不仅自己具有网络化学习的能力，还要知道如何帮助学生发展这种能力。

---

① [美]Lynda Fielstein,Patricia Phelps：《教师新概念——教师教育理论与实践》，中国轻工业出版社 2002 年版，第 52 页。

② 赵蒙成：《建构主义教学的条件》，载《高等教育研究》2002 年第 3 期。

5. 高水平的反思能力

反思能力是现代高度发达的信息社会中个体生存和发展的重要素质之一，更是教师不断改善自身教育教学质量，实现专业发展的核心能力。所谓“教师的反思能力是指教师在职业活动中，把自我作为意识的对象，以及在教学过程中，将教学活动本身作为意识的对象，不断地对自我及教学进行积极主动的计划、检查、评价、反馈、控制和调节的能力”。[①] 反思能力是对承担建构主义教学的教师的一种核心能力要求。首先对于学生来说，反思和学会反思在建构主义教学情境下，既是目标也是手段。学习中反思是学生主动建构和高层次思维的重要体现，而发展反思能力同时也是学生思维发展的重要目标，而要发展学生的反思能力，教师必须具有反思能力，以及如何促进学生反思的知识和能力等；另外，反思能力是教师提高教学质量、实现自身专业发展的基础。教师要保证教学的有效性，必须在教学中对随机发生的问题，对教学方式、手段等的有效性，对学生反馈的信息，对课堂随时变化的情境中反映的信息等进行有效的反思，并作出适当的反应。而反思能力是教师在实践中不断获得教学专业知识、改善教学策略一提高教学技能的基本素质条件。

教师的反思存在不同的类型，根据教师反思的内容、时间等的不同，可以分为技术性反思、行动中和行动后反思、缜密性反思、人格性反思和批判性反思等。[②] 建构主义教学重视在行动后的反思能力，更强调教师在行动中的反思。

另外，建构主义者非常强调应重视教师的“元认知能力”。所谓“元认知能力”是对教师自身的思维过程和问题解决方式进行监控的能力，因而是一种针对自己了解自我的能力。对于教师来说，他只有了解自己的判断或行为的内在心理过程和依据，才会“突破对问题情境最初的、过于简单化理解的局限，质疑自己知识的相关性”，才会在教学中能够根据需要

---

① 吴卫东、骆伯巍:《教师的反思能力结构及其培养研究》，载《教育评论》2001 年第 1 期。

② 张贵新、饶从满:《反思型教师教育的模式述评》，载《东北师大学报(哲学社会科学版)》2002 年第 1 期。

作出有效的、适当的调整。他们认为，元认知能力是优秀教学新手的重要能力特征，因为“他们能意识到他们所了解的，与所有的能知相比是微不足道的，因而促使他们不断地去学习”。[①] 教师“元认知能力”的提高，对教师了解学生的思维也会有很大的帮助。

以上主要是针对建构主义教学中承担“学习促进者”角色职责直接相关的能力要求。当然教师的其他能力也是需要的，如许多研究者也强调，教师应形成终身学习的态度和能力、创新能力、学生心理辅导能力等。[②]

（四）教师作为“学习促进者”的职业道德与人格

1. 教师作为“学习促进者”需要确立的职业道德

第一，教师应该相信每一个学生具有学习能力，相信他（她）能够进步，相信每一个学生都能掌握知识。教师为每一个学生的进步承担责任，不放弃对每一个学生的希望。教师不能存在打击学生学习或其他方面进步积极性的言行。

第二，承认个体差异，因材施教。相信每一个学生具有学习能力，并不是说相信所有学生学习能力是一样的。按照建构主义学习原则，教师要促进学生的学习，必须以个体经验和认识发展特征为基础，因而只有承认个体差异，并认识到个体差异所在，才能真正地做到因材施教。

第三，教师应该公平地对待每个学生。教师应依据社会公正原则平等对待每个学生，不能因为自己的好恶而厚此薄彼。教师公正地对待学生是公正和平等教学、学习环境创设的基本原则，是学生从中获得有关的社会关系认知、形成日常行为价值导向的基础。

第四，教师应该尊重每一个学生，不论学生的个性、文化差异、性别、种族、学业成绩。尊重学生人格，相信学生与自己的人格是平等的，

① 约翰·D. 布兰斯福特·安等编著，程可拉等译：《人是如何学习的——大脑、心理、经验及学校》，华东师范大学出版社 2002 年版，第 47 ~ 49 页。

② Rainer Dangel, J., & Guyton, E., An emerging picture of constructivist teacher education. *The Constructivist, 15*(1), 2004,pp.1-35.

不讽刺、挖苦、歧视学生。尊重和珍视学生的见解。

第五，教师应进行民主教学。鼓励学生对问题的不同见解、允许并鼓励学生对自己的见解进行辩护。教师不能利用自己的权威来压制学生。教师在教学交往中应表现并示范、耐心、倾听、理解、尊重、对话等品质，并建立相应的学习氛围来促进学生在这些方面素质的建构和发展。

2. 关于作为“学习促进者”的教师人格要求

人格是指具有一定倾向性的心理特征的总和，它包括动机、兴趣、信念、世界观、能力、品德、气质、性格等。研究表明，教师的人格与他们的教学成效之间存在着直接的影响。如斯特朗（Stronge）等的研究认为，学生们希望的教师是能够与他们相互尊重，接近学生，了解学生，关心学生和理解学生的感受；信任学生、诚实、谦虚、细致、耐心、温柔、善良和喜欢鼓舞人的教师。特别是对于小学生，温柔是教师关爱的特征，并且是有效性的一个重要组成部分。[①] 概括有关的研究，建构主义教学适合的人格特质包括：与品德相关的特质包括友爱、诚实、公正、乐于助人、公平、谦虚；与成就相关的品质有创造力、有抱负、奉献精神、主动进取、喜欢挑战。与内在气质相关的品质有热情、理解、好奇、耐心、平和、合作、感召力、有趣、没有威胁。

---

① James H. Stronge,Qualities of Effective Teachers, *Accessed June 15*,2004. http://www.ascd.org/publications/books/2002stronge/chapter2.html.

第五章

教师作为社会改革者的角色与素质

5

面对未来的种种挑战，教育看来是使人类朝着和平、自由和社会正义迈进的一张必不可少的王牌。

——《教育——财富蕴藏其中》(联合国教科文组织，1996)

今天的教育已经当之无愧地成为影响经济和社会发展的基础性、全面性、先导性工程，通过不断推进教育改革与创新，促进人类的和平、共存与发展，推进社会的公正、民主、平等，建立在全球化时代，多元文化下相互理解、彼此包容、和平共处的新的社会文化，是人类社会实现变革，谋求美好未来的基础手段。我国社会正处于巨大的社会转型期，需要教育以社会主义核心价值观等为指引，以自由、民主、公正、平等、法治、和谐等核心价值为依据，继续推进和深化教育改革，培育能够秉承和践行社会主义核心价值理念的社会主义一代新人，为此教师需要成为社会主义核心价值理念的践行者，成为教育领域的社会改革者。本章主要从教育促进社会改革的维度，以建构主义作为认识论、学习论视角，探讨教师作为“社会改革者”的角色及其相应的素质。

一、教师作为“社会改革者”的角色及职责

（一）教师作为“社会改革者”的角色含义

所谓教师作为“社会改革者”是指教师在教育过程中，应主动承担起时代赋予的推动社会改革的职责和历史使命。教育作为推动社会改革一个基础的特定领域，教师主要是通过新人的培养为主要途径来履行自身职责。人是社会发展的决定性因素，是社会关系的总和，因此新人的出现，

也就标志着旧的社会关系开始转变，就如罗马俱乐部报告所指出的：当这种新的人类在社会各结构中占主导时，一个新型社会便形成了。[①] 将人的转型或新人的培养，作为教师思考和实践的主题，也是时代教育发挥导引社会功能、体现教育自觉意识的内在要求。

教师作为社会改革者，作为未来社会新人的培养者，是教育与社会发展的时代关系决定的。早在 20 世纪 70 年代，在联合国教科文组织《学会生存》的报告中就已经指出："现在，教育在历史上第一次为一个尚未存在的社会培养着新人。"这一历史使命"要求教育工作者刻苦思考，并在这种思考中构建一幅未来的蓝图"。[②] 如果说 70 年代的这种对教育使命的断言，还只是更多地着眼于新独立和政治变革的国家和民族的话，20 世纪 80 年代以后，随着社会整体变革与发展速度的日益加快，社会经济、科技等的快速发展，社会结构的不断变革，这种断言已经成为世界各国教育的一种普遍功能诉求。教育的主要功能也从过去的注重社会传统，重视社会制度和文化的复制与继承，转为重视社会的改革和创新。教育的视角从传统的关注过去转为关注未来。

最后，需要重申和重点关注的是，教师作为社会改革者是通过育人、培育社会新人实现的，它不是要求教师成为专门的社会改革家，其推进社会改革的过程与促进学生个体认知发展的过程总的来说是统一的，代表了教育教学过程的两个不同目标取向。建构主义教育教学改革能够兴起并得以持续地推进，必须同时满足这两个目标。那么在建构主义教育改革者中，人们是怎样规定这种教师职责的呢？

（二）教师作为"社会改革者"的基本职责

概括相关的研究，建构主义教学改革中，教师作为"社会改革者"的职责主要表现在四个方面，一是促进社会民主，二是实现社会公正、平等，三是培育以对话、合作、交往等为特征的新社会人际关系，四是致力

---

① 鲁洁：《走向世界历史的人——论人的转型与教育》，载《教育研究》1999 年第 11 期。

② 联合国教科文组织：《学会生存》，教育科学出版社 1996 年版，第 36 页。

于人的精神等的解放。

1. 促进社会民主化进程

促进社会民主是西方教育的一项基本和长远的目标。而通过教育，培养具有民主意识、民主观念、民主信仰、拥有民主行为能力和行为习惯的人，是教育促进社会民主，推进社会民主化进程，实现社会民主制度的未来延续和不断改革完善的根本途径。强调教育应被看成是一个“形成学生为进一步促进社会民主生活而对知识的理解和态度”的过程。[①] 也就是说，教师的职责就是应以促进学生社会民主生活的素养为目标，通过民主化的管理、课堂教育教学与学习生活，把学生培养成为合格的符合社会民主政治和生活需要的行为主体。研究者认为，学校教育对于未来社会公民的民主素质等的培养至为关键，因为，随着现代学校教育年限的普遍延长，在学生成长的最关键阶段，最多的时间要在学校和教室中度过，你很难想象一个长期处于缺乏民主氛围和民主实践的环境中的个体，能够在成人后，自动成为一个坚定的社会民主的维护者、践行者和民主改革的推进者。

2. 实现社会公正、平等

社会公正、平等是社会文明发展的重要目标，也是当代教育改革所秉持的重要价值依据。对于学校教育和教师来说，要促进社会公正、平等目标的实现，应营造一个公正、平等、民主的教育环境，建立相应的教学文化、制度文化行为文化，培养学生形成社会公正、平等、民主、法治等的意识，形成相应的价值观念和行为信念。如美国威尔明大学教师教育方案对教师职业道德的要求是:“我们相信教育专业的道德责任是追求民主的理想，支持被社会边缘化、被压迫者和贫困者。”“未来教师应支持学生基于社会公正原则成为民主社会的批判参与者，尤其是支持发展相互尊重、互相帮助和在课堂中批判性的探究等”。[②] 梅耶思（Myers）等基于批判建构

① Michael L. Bentley,Intrducing critical constructivism: Critical Consciousness Through A Critical Constructivist Pedagogy, *Accessed May 20*,2016.https://web.utk.edu/~mbentle1/Crit_Constrc_AESA_03.pdf.

② THE UNIVERSITY OF WYOMING (UW),COLLEGE OF EDUCATION (COE),COEd Conceptual ramework, *Accessed May 20*,2004. http://www.uwyo.edu/ted/democratic.asp.

主义的视角强调教师应从改革或改良社会，实现社会公正等目的来观照学习和教学。认为规范化的知识和学科的教学，以及知识呈现的方式都受到产生它们的历史和文化环境的影响。为实现社会转型和重建的目标，必须对教育的语脉进行解构，其中的文化假设、权利关系和相关的历史影响等如果需要改变，必须予以揭示和批判。①

3. 形成以协商、合作等为特征的人际关系

建立以理解、宽容、协商、合作等为特征的新的人际关系和行为理念，是国际社会基于经济全球化、社会多元文化和世界日益一体化的背景下，面对持续不断的文化摩擦和暴力冲突，为实现在新的时代和平共存和社会的可持续性发展而提出的。对于美国等西方国家来说，通过学校教育促进不同文化背景下个体的相互理解、交流、协商、和平共处是其多元文化社会维持和发展的基础，也是培养在全球化时代个体生存和发展能力的基本要求，同时也是改变传统的“单子”式个体和个人主义伦理为基础的社会关系所需要的。②因此，这样的时代教育目标，要求教师在不影响学生个性发展的基础上，应注重促进学生了解和体验以相互理解、尊重、协商、合作、互为依存等新的社会行为伦理，形成相应的社会人际关系的认知与行为能力，养成以新型伦理为基础的合作型人格。

4. 致力于人类集体的福祉和人的精神解放

把人类集体的福祉和人的精神的解放作为教育的中心目的，是批判建构主义等的基本主张。他们强调教师的职责在于通过学生批判意识和能力的培养，社会责任感和个人公正和民主意识的确立，使学生成为一个积极的社会批判者。另外，在建构主义者看来，个体对世界的认识是一个自我

---

① Abdal-Haqq, Ismat, Constructivism in Teacher Education: Considerations for Those Who Would Link Practice to Theory, *Accessed December 12*,2004.http://www.ericfacility.net/ericdigests/ed426986.html.

②“单子”式的人格，按照克尔恺郭尔的观点就是“孤独个人”，认为只有“孤独个人”才是具体的、唯一的、具有真理性的，“公众是一个抽象名词而言”。表现在人与人的关系上，霍布斯认为，“人对人是狼”，互相之间是不可理喻、不可沟通的，是排他性的，以他人为工具；在自我关系上，则“自我”等同于他的占有物，人被物化、异化。

建构的过程，同时也是一个自我封闭的过程，许多个体最终会成为个人构筑的精神世界、形成的行为习惯的囚徒，他们被自我囚禁而不自知，孤陋寡闻还自以为是，行为古板而不知变通。所以认为教师在让学生了解自己学习的个体建构机制和过程的独特性，建立自信的同时，也要让学生了解这种个体认知的局限性和可能陷入的困境，认识到学海之无涯以及学习和了解他人观点的重要性，成为一个了解自我、思想开放、善于学习，能够在工作、生活、学习中不断地更新和超越自我的人。①

二、教师作为“社会改革者”的依据

建构主义教育改革背景下，教师作为“社会改革者”对学生社会性人格等的培养，与作为“学习促进者”促进学生认知的发展，主要是在同一个教育教学过程中实现的，因而两者在教育实践行为要求和理论依据上，具有相对的统一性，但并不完全一致。②为说明建构主义的许多教学主张是

① Michael L. Bentley, Intrducing critical constructivism: Critical Consciousness Through A Critical Constructivist Pedagogy, *Accessed May 20*, 2016. https://web.utk.edu/~mbentle1/Crit_Constrc_AESA_03.pdf.

② 譬如，个体建构主义和激进建构主义强调个体自主的建构，可以成为促进学生主动学习和教学的主要理论基础，但在以合作和协商等社会关系革新的目标下，这种强调个体“孤独”建构的学习方式就不被接受；这也是近几年来这一理论逐渐受到冷落，或与其他理论进行融合的原因。而建立在历史文化基础上的社会建构主义，以及强调语言和意义关系认知的社会建构论，则较好地把认知与社会的因素统一起来，所以受到重视。但由于这些理论更多地强调的也是认知，与个体建构主义不同的是，它关注的是在社会文化和交往关系等情境下的认知是如何发生的，因而缺少对这种行为如何实现社会关系的建设性贡献的思考。但显然其中的许多行为主张是符合当今社会关系建构理念的。实际上，这并非偶然，在下面的论述中我们将会看到，西方的“社会建构主义”并非是维果茨基原本的文化历史心理过程观，而是西方的现代社会理论基础上改造过的。从社会公正等角度来提出教育目标，进行社会革新的是批判建构主义，但批判建构主义又常常过多地专注于教育中的社会问题，而相对忽视了认知的学习目标。为实现二者的有机融合，把两种目标实现在同一过程中，我们也发现，有作者，如 Rodriguez (1998) 等提出了新的建构主义理论框架，社会转变建构主义（sociotransformative constructivism）(sTc)。它是把社会建构主义与多元文化主义相结合，社会建构主义用来解决学习问题，而多元文化主义（multiculturalism）用来指导实现社会公正 (详见 Alberto J. Rodriguez and Cathy Zozakiewicz,Using Sociotransformative Constructivism (sTc) to Unearth Gender Identity Discourses in Upper Elementary Schools, *Accessed Octomber 10*,2004.http://www.urbanedjournal.org/articles/article0017.htm)。

如何同时具有社会改革意义的，下面我们将根据相关的研究，对一些主要的理论做一简单介绍。需要说明的是，这些理论本身也是建构主义教学设计原则和教学论主张确立的重要理论基础。

（一）以交往理性为条件的社会关系建构理念

如果把学校教育实践活动主体之间的活动规则或价值导向，作为社会所希望生成的文化的胚芽或制度的缩影，那么建构主义教学观下的课堂文化主张，是建立在一种怎样的社会关系建构理念基础上呢？根据有关的研究，其中重要的理论基础之一是交往行为理论。该理论是由德国哲学家哈贝马斯等在批判技术理性对现代人类生活和人性的扭曲基础上提出的，目的在于为现代生活世界人们的行为和关系的建构，提供一种基于交往和对话基础上的新的理性基础，即“交往理性”。所谓的“交往理性”是一种建立在言语为沟通媒介的基础上，实现人际交往的条件。哈贝马斯认为，交往主体之间要达成真正的交往，必须以彼此的开放和诚信为基本的前提。因而，这种新的交往理性所代表的人际关系是一种交互的主体性或主体间性的，根本上不同于在传统的工具理性统治下，人与人之间的被扭曲的“主体与客体”的关系。[①] 具体来说，在这种新的交往条件下的主体与社会规则和“他者”的关系上，“作为社会化交往行动产物的主体，在这一过程中，一方面导致了稳定的自我形成、发展与完善；另一方面则是这个自我对社会道德和其他规范的认同。“自我”的核心意义不是孤立的个人，而是“主体间的自我”，是“生活世界的自我”，即与他人的社会性关联”。哈贝马斯认为这种主体间性关系的确立是“规则确立的基本条件”，他认为“离开了主体间性，既不能形成“规则意识”，也不能从“规则意识”中发展出原则，分化出“价值意识”。离开了主体间性，更无法为规则的正当性提供辩护。[②]

① 韩红、李海涛:《交往理性、主体间性与新世纪文化对话——兼论交往与社会进步》，载《徐州师范大学学报(哲学社会科学版)》2002 年第 2 期。

② 童世骏:《没有“主体间性”就没有“规则”——论哈贝马斯的规则观》，载《复旦学报(社会科学版)》2002 年第 5 期。

因而，以此指导下的课程与教学理念，在实现社会公正、个体解放目标之下，也试图实现社会层面的人际关系的重建，即试图在平等的对话、交往学校生活中，实现新的社会人际关系（主体间性）的生长。

（二）以“反思型实践者”为特征的民主型人格理念

作为社会民主建设者为主旨之一的教育活动的展开不能没有目标。在建构主义教育改革中的理想人格目标就是“反思型实践者”。把“反思型实践者”作为民主社会理想人格的首倡者是美国教育家约翰·杜威（John Dewey，1859—1952）。在他看来，一个合格的民主社会的公民，应该是一个真正的行为的主体，是一个在民主等社会理想和价值目标指引下自主的、理性的、批判的行为者，即所谓的“反思型实践者”。他认为这种“反思型实践者”重要的人格特征和思维特点，应是自主性和批判性，他们“对任何信念或假定形式的知识，根据其支持理由和倾向得出的进一步结论，进行的积极主动的、坚持不懈的和细致缜密的思考”[①]。杜威的这种思想被后继者发扬光大，在建构主义教学改革时期，“反思型实践者”不但成为学校教育的理想的人格目标，也成为教师专业发展的新的角色目标隐喻。与杜威的“反思型实践者”观念相比，新的角色理念中“反思者”少了些“孤独”，更多地强调一种主体间的对话与合作，也更注重对现实和历史的批判性。

根据侧重点的不同，新时代的“反思型实践者”概念至少有两种内涵：一种含义是从一般对象意义上，继承杜威的传统，从社会民主和公正的理想人格，从社会民主等实践者意义上进行的界定。其中代表性的作家如巴西学者弗莱雷（Paulo Freire）等。弗莱雷强调的反思实践者，是一种批判的社会改革者，是一种在“对话”[②]关系中的反思者，他认为这种反思者的批判思维应具有以下特点：第一，这种思维认识到人与世界之间存在

① 饶从满、王春光:《反思型教师与教师教育运动初探》，载《东北师大学报(哲学社会科学版)》2000 年第 5 期。

② 在保罗·弗莱雷这里，“对话”是一种社会性的实践（详见[巴西]保罗·弗莱雷:《被压迫者教育学》，华东师范大学出版社 2001 年版，第 37 ~ 41 页）

着一种不可分割的一致的关系，而且不把人与世界分离开来；第二，这种思维认为现实是一个过程，是一种改造，而不是一个静态的存在；第三，这种思维不把思维本身和行为分开，而是不断让自己浸没在暂时之中，而不担心会冒什么风险。[①] 因此，这里实际上内含着对反思者的一些界定：第一是平等的对话者；第二是一种意义的存在，即不是外在世界意义的装载者，而是对他来说真实世界意义的赋予者；第三是一个知行统一的过程论者，认识是发展的不是凝固的，现实随认识的发展而发展；第四是一个积极进取者。所以由此可以看出，弗莱雷实际上从反思实践者所应有的人际关系理念、世界观、认识观、行为观等方面对其进行了全面的界定。显然拥有这样观念的人，是不迷信权威的，不安于现状的，不断进取的，因而也是能够对现状和自身不断进行批判的。他的这些思想为后来的批判建构主义等所继承，如批判建构主义对知识权威的批判等。这些主张成为建构主义教育教学中民主型批判反思型人格的重要的理论基础。

“反思型实践者”概念的另一种含义主要是针对教师的。它是由美国学者唐纳德·舍恩（Donald Schön）在继承了杜威“反思型思维”等思想基础上提出的。当时，他们借此来反对教师专业化运动中受“技术理性”控制下的技术型教师及其发展模式。舍恩把反思性实践作为个体在一个特定学科领域内增强实践的艺术性或技巧性的关键过程。“反思型实践包含对把知识运用于实践中的细致的考量”。[②] 他认为，作为反思型实践者的教师，是那些通过自身对实践中实际问题的反思，创造性地提出教学策略和方法者，自己的实践性知识的创造者。如他所说：“最好的教师将是那些能对学生的困扰基于自己语言的解释者”。这种基于现实问题的解释，提供给教师大量的方法的知识和创造新方法的能力。他认为反思型的教师“不是一个执著于单一方法的盲目遵从者，他能够认识到所有的方法都只是可能方法中的一种，而最好的方法，应该是能够回答学生内在困难发生的所

① [巴西]保罗·弗莱雷:《被压迫者教育学》，华东师范大学出版社 2001 年版，第 41 页。

② Ferraro,Joan M. ,Reflective Practice and Professional Development, *Accessed Octomber 20*,2004. http://educ.queensu.ca/~russellt/howteach/schon87.htm.

有可能性的方法。这种‘方法’不是别的，而是一种艺术和潜能。”[①]

美国著名教师教育专家舒尔曼（Lee S. Shulman）对“反思型教师”做了如下定义：“所谓反思型教师就是经常回顾、重建、重现并能够对自己的行为表现和学生的行为表现进行批判性的分析，这些教师总是能够用事实来解释。”[②]另一位研究者帕克对反思型教师与技术型教师做了比较，他认为，反思型教师与技术型教师的不同之处在于，前者将注意力转向了教育的目的、教育行为的社会与个人后果、教育的伦理背景、教育方法和课程的原理基础等更宽广的教育问题上，转向了所有这一切与其课堂实践最直接现实之间的密切关系上。他有能力对他的教学行为及其背景进行思考，能够使用来自各种不同渠道的信息连接理论与实践，能够从多重角度分析问题，运用新的证据重估决定。能够根据技艺型、研究型和伦理知识回顾所发生的事件，对它们进行评判，并为实现预期的目标改变其教学行为与环境。[③]

因此可见，舍恩等的教师作为“反思型实践者”角色及其思维和实践理念，尽管主要是从教师如何实现自身的专业发展角度展开的，但它从反思的机制和形式上，为如何同时实现教师的专业发展、促进学生认知、社会民主等目标提供了一种统一、融合的实践行为原则框架。在这种框架下，教师专业发展的过程，主要是一个通过对实践的不断反思、获得和更新个人专业知识的过程。其中，促进学生思维的真正发展和实现社会民主、公正、平等目标、原则，是教师反思的主要依据。

---

① Donald Schön's,“Educating the Reflective Practitioner” to the meeting of the American Educational Research Association, *Accessed November 22*,2004. http://educ.queensu.ca/~russellt/howteach/scho.

② 转引自［美］麦金太尔（McIntyre，D.J.）等:《教师角色》，丁怡等译，中国轻工业出版社 2002 年版，第 3 页。

③ Parker，S.,*Reflective Teaching in the Postmordern World*,Buckingham:Open University Press,1997,pp.30-31.

（三）批判—反思性实践课程理论

批判—反思性实践课程理论是以广义的动态的课程为视角，以促进社会公正、民主等社会目标，而提供了一种整体的教育教学的内容和行为构想。其主要的代表人物是巴西学者弗莱雷、澳大利亚学者葛兰蒂（Shirley Grundy）等。他们以实现社会公正、民主和人的精神解放为目标，反对以灌输等为特征的“压迫”的教育，提倡“人性化”的教育，试图通过对传统的知识观的批判来揭示传统教育的反人性的本质，并通过人与世界的统一、理论与实践相互统一等主张为基础，倡导在教育过程中，以对话等教学交往为中心的反思性实践来实现人与世界、人与人等的关系的建构，来培养学习者的批判精神和意识。因而这种反思性实践本质上是一种政治性的实践。

对于这种政治性的反思性实践课程，根据张华教授的概括，主要包含五个方面内涵[①]：第一，反思性实践的构成因素是行动和反思。强调教学是通过师生的行动和反思间的动态性相互作用过程而展开的。这种行动与反思的同一保证了是一种主体间的互动过程，不是一方向另一方的单向的灌输。第二，反思性实践是在真实的而非虚假的世界中发生的。强调教学必须放在真实的而非虚假的学习情境中。在这里真实的情境，可以保证不同情况的学习者都有着进行知识建构的经验基础，因而对于促进教育公平等具有积极意义。第三，反思性实践是在相互作用的世界中发生的。这意味着反思性教学实践的核心是把学习环境作为一种社会性环境来设计和建构。应把教学实践作为一种对话关系来展开，而不是一种权威关系为基础。关于对话与权威的关系，弗莱雷从人类对话中介“语词”（word）的特性分析出发，认为真实的“语词”具有“反思与行动”两种不可分的基本要素，说出一个真正的词就意味着改造世界，在给世界命名，而说出这个词是每个人的特权，不应该是某些人的特权。他认为在人类的对话关系中，不允许这种特权的存在。因为“对话不可能存在想要命名世界的人与不想要这种命名的人之间发生，即不可能发生在否认他人具有说出他们词

① 张华：《经验课程论》，上海教育出版社2001年版，第166～169页。

的权利的人和说话权利被否认的人之间展开"[①]。第四，反思性实践的世界是建构的世界，而非自然的世界。也就是说，承认知识是一种社会性的建构，需要教师和学生对知识进行批判性的反思，并认识到即使是关于自然的科学理论知识，也只是一种对现象的解释，并不必要是永恒的"真理"。因此便成功地消解了权威存在的知识基础。第五，反思性实践表现为一种创造意义的过程，该过程把意义看作一种社会性建构。意义创造和解释是所有知识的核心。这提醒人们应注意知识背后的意义和价值的依据。如在确定课程内容过程中，那些有权利控制课程的人，会把他们认为有价值的东西拿来让人们接受。

因此，这种反思性实践课程理念为课堂的师生关系、交往形式、对待知识的态度等都作出了规定。从中可以看出，这些主张对于培养具有批判反思性能力的个体和平等人际关系的建立提供了依据。这种反思性实践课程与上文中的"反思型实践者"的关系上，前者可以看成是后者在教育过程中社会改革维度的行为和关系准则，具体来说，它是作为社会批判的"反思型实践者"的教师与作为发展主体和对话主体的"反思型实践者"的学生之间，围绕知识、观念等进行批判性的交往互动、相互生成的过程。

三、教师作为"社会改革者"的素质要求

（一）教师作为"社会改革者"应确立的观念

1. 相信教育对社会发展、人类与个体发展的巨大价值

价值是事物对个体的意义，是人们行为的重要动力之源。教师要成为一个自觉的、主动的社会改革者、民主的促进者，首先应当拥有对教育在实现这些社会目标中的意义和价值的体认。教师应当认识到自己所从事的教育事业对于人类社会未来生存与发展、个体的发展、精神的解放所具有

---

① [巴西] 保罗·弗莱雷:《被压迫者教育学》，华东师范大学出版社2001年版，第37～41页。

的巨大的社会价值。对于教师来说，这种对教育巨大价值的体认，也是其职业尊严、使命感和职业责任感产生的重要观念基础。一个教师，如果不能意识到自己所从事的是一项正在创造着人类社会未来，改变着人类命运的职业，是一项对自己国家的富强、文明和民族强盛与延续有着巨大影响力和基础性作用的职业，就很难产生一种以人类生存、国家富强、民族振兴为己任的历史使命感，也就难以产生对自身职业的自豪感，形成工作的强大责任感。

教师形成这种对教育和自身职业巨大价值的认可，并内化为个体价值体系的重要组成部分，应是当今社会作为一个合格的社会改革者教师所应有的基本要求，它是构成教师观念体系的最基础部分。

2. 以促进社会民主和公正作为目标的教育理想

建构主义者强调个体认识到的所谓“真正”的世界，其实是他所意识到的世界，因而个体要改变世界，必须先形成对目标世界一定的意识或理想为前提。所以，教师要成为一个自觉的社会改革者、民主的促进者，不能缺少相应的理想。教师应确立以促进社会民主、实现社会公平公正为自己的教育实践的重要理想和目标，并以实现这些目标为己任。这是时代赋予教师的使命，也是建构主义教育改革对教师教育素质的内在要求，对于教师自身来说，也是实现其专业发展、扩大教师教学专业社会影响力的基本前提。研究者认为，社会民主的推进、公正平等社会价值目标的实现，没有社会中最大职业团体的教师的主动积极参与是没有希望的；从建构主义教育教学改革来说，这些理想的确立既是目标也是手段，从前面的论述中我们知道，没有一种民主、平等的学习文化环境为前提，就很难实现促进学生自主学习和发展的目标；最后从教师的专业发展来看，一方面，这些理想是教师进行专业实践的重要价值导向，是进行专业反思的前提和基础，另一方面是教师专业赢得相应的社会地位与尊重的基本要求。历数人类历史上有影响的教师，中国的孔子、西方的耶稣、柏拉图、杜威，哪一个不是以变革或改善社会为己任而名垂青史的呢?

3. 形成以平等、理解、相互尊重等为基础的多元文化观

对教师拥有相互尊重的、平等的多元文化观的诉求，来自时代、社会和教育自身对多元文化教育实践的现实需要。首先时代与社会的发展，要求学校教育确立或接受一种全球化或世界化生存中的新的多元文化关系理念。因为，在时代经济等全球化进程不断加剧的强大推动下，随着国家间人员流动的不断增加，文化交流的日益频繁，多元文化与教育问题，不仅仅是如美国等传统的多元文化社会独有的问题和内部的问题，而是已经成为一个新的世界性普遍问题。这种新的时代背景下的多元文化教育问题，有着许多不同于以往的新的特点和要求。其中传统的以社会主流文化统合其他文化的教育观念，正日益为一些在时代“世界性”基本伦理关系理念指导下的，多元文化间的尊重、理解、共存下的教育理念所替代。这种观念的调整，一方面是西方国家对新时代争取发展的主动为依据。譬如，美国卡耐基集团（Carnegie Corporation）于 2000 年 2 月，在其纽约总部召开的关于如何通过教育来加强对世界的了解为主题的会议中，讨论的三个基本问题是：中小学和大学是否正在为学生们能够在一个全球化社会中有效地工作和生活做着准备；美国市民是否对国家以外的世界有着足够的了解，以能够使他们对国际化和全球化问题作出良好的判断评价；美国教育正在为美国人持续地相互依存的世界做着准备吗？[①] 另一方面也是减少不同民族文化间的摩擦与冲突的内在要求。因而，拥有平等、文化间相互尊重为基础的文化观，是新的社会文化关系等的建构对教育和教师提出的基本要求。

从教育的内部看，尊重、理解和接受不同文化，也是在多元文化下建构主义教学实现的基本条件，是教育公平等目标实现的基本前提。因为，缺少这种文化间的平等、理解与相互尊重，就难以建立作为建构主义教学基础的民主、平等的课堂文化；另外，按照社会建构主义学习主张，个体

① Carol M. Barker.,Education for International Understanding and Global Competence.Report of a Meeting Convened by Carnegie Corporation of New York January 21, *Accessed November 20*,2004. https://www.carnegie.org/.../ccny_meeting_2000_competence.pdf.

的学习是以特定的文化历史等为基础的，教师如果不能接受和了解不同的学生文化，就无法有效地帮助那些因为文化原因而导致学习不利的同学，就无法实现真正的教育公平。

（二）教师作为"社会改革者"应掌握的知识

1. 关于影响教育民主、公平的社会权利和文化知识

（1）了解社会权利等对学校教育公平和公正存在的影响

第一，应掌握有关的教育社会学和教育政治学等的知识，了解学校教育与社会政治、文化等的一般关系。第二，把学校作为一个社会的和政治的场所，了解学校中的社会关系和权利状况，包括学校与外界以及自身内部存在的各种利益关系。了解社会政治权利、经济地位、社会环境等对教育公平等存在的影响。第三，认识到学校教学实践和学校内部所蕴含的社会、政治意义。如学校结构、师生关系等的道德和伦理意义。理解学校和教师造成社会不公正、不平等的方式，以及如何帮助克服这些不平等的途径。

（2）关于文化与教育公平和社会公正等关系的知识

第一，应了解关于文化对知识学习影响的一般知识。如掌握有关社会建构主义认识论、学习论的知识，认识到学生的学习受到其成长的社会历史文化等的影响。并了解这种影响的机制是怎样发生的等。掌握这些知识，对于教师更好地了解学生，把握学生学习中的困难和问题，进行有效指导等具有重要意义。

第二，掌握在多元文化下影响教育公平和社会公正的相关因素的知识，并知道如何为实现教育公平而实施有效的教育教学的理论与方法。教师应认识到，在多元文化社会中，人口多样性带来的挑战，不仅仅是一个教育学问题，还有复杂的文化问题。[①]为此，教师应了解当前的学校教育中

---

① Charles Ahearn,SERVEDeborah,etc，The Diversity Kit: An Introductory Resource for Social Change in Education.The Northeast and Islands Regional Educational Laboratory a program of The Education Alliance at Brown University,*Accessed November 20*,2004. http://www.alliance.brown.edu/tdl/diversitykitpdfs/.

的主流文化是什么，学生中所代表的不同于主流文化的文化种类有哪些，其基本的文化隐喻是什么等。教师需要了解班级学生不同的文化背景、价值观念、习俗等，并知道如何针对学生的不同文化进行适当的教育，或者是为实现教育公平，应采取哪些积极的措施等。

2. 了解有关知识社会学等的知识

教师应对知识的社会性本质有着深刻全面的理解。教师应了解“知识的建构与社会权利结构产生和复制的关系”。[①] 应清楚课程中知识背后的意义和价值的依据。如了解在确定课程内容过程中主要的依据是什么，这种依据是以哪些人的或集团的利益或价值观念为基础的等。

3. 理解建构主义教学主张的社会价值和意义

教师要成为一个自觉的社会改革者，需要了解建构主义基本原理及其教学主张背后的意识形态，及其社会关系和人格取向等的目标假设。具体地说，主要有以下六个方面。

第一，教师应该认识到建构主义关于“知识是一种个体建构或社会性的建构”主张所具有的社会学意义。认识到这种观念对于消解传统知识权威，削弱社会权威的知识基础，实现平等的话语权利，形成平等、协商和对话等为基础的社会关系等的积极意义。

第二，认识到教师从知识的传授者转变为学生学习的促进者，是一种积极的社会行为。它是一种课堂控制权利、话语权利的重新分配。认识到这种行为对于激发个体的主动性，发展学生的主体性等的意义。认识到学生成为知识意义的主动建构者所具有的个体解放的意义。另外，还要认识到这种转变的时代合理性及其依据。

第三，认识到教学对话、合作学习为基础的教学形式所体现的平等的社会人际关系，体现了教师、学生在人格上的真正的平等。认识到这种新

① Charles Ahearn,SERVEDeborah,etc，The Diversity Kit: An Introductory Resource for Social Change in Education.The Northeast and Islands Regional Educational Laboratory a program of The Education Alliance at Brown University,*Accessed November 20*,2004. http://www.alliance.brown.edu/tdl/diversitykitpdfs/.

的社会人际关系的时代意义。

第四，认识到学习共同体、学习协商、合作等教学学习形式确立的前提，是一种所希望的未来社会关系下，以人们学习、发展、生活等生活生存方式的认识为基础的，是改变当前社会以个体孤立生存和发展为基础的社会关系的需要。

第五，理解教学反思对于形成学生主体性人格、培养理性等的意义。认识到，反思性思维不仅是培养学生反思能力的需要，也是养成反思性社会民主人才的要求。如杜威所说："它把我们从单纯的冲动和日常活动中解放出来……使我们能够以预见指导我们的活动，能够按照预定的目标或我们意识到的目的来进行计划，能够以深思熟虑和带着目的的方式开展行动……当我们行动时能够知道我们在做些什么。它把那种单纯的食欲性、盲目性和冲动性行为转变为理智行为。"①

第六，了解建构主义关于教育过程的主张，对于人格培育和新的社会人际关系生成的积极意义。认识到学生在学校教育的过程也是一种社会经验和人格不断持续建构的过程。学生全面素质发展的过程，本质上不是一个教的过程，而更为根本的是一个"育"的过程，是学生在适宜的教育教学环境下持续不断地主动建构、重构的过程。

（三）教师作为"社会改革者"应具有的能力

1. 批判反思能力和探究能力

批判反思能力被认为是建构主义的核心能力之一，也是履行社会改革者职责的首要素质。所谓批判反思能力是指教师基于社会公平、民主等价值目标，对社会、学校和课堂中的社会关系，以及知识等隐含的权利和不平等现象的一种批判性的意识和能力。从反思的内容看，教师主要反思的是学校和教师造成社会不公正、不平等的方式和帮助克服这些不平等的途径。具体来说，教师要能够"持续地对自己所处的权力场域以及自己与他

① 饶从满，王春光：《反思型教师与教师教育运动初探》，载《东北师大学报（哲学社会科学版）》2000年第5期。

人的关系进行批判”,[①]能够批判和破除在教育中的关于知识、文化、语言和人的发展等影响社会公平等的迷信或偏见,[②]如对传统的在学习科学和数学等方面性别之间存在的差异进行批判性研究等。[③]

教师的批判性反思能力并不仅仅表现在对问题现状的理解，更为重要的是对这些不平等、不公正的问题进行解决的能力，如致力于改变导致社会不公正和不平等的教学实践和学校结构等。所以，研究者认为，在批判性反思中，反思的质量将主要取决于教师将伦理标准运用到学校教育的目标和过程中去的能力。[④]

另外，研究者还强调，作为社会改革者的教师，不但自己拥有批判反思能力，还要关注和培养学生形成批判性反思能力。学生犹如种子，拥有批判性思维习惯的学生进入社会后，他们会成为社会公正、民主等目标的追求者、改革者、制度的建设者、维护者。这是教育和教师最终推动社会公平、促进社会民主发展的根本途径。

2. 多元文化下教育教学能力

所谓多元文化教育能力是基于不同的文化差异进行有效指导的能力。教师有能力促进在多元文化下每个班级成员的发展。这是多元文化社会实现教育公平和社会公平的内在要求。

研究者认为，多元文化下教育教学能力至少体现在以下几个方面：第一，教师应有对文化的敏锐的感觉能力。如阿尔伯特认为，如果教师没有一种对文化的敏感性，就无法为所有学生创造适宜的促进他们学习与成长

---

① 陈向明:《实践性知识:教师专业发展的知识基础》，载《北京大学教育评论》2003 年第 1 期。

② Charles Ahearn,SERVEDeborah,etc，The Diversity Kit: An Introductory Resource for Social Change in Education.The Northeast and Islands Regional Educational Laboratory a program of The Education Alliance at Brown University,*Accessed November 20*,2004. http://www.alliance.brown.edu/tdl/diversitykitpdfs/.

③ Alberto J. Rodriguez and Cathy Zozakiewicz，Using Sociotransformative Constructivism (sTc) to Unearth Gender Identity Discourses in Upper Elementary Schools, *Accessed July 26*,2004.http://www.urbanedjournal.org/articles

④ 张贵新，饶从满:《反思型教师教育的模式述评》，载《东北师大学报(哲学社会科学版)》2002 年第 1 期。

的环境。[①] 第二，教师具有文化学习能力。教师要实施有效教学，还需要对每个学生的文化进行深入的了解。如美国赫尔姆斯小组（Holmes Group）在1990年指出：教师需要了解学生的文化，应成为自己学生的学生，向学生学习他们的文化，了解他们的文化隐喻以及对语言和语言学的理解，了解学生的学习方式等。教师应把这种学习及学习所得作为一种自身学习和发展的重要途径和资源。[②] 第三，在此基础上能够根据学生的文化、语言和思维方式等进行适当的教学设计，以更好地促进学生基于原有文化基础之上的有效的发展。

四、结语

这一章主要从教育促进社会改革的维度分析了教师作为社会改革者角色、职责、依据以及相应的素质要求。主要是从两条线展开梳理的，一是以前面所讨论过的以认知维度的建构主义教学观为基础，分析了这些教学观念除了有助于促进学生认知发展的意义外，同时也具有促进社会改革的意义。二是从社会批判的视角，基于批判建构主义、社会建构主义等理论，着重从促进社会公平、公正、民主等改革目标探讨了教师应承担的职责及应有的素质等。因此，本章所提出的教师职责与素质与第四章所提出的教师职责与素质都是推行建构主义教育教学改革教师所应承担和具备的。

---

① Alberto J. Rodriguez，Sociotransformative Constructivism;What is it and how can I use it in my classroom? , *Accessed July 26*,2004.http://edweb.sdsu.edu/pathways/construct.pdf.

② Charles Ahearn,SERVEDeborah,etc，The Diversity Kit: An Introductory Resource for Social Change in Education.The Northeast and Islands Regional Educational Laboratory a program of The Education Alliance at Brown University, *Accessed November 20*,2004.http://www.alliance.brown.edu/tdl/diversitykitpdfs/.

第六章

6

教师作为研究者的角色与素质

不管你是在研究什么事物、还是在思考任何观点，只问自己，事实是什么，以及这些事实所证实的真理是什么。永远不要让自己被自己所更愿意相信的，或者认为人们相信了，会对社会更加有益的东西所影响。只是单单去审视，什么才是事实。

——伯特兰·罗素

时代科技的飞速发展、社会的不断变革使教育从社会的边缘进入到社会的中心，教育成为促进社会变革与发展的决定性力量，教师历史地被赋予承担推进社会变革和发展的角色和期望，为培养学生成为具有创造力、学习能力、优秀品格的合格时代公民，教师需要改变传统的知识灌输者的角色，将促进学生主动深层次学习和思维发展作为目标，成为学生学习的促进者，成为自觉的社会改革者。然而教师要扮演好这些角色，承担好应有的职责，教师还需要扮演另外一个角色——做一个研究者。

一、教师作为研究者的含义

教师作为研究者是一个发展的概念。最早是由英国课程专家斯腾豪斯(L.Stenhouse) 在 20 世纪 80 年代提出的。他认为教师专业拓展的关键在于专业自主发展的能力。教师成为研究者是通向专业自主或课程解放的有效途径。实际上，把教师作为研究者的实践早在 20 世纪 50 年代已经开始，美国哥伦比亚学院的学者科里（Corey）将行动研究的理念引入到学校教育中，他和他的同事与公立学校的教师合作进行课程计划的行动研究。20 世纪 80 年代以来，人类开始告别以资源和机器为主的工业经济时代，而进入一个以知识和创新为基础的知识经济时代，在世界性的持续教育改革和教师专业化运动推动下，教师作为研究者的观念逐渐被人们广泛接受，成为中小学教师角色发展的新期待。我国学界从 20 世纪 90 年代后期开始关注和研究这一角色，将其作为促进教师专业化的重要策略。

关于教师作为研究者概念目前尚没有一个明确的界定，我们认为所谓教师作为研究者就是把教学和管理作为一种开放性、学术性、探究性的活动，教师以研究者的身份对待课程、教学和管理，成为课程、教学和管理计划与实施方案的研究者、设计者、实施者、评价者、反思者、改进者。与其对应的传统角色包括教师作为熟练技术工作者、课程教学知识的消费者、权威课程的使用者和官方制定的教学大纲的实施者。这些角色适合于工业经济时代的教师，这时社会发展相对缓慢，经济发展依赖投资和生产效率，所以教育的主要任务是培养熟练的技术工人，但到了社会发展不断加速经济发展以知识和创新为主的知识经济时代，这些角色已经无法满足社会和经济发展对教育和创新型人才培养的需要。

需要注意的是，这里的研究者主要是指行动研究的研究者。行动研究不同于传统的科学实证主义基础上的科学研究范式，它是“一种教育学研究范式及教学模式”，[①] 主要有三个特点：一是为行动而研究，二是在行动中研究，三是由行动者来研究。依此，教师作为研究者开展教育行动研究的特点也可以概括为相似的三个方面：一是为改善教学和管理而进行研究，二是教师开展教学和管理过程就是研究的过程，三是教师就是研究者。由此看，这里的教育行动研究与传统上以创新发现知识、寻求教育规律为主旨的教育科学研究存在本质的不同，教师作为研究者与传统的教育科学研究者也存在根本性的差异。

---

① [瑞] 胡森:《教育大百科全书：教学、教师教育（卷 8）》，西南师范大学出版社、海南大学出版社 2006 年版，第 15 页。

二、教师成为研究者的意义

（一）符合教育教学工作的本质

教育从来不是一项简单的、重复性的、封闭性的、单向度的劳动，只是在以选拔为目的、以知识掌握的精准、多少为唯一选拔标准的情况下才使教育发生异化，变为单一的知识传授，教师成为既定知识的传授者。实际上如果把教育看作是一项育人（包括人才）的活动而不是知识的简单传授，教学本身就应该是一项研究性的活动，因为要育人就需要知道育什么样的人，学生的基本情况是怎样的，如何育人等，对于这些问题没有一个普适的答案和通用而有效的方法，需要教师去研究并创造性开展工作。教师作为研究者把教育教学看作是一种复杂的、创造性劳动回归了教育的本质，有利于将异化的教育彻底转变过来。

（二）有助于提高教师的专业地位和社会地位

在一些研究者看来，导致中小学教师专业地位、社会地位不高、工资待遇较低等问题的一个重要原因是他们长期处于知识生产链条的底端，是单纯的知识消费者，从而导致教师缺乏专业自主性，具有较大的职业可替代性，就如其他的简单重复性劳动的职业。而如果将教育看作是一种复杂的劳动，教师成为研究者，成为课程开发的重要参与者，成为教育教学知识的重要生产者，就可以改变这种不利局面，实现专业自主，从而能提升教师职业的专业地位和社会地位。这一思路正是将其看作实现教师专业化发展新途径的基本依据。

（三）有助于实现教师高水平的专业发展

教师的专业发展有很多途径，可以通过专业学习、经验借鉴、实践与反思等方式来实现，但以往的经验表明，这些途径和方式很难使教师专业发展达到一个高的水平。一个高水平的教师拥有丰富的学科教学知识，他对自己的教育教学有着全面而清晰的认识，即知道为什么教，教什么，如何教和为什么这样教。他们了解教学成败的原因并能够不断改进自己的教学。教师作为研究者就是要求教师将教学作为一项复杂的研究性活动，要对教学进行精心设计，这种设计不能仅靠经验，而是要有明确的理论研究和实践经验依据，所以教学设计的过程就是一个研究、学习、整合与创新的过程，完成的教学设计就是一项即将实施的准实验实施方案。方案的实施就是开展教学，作为研究的一部分，教师需要对自己的心理活动和教学行为以及效果进行全面而详细的监控，通过一定的评价方式对教学目标的实现情况进行评估，以便全面收集信息。最后是课后的总结、反思与实验方案的改进工作，这也是下一次课堂教学研究的新的开端。从这个过程可以看出，这是一个围绕一堂课或管理问题将目标知识、学科知识、方法知识、学生知识、课程知识进行融合成学科教学知识，进而通过实践获得实践教学知识的过程，通过这一过程，教师的学习能力、研究能力、教学设计能力、教学能力、元认知能力、反思能力等都会得到提升。经过这样长期的研究性教学和管理，教师自然对自己的教育实践形成全面而清晰的认识，形成丰富的达到一定理论化水平的实践教学知识，有敏锐的问题意识和批判精神，能够不断改进和提升自己的教育教学效果和水平。

（四）有利于推进教育改革，实现素质教育

在这样一个社会经历重大转型和发展速度不断加快的时代，面对社会变革、经济发展、科技进步和人的幸福等不断提出的新要求，进行持续不断的教育改革将是一种常态，而改革能否深入有效的关键在教师。面对不断出现的新情况、新需要、新问题，教师需要以改革者的姿态通过自身研究来创造性地应对和解决，成为教育改革的推进者、发起者，从而改善我国长期以来“自上而下”的单一改革模式，使“自下而上”的教育改革成为一种常态。我国的魏书生、李吉林等都是中学教师作为研究者推进我国素质教育的杰出代表。

（五）改善教育研究者群体的结构，推进教育学科向全面和高水平发展

长期以来我国的教育研究者群体主要以高校教师为主，由于多数教师不了解基础教育的实际情况，研究常常缺乏针对性，研究成果难以有效地指导实践，而中小学教师面对这些“高大上”的成果常常读不懂，更别说用来指导实践了，多数人对于这些研究成果采取一种敬而远之的态度。而如果广大中小学教师成为真正的研究者，则可以极大地改善我国的教育研究队伍结构。高校教育理论工作者在密切关注教育实际的基础上可以继续从事教育基本理论、基本问题的研究，而中小学教师研究者从事具体的课程教学和管理等的研究，前者以揭示教育一般性规律为目标，后者以解决现实实践问题、提高实践效果为目的。前者可以为后者提供理论和观念支撑，后者为前者检验理论、提出问题。另外，二者可以在教学改革领域内开展合作研究，如华东师范大学的叶澜教授带领她的博士生们到中小学与教师们一起共同研究如何开展新基础教育改革，并在新理论的构建和改革实践两方面都取得了令人瞩目的成绩。通过研究来对待和改进自身教学的教师，经过一定时间的积累，他们对教育教学的认识水平、思维水平都将达到足够的高度，能够真正以教育专家的身份与教育理论专家们进行平等和更具建设性的交流对话，这对彼此的发展和全面提升教育学科发展水平都具有显著的意义。

（六）成为联通教育理论与实践的桥梁，实现教育理论与实践的真正融合

教育理论与实践的关系问题是教育领域的一个老问题，教育理论因“脱离实践”和“无法有效指导实践”长期为人诟病，尽管学者们对这一问题进行了大量的研究并开出了无数的药方，但我们认为最有效的途径至少有两个：一是实现视域的重合，教育理论研究者和教育实践者在一起合作共同开展研究，使二者的视点、问题域得以实现重合，进而能够使彼此的思想、观念等达到有效交流，从而可以实现理论与实践的有效结合；二

是开展以中小学教师为主的教育行动研究。如前所述，教师开展教育行动研究需要他们进行以问题或任务为中心的大量学习，需要主动学习和借鉴教育、心理、社会等领域的高水平的理论研究成果，以此来支撑自己的教学研究设计，来反思和修正自身的教育教学，在此过程中理论与教师的个体教学实践实现了融合，理论与实践的矛盾得到了部分的解决，而理论无法指导实践的问题得到基本解决。因此看是教育行动研究带来了教师的对理论学习的内在需要，又通过基于问题或任务的研究实现了理论与实践的高度融合。实际上苏联伟大的教育家苏霍姆林斯基早就为这一问题的解决树立了榜样，他的《帕夫雷什中学》就是教育理论与实践高度融合的典范，至今闪耀着智慧的光芒，给我们以无穷的启迪。作为一个中学校长，他的著作所以能够达到这样的高度，与他善于学习、注重开展教育实践研究、注意反思提升是分不开的。

（七）有助于教师的自我实现和获得职业幸福的内在要求

长期以来，不少中小学教师仅仅将从事这一职业作为满足自己生存需要的途径，是一种无奈之举，由于中小学教师的教学负担太重，工作压力大，很多教师有不同程度的职业倦怠。正如郑板桥用打油诗描写自己作为塾师所经历的那样，[①]他们看不到自己在这一职业中理想的发展方向，难以塑造其理想的职业自我形象，因而更难从中获得真正的职业幸福感。教师成为研究者既是时代教育需要承担的新角色，也为教师的自我实现提供了目标和方向，也是教师克服职业倦怠，获得职业幸福感的内在要求。我们认为教师产生职业倦怠除了教学负担太重工作压力大的原因外，还与较为被动的工作心态以及缺乏创新年复一年日复一日重复上课有关，如果教师作为研究者，将推进教学与管理改革作为自己的本职工作，把每一节课的教学和对每个学生的教育都看作是一次准实验的探索过程，就会极大地激

---

① 郑板桥曾教过多年私塾，他将自己的教学经历拟成一首打油诗："教书原来是下流，傍人门户度春秋。半饥半寒清闲客，无枷无锁自在囚。课繁子弟偏懒惰，功少东家结冤仇。从今改过神龛子，天地君亲大牯牛。"今天的中小学教师地位和待遇无疑较之郑板桥的时代有了显著的提高和改善，但其中的诸多无奈却具有着相似性。

发教师工作的积极性和创新活力，将重复性的教学与管理变为不断创新创造的教育实践，教师就能够从中获得探索发现的快乐，不断超越自我的欣喜，能够从教学与管理效果的不断提升中获得事业的成就感、满足感，这样的职业人生怎么能不幸福?

三、教师作为研究者的职责与行为期待

教师作为研究者是基于时代教育的特点和教师专业发展的需要为教师确立的新角色，相对于传统的教师角色，该角色赋予了教师许多新的职责，拥有诸多新的行为期待。

（一）教师作为研究者的职责

教师作为研究者的具体职责主要包括四个方面：一是通过主动开展行动研究推进和深化教育教学改革。如前所述，今天的时代需要教师成为社会改革与发展的积极推动者，为此需要教师以社会改革者的姿态主动把握社会发展的趋势，了解社会与人的发展的需要，以培养未来美好社会合格公民、优秀建设者和学生的人生幸福为目标，主动开展研究，探索和深化教育教学改革。二是通过开展教育行动研究不断提升自身的教育教学素养。包括教师通过教学行动研究设计形成学科教学知识，通过教学设计和方案的实施与反思形成实践性教学知识，通过对学生的观察研究形成有关学生的知识等，另外，还包括研究取向的教学设计能力、教学能力、元认知能力、反思能力等。三是通过教育行动研究不断提升自己的教育教学效果和管理效能。这意味着教师不但要完成基本的授课和管理任务，还要全面准确地把握教育实践的效果；意味着教师应将不断地研究和改进教育实践作为自己的基本职责和任务。四是发表研究成果。尽管发表成果并不是教育行动研究的主要目的，但并不意味着教师就不能发表研究成果；相反，发表研究成果应该成为教师作为研究者的必不可少的职责，因为这不

但可以使教师重新全面回顾总结反思自己的行动研究，从而对自己的教学和管理形成更为全面和深入的认识，而且能极大地促进学术和经验的交流，产出大批的不同于传统理论研究成果的实践性研究成果，如教学或管理行动研究报告、典型教学案例、管理案例等，它们不同于抽象的理论成果，直接来源于教育实践，又情理交融，是理论与实践有机融合的，因而容易为广大教师所学习、批评和借鉴。

（二）教师作为研究者的行为期待

教师作为研究者与传统的教师角色在日常教育教学行为上应有哪些本质性不同？我们认为至少应体现在以下几个方面。

1. 他们喜欢勇敢地面对挑战，不畏权威

作为研究者的教师不喜欢周而复始缺少变化的单调的工作，他们积极寻求变化，能够积极应对来自教育改革和自身实践中的各种挑战。由上而下实施的教育改革对他们来说不是威胁，而是一种机遇和对自我的挑战，但他们不会随波逐流，受上级文件或权威观念所左右，他们会认真学习上级文件，悉心学习和领会专家权威的观点，目的在于形成自己的判断，做出自己的行动决策。一旦他们认为改革具有重要的意义，他们就会以极大的热情积极地投入到改革中，通过主动的研究性学习和教育行动研究探索。

2. 他们自信、乐观

自信、乐观也许并不一定是作为研究者教师的原初的性格，但已经成为研究者的教师一定会呈现出这些特征。我们知道，由于教学工作所具有的高度复杂性，所以很多教师的教学效能感并不高，因而很难谈得上多么自信、乐观。但成为研究者的教师会将自己的教学与管理看作是一个可以通过不断的“实验研究”而逐步改进的过程，他们以研究的态度对自己将开展的教学和管理工作进行精心的设计，这种设计不是仅仅依靠自身的经验、同侪的智慧，而更多地建立在以教学任务和问题为核心的广泛理论学

习和对学生的深刻而全面的了解之上，他们清楚教学的每个步骤、环节、方法的设计依据，并对设计方案实施过程进行较为详尽的规划，对最终的实施结果有着初步的预测。这种深思熟虑的教学设计能保证教师在课堂上精彩地发挥，有效地进行课堂监控和自我监控，从而获得好的教学效果和较为全面的教学信息。再加上他们在课后对教学设计、教学过程等的系统化的反思，教师会对整堂课的教学形成更进一步或更高层次的认识。因此，如果一个教师能够始终这样对待和从事教学，他怎能没有高的教学效能感，怎么能不自信，怎么能对工作不乐观呢？

3. 他们谦虚、善于学习、与人合作

教师要成为研究者必须谦虚、好学并善于合作。他们以一种建构主义的视角来看待自己的学习与发展，他们认可和珍惜自己的独特经验和认知方式，同时他们也能够认识到他人也同样具有属于他们自己的独特认识，这使他们自信而又谦虚，所以他们总是喜欢向同侪学习，不管对方在工作成绩上是否优于自己。他们向学生学习，平等地与他们交往，注意了解和研究每个学生的个性、认知方式、思维特点、道德发展水平等。他们注重教育理论知识的学习，他们学习的方式不是死记硬背，而是深度地理解，学习的目的不是发表学术论文，而是把它们作为框架以此来理解教育教学，用来支撑自己的教学设计和作为反思的依据。另外，他们善于合作，并将合作作为向他人学习、提升自身教学发展水平的重要途径。

4. 他们是自我实现的人

成为研究者的教师可能因自己的研究性教学和出色的成绩获得很高的名声、丰厚的物质奖励，但这不是他们追求的目标。他们是自我实现的人，他们不会被名声、利益左右，他们对自己作为教师有着很高的期待，他们总是以教育家的情怀和研究者的态度与方式对待教育教学，总是用一种批判的眼光、审慎的态度看待自己的教学和管理工作，他们希望自己成为一个拥有高度教学效能感的教师，他们希望能够通过自己的帮助为学生成就一个美好的未来打下良好的基础，他们希望自己从教学中获得快乐，找到人生的意义等。他们不会怨天尤人，不会与他人做无谓的攀比，他们所要超越的对手永远是他们自己。

5. 他们喜欢研究、善于反思

喜欢研究与善于反思是教师成为学习者的最显著的行为特征。他们总是以研究的态度对待自己的学习和工作，他们在学习过程中常常思考和问自己的问题是：什么意思？为什么？有什么依据？依据正确吗、可靠吗？对这一问题还有怎样的观点？不同观点之间存在怎样的本质区别？等等。在工作上他们常常思考的问题是：任务是什么或者问题是什么？任务的目标有哪些或问题的症结是什么、问题形成的原因有哪些？完成这一任务或解决问题的途径和方法有哪些？可能的结果会是什么？有哪些可行的方案？方案该如何制订？等等。他们善于反思，他们有写日记的习惯，不管工作再累，他们总是抽出时间对当天的工作、生活和思想做一回顾和梳理，并将一些有意义的教学和生活事件记下来并加以反思，将一些新感受、思想火花、思维困惑等记下来以便以后深入地思考等。

四、教师成为研究者的素质要求

教师成为研究者主要是指教师成为教育行动研究者，依据行动研究的特点，每个教师都可以也应当成为研究者，但教师要想成为一名真正的研究者，除了拥有一个合格教师的全面素质外，培养和形成以下素质还是需要的。

1. 形成作为研究者的意识，拥有敢于尝试和打破常规的勇气

教师作为研究者的理念已经提出很长一段时间了，到底有多少中小学教师真正成为了研究者？就我们国家的情况看这一数据并不乐观，尽管其中的问题很复杂，影响因素很多，但其中最关键的一个问题是教师是否有作为研究者的意识，是否有强烈的内在动机。如果教师自己连起码的意识都没有，也缺乏内在动机，自然就难以成为研究者。实际上，据我们了解，并非教师们不了解这一理念，他们也了解这样做可能带来的益处，但多数教师们已经习惯了原有的教育教学模式、管理模式，他们并不愿意主动去尝试那些他们并不熟悉的东西，如果采用这一新的模式他们会感觉没有把握，需要付出额外的努力，会产生一定的心理恐慌，且结果未卜。所以在已经较重的工作压力下，许多教师会选择自动地放弃尝试。因此，教师除了有成为研究者的意识外，还需要拥有敢于尝试和打破常规的勇气。这需要教育管理部门和学校为教师们营造一个提倡创新、鼓励创新、安全的教学环境等。

2. 有良好的教育理论与研究方法素养

尽管教育行动研究强调为改善行动而研究和在行动中研究，但这并不意味着不需要理论和一定的研究方法为指导。教师要成为一个真正的研究者需要拥有良好的教育理论素养，掌握一定的教育科学研究的方法。因为任何的教育实践都有一定的理论或观念为支撑，不可能有脱离理论的实践。[①]教育理论之所以在实践中不受重视实际上是源于一种教育的事实和误解。[②]没有教育理论支撑，仅凭教师的个人或群体经验，教师就无法进行有充分研究依据的科学教学设计，无法形成理论知识与学科知识高度融合的学科教学知识，就难以进行深入而全面的反思，并将学科教学知识转变为高层次的实践教学知识。[③]另外，教育行动研究实际上类似于教育实验研究，

---

① 叶澜:《思维在断裂处穿行》，载《中国教育学刊》，2001 年第 4 期。

② 教育理论之所以在教育实践中被重视不够主要源于这样一种事实和误解，因为教师们在大学教育阶段所接触和学习到的教育理论是非常有限的，且多数人在学习时都抱着一种敷衍的态度，但这一切似乎并不影响他们成为一个合格的甚至优秀的教师，所以这给人一种错觉，似乎教育理论是可学可不学的，可知可不知的。但他们似乎忘了，他们之所以知道如何教学和做一个教师，是因为他们都有着丰富的个体自我成长和学习经验，他们长期观摩了数以百计的教师的教学。这一经历基本可以保证他们能够做的与他们原来的教师一样好，但由于缺乏良好的教育理论素养，他们很难超越他们的老师成为一个真正卓越的教师。

③ 学科教学知识是美国学者舒尔曼最先提出的教师教学知识中的一类知识，被认为是教师知识中最重要的一种知识。而实践教学知识被研究者认为是教师知识的实然形态和理想形态。我们认为教师作为研究者在开展教学行动研究过程中，研究形成的教学设计是学科教学知识的现实形态，而对教学行动研究后的对整个研究的反思与整体把握是实践教学知识的现实形态。

因此需要教师掌握一定的实验研究、数据资料分析的方法等。

3. 有合作意识和良好的沟通能力

教师成为研究者一个可行的有效的途径是与专家和同侪合作，成为合作的教育行动研究者。一种方法是与高校的教育专业合作开展教育行动研究，由于教育专家们拥有丰富的教育研究的经验和深厚的教育理论素养，在知识结构方面与中小学教师具有很强的互补性，可以为中小学教师提供理论和方法论的指导，引领中小学教师实现快速成长。如上海的一些中小学教师参与到叶澜先生的新基础教育课程改革的项目中使自己的研究能力得到快速提升，教师专业发展水平达到新的高度。另一种方法也是最常用的方法是与同侪之间进行合作，组成能够长期合作的研究团队。这种合作有一种优势就是团队成员遇到的教育问题可能是相似的，容易产生合作的动机；另外，也方便联系和沟通，便于获得学校的支持等。但是由于高校与中小学之间的联系仍然不够紧密，同事之间也会有一定的利益冲突，因而要实现有效的合作，需要教师研究者主动与高校专家和同事进行沟通交流，相信只要有足够的诚意就会获得大家的支持。

第七章

国外建构主义教师培养模式研究

7

如果我们想让未来的学生们在将来的教学中运用建构主义方式开展教学，那么在我们的教师教育教学中，就不能仅仅提供给他们一系列要运用的教学方法，而应该让这些未来教师们沉浸在一种质疑、假设、探究、想象和辩论的环境之中。

——福斯特（Fosnot，1989 年）

从前面几章我们了解到，建构主义指导下的教学改革，对教师的角色、职责和素质提出了许多新的要求。针对这些新变化、新要求，教师教育需要进行怎样的改革来应对？基于这一问题，本章将对国外处于同一时期与基础教育变革存在密切联系的建构主义教师教育改革做一梳理，以期为我国教师教育的改革提供有益的借鉴。本章主要以教师职前教育阶段培养方案为研究对象。

一、建构主义指导下的教师教育概述

建构主义指导下的教师教育改革的一个基本假设是，建构主义认识论、学习论等的观念和主张不仅适应于儿童的认识和学习，同样也适应于成人。教师的专业发展本质上也是一个教师学习者基于自身已有经验和知识持续建构的过程。因而许多研究者认为，建构主义为教师的专业发展提供了更为合理的理论框架，为教师教育的改革提供了适当的方法论依据。在展开具体问题讨论之前，我们先考察一下有关建构主义教师教育改革的背景。

（一）建构主义指导下的教师教育改革背景

以建构主义为指导的教师教育改革，意味着教师教育基本范式的转变。正如托马斯·库恩在《科学革命的结构》中所指出的，一种新的科学范式的出现往往是由于前范式日益陷入危机导致的。教师教育中建构主义范式的提出也是如此。20 世纪 80 年代以来，建立在客观实证主义知识观和行为主义学习论基础上的传统的教师教育日益陷入困境，主要原因可以概括为两个方面。

第一，是教师教育和教师专业化在理论和实践上所遇到的瓶颈。其中主要的理论问题是对“统一科学教学知识基础”探求努力的失败。自 20 世纪 80 年代起，西方发起的教师专业化运动中，为提高教师职业地位，把教师转变为真正的专业性职业，教师教育者们依照其他成熟专业发展的经验，为给教师教育打造一个稳固统一的知识基础进行了长期不懈的努力。但这些努力并没能取得如期的结果，没能如人们所希望的那样，发现如其他成熟专业所具有的统一的、普适的科学的知识基础。这种状况也引起了人们对现有教师专业发展模式以及教师知识基础特性等的质疑与反思。反思的结果使教师教学知识的研究，从追求普适性转为研究个体性知识，从教学所具有的科学性的一端倾向到重视艺术性的另一端。教学所具有的个性化的特征受到越来越多的关注。由此教师教学知识所具有的综合性、情境性、个体性和实践性等的特征开始被人们所认识、认可，并日益受到重视。人们开始普遍地认识到，对于教学实践，就如人本主义心理学家库姆斯曾指出的那样，好教师的教学决不是千篇一律地遵循着什么既定规则的，他们都有各自的“个性”，并在教学中体现出来；好教师在教学中会注重“具体的”“特定的”情境，不可能以“既定的方法”去行动，教师应当是“艺术家”。在教学中，“专家”或“熟练者”的能力无法“直接”地传授给他人，也就是说，在教学领域中，“方法”不是“公共的”；对这个教师算是“好的”、有效的方法，对那个教师而言未必也就是好的。[①] 大量的关于教师行为研究等的结论表明，教师教学知识主要是在教学实践过程中，通过教师自身的实践和对实践的反思等获得。这些研究动摇了传

① 转引自施良方、崔允漷:《教学理论:课堂教学的原理、策略与研究》，华东师范大学出版社 1999 年版，第 429 页。

统的科学主义和行为主义教学范式的知识论和教师实践论的基础，从而使传统的教师教育至少在理论上逐渐失去了合理性。另外，传统教师教育实践的效果不理想。传统教师教育以科学主义知识观和行为主义学习论为基础，在教师教育过程中重视教师学习者对教育科学理论知识的掌握，但多数的学习者在成为教师后发现，自己在学校“掌握”的教育理论知识难以在教学中运用，而最为致命的是，大量的案例显示，那些在大学阶段接受过教师教育的教师，并没有显示出比那些没有类似经历的教师拥有更好的教学效果。尽管如此，这种教师培养模式在一个相当长的时期内并没有陷入真正的危机，主要原因是它与中小学以知识传授为主要目的的教学实践模式具有同构性。

第二，来自中小学基础教育改革的挑战。尤其是，由于建构主义教育改革在中小学的兴起，传统的教师教育模式严重脱离中小学教育教学改革的实际，所培养的教师素质无法满足中小学教育改革的需要。因而教师教育存在的必要性和现实合理性也开始受到质疑。

面对这种来自理论与实践的双重挑战，教师教育者和教育理论工作者认识到，教师教育要解决危机，需要加强理论与实践的关系，在一定的合适的理论框架下，基于中小学教育教学的实际和发展需求，需要对学与教、教师和儿童、教师教育等的核心概念和基本的理论问题进行重新认识，进行必要的解构和重构。而在这种重构的过程中，建构主义因强调知识与认知过程的统一，重视知识的情境性、个体性等，无疑与人们对教师知识特性的认识是相吻合的，因而自然成为一种适当的理论范式，建构主义的有关认识论、学习观和教学论主张，也确实为解决传统的教师教育危机，迎接时代对教师教育提出的挑战提供了许多有益的启示。

（二）建构主义对于教师教育改革的意义

建构主义的时代勃兴受到越来越多的教师教育者的青睐，并使他们看到了彻底而有效改革现有教师教育的希望，增强了改革的信心。认为建构主义“是一种对 P-12 和教师教育的教学来说是更加自然的、适切的、有效的理论框架”。[①]“建构主义的学习观点为人们重新思考教师教育提供了一个有力的视角”。建构主义理论的多个维度为重构教师教育提供了途径和方法。建构主义教师教育方案比传统的教师教育方案可能对教师学习者们产生更大、更显著的影响。[②]

那么在研究者们看来，建构主义作为教师教育的新理论和方法论基础，其重要意义或潜在价值到底是什么？概括有关的研究，其中的意义至少有以下几个方面。

第一，建构主义为重塑教师专业形象，实现教师真正的专业发展，提供了必要的认识论和知识论基础。建构主义对知识特性和意义的重新诠释，在一定程度上消解了传统意义上的知识价值的等级差别，使教师的个体性知识、实践性知识获得了应有的地位，从而为教师成为“自主”的教学知识“创造者”，成为具有自主性的教学专业实践者奠定了重要的理论基础。陈向明认为，如果我们认可教师具有自己独特的实践性知识，那么教师与知识之间的关系应发生实质性的变化。教师不再只是知识生产线终端的被动消费者，他们也是知识的生产者，每时每刻都在生产着自己的实践性知识。“知识”不再只是“高深知识”，在知识价值体系中也不只是“高深知识”才有价值。教师的工作不应被认为是技术性劳动，而且也具有批判和创造的价值。教师一旦获得了生产知识的权利和能力，就会成为自己世界的批评家和创造者，而不是这个世界的被告或牺牲品。[③]教师作为教学的研究者、创造者新专业形象的确立为教师专业发展提供了正确的方向。

第二，为解决教育理论与实践的长期分离，实现教育理论研究者与教学实践者的密切结合提供了理论支持。研究者们认为，传统的中小学教师

① Abdal-Haqq, Ismat. Constructivism in Teacher Education: Considerations for Those Who Would Link Practice to Theory,Accessed December 12,2004.http://www.ericfacility.net/ericdigests/ed426986.html.

② Rainer Dangel, J., & Guyton, E., An emerging picture of constructivist teacher education. *The Constructivist, 15*(1), 2004,pp.1-35.

③ 陈向明:《实践性知识：教师专业发展的知识基础》，载《北京大学教育评论》2003 年第 1 期。

与研究者之间的关系，实际上反映了两者之间知识权利的不平等。[①] 这种权利的不平等，一方面，使教师和研究者之间处于一定的近乎敌对状态，造成彼此的不信任，因而也使他们之间缺乏必要的交流和沟通，理论和实践分离的状况也就难以从根本上得到改善。另一方面，建构主义认识论和知识观的提出，在相当程度上消解了传统的话语霸权和不平等关系的基础，使研究者和教师实现平等的对话，进行密切的合作成为可能，为理论与实践的结合扫清了观念性的障碍，同时也为增大中小学教师教学实践的自主性提供了理论支撑。

第三，为实现职前培养与未来教学实践的统一提供了重要的教学论依据。长期以来，教师教育在理念和教育方式上与中小学教学实践脱节，是西方学者批判教师教育的一个主要问题之一。建构主义教师教育改革者们认为，现在的教师培训和师范生的教育，还在固守着一种“传授范式”的培养模式，这将导致培养出来的教师无法适应建构主义的教学模式，师范生们会习以为常地把教学就是知识的传递，学习就是记忆和控制理解为总的标准。所以，如果未来教师们将要从事的是建构主义的教学，今天的教师教育的教学必须与他们未来的教学具有同构性，也必须是以建构主义为指导的。哈德菲尔德（Hatfield）认为：“教师教育本质上就必须是建构主义的，就如同作为未来教师所经历的那样。”[②] 建构主义教师教育对新教师产生的最有力的影响应该是促使他们形成自己对教师的感知和推理，以及对他们自己作为学习者时经验的回忆。建构主义把教师今天的学习与未来实践相统一的思想，至少为建构主义指导下中小学教学改革背景下的教师教育，提供了一种明确的教学改革思路。

第四，为教师教育教学实践提供了丰富的方法论依据。建构主义提出的许多教学或学习模式，如情境教学、探究式教学、计算机和因特网基础上的超文本环境下的学习和教学、学习共同体基础上的研讨式学习等，这

① 唐松林、荀渊：《从目标到规律到模式：教师教育研究中的几个基本理论问题》，载《高等师范教育研究》2003 年第 2 期。

② 张桂春：《激进建构主义研究》，华东师范大学博士论文，2002 年，第 70 页。

些方法建立在个体自身经验基础上，以促进学习者主动建构为目标，从而能够较好地实现知识与认知过程、知识与情境等的有机的统一。

第五，为教师个体的终身专业化发展提供了合适的学习论基础。建构主义范式强调教师学习者经验基础上发展的连续性，重视自主学习能力和合作学习能力的培养等，可以为教师个体或团体的专业发展奠定良好的、持久的基础。

二、建构主义教师教育方案的教师职前培养目标

通过对有关建构主义指导下的教师教育方案等的分析，教师职前培养的任务可以归结为两个：一是培养学生成为学科内容专家；二是通过教育理论等的学习和一定的教育实践，初步实现教师的教学专业化。围绕这两项基本任务，教师教育方案的制订者们基于对建构主义教学与教师作用的理解，提出许多具体的教师角色与素质发展目标。如认为教师教育应该把学习者培养成为问题的解决者、终身学习者、意义的主体、合作者和民主进程的实践者等。[①] 概括有关的方案与研究，我们主要按照学科内容专家、学习促进者、反思型实践者、民主促进者四种角色相应素质发展目标做一归纳。

（一）学科内容专家的职前素质发展目标

1. 掌握学科内容知识与探究的方法，形成相应的科学的态度

第一，熟练掌握一定的学科知识是所有教师教育方案中教师素质发展的共同目标。但不同方案的要求存在一定的差别，一些方案和研究者强调未来的教师应形成一个精深的学科知识基础；而有的方案从学科综合的视角重视师范生应掌握较为广博的知识，除在知识深度上要达到一定水平

① Naylor,Michele.Vocational Teacher Education Reform. *Accessed July 20*,2004.http://www.ericfacility.net/databases/ERIC_Digests/ed407572.html.

外，更强调知识的综合化，要求掌握两门以上的学科专业知识，要求未来教师在将来能够教授两门以上学科。除以上要求外，不少方案特别强调应让师范生理解他们所未来要教授学科的核心概念和学科的结构。第二，多数方案从教师引领学生科学探究、发展学生思维能力等的职责出发，要求师范生必须掌握一定的科学探究的方法，了解有关思维发展的知识，拥有发展高水平思维能力。第三，多数方案从教师促进学生的知识建构和提高知识迁移能力的未来教学任务出发，强调师范生应将学科专业知识的学习与现实的社会生活或实践相联系，如一个中学物理教师的培养方案强调作为一个未来物理教师，应该理解主要的科学概念和假设、探究的程序，并且能把物理的和生活的科学与技术和社会相联系。

2. 实现内容知识与教学知识的有机的融合

实现内容知识与教学知识两者的融合，并形成“学科教学法知识”，是教师教育的一个共同的目标。所谓学科教学法知识是将学科知识与一般教学法知识融合形成的，譬如如果教育学中的先行组织者的知识与物理学中电流的教学结合起来，教师需要先为电流教学寻找一个适当的便于学生理解和建构的先行组织者，如人们常常选择以水流为电流教学的先行组织者，因为形成水流的机制与形成电流的机制具有较大的相似性，又是学生们都熟悉的。实际上这种学科教学法知识对于我们并不陌生，在我国的师范教育课程中开设的学科教学法就是有关学科教学知识的。

3. 能够对知识进行多种解释和以多种方式呈现知识

多数方案从建构主义学习论的观点出发，要求教师学习者对知识及其意义进行个体建构和深度的理解，能够用自己的语言将知识表述出来。考虑教师学习者在未来教学实践中需要面对不同知识发展水平和思维特点的学生，为能够有效地促进学生个体知识建构和思维发展，要求教师学习者对学习的概念和知识能够进行多样化的解释并能够以多种方式呈现这些内容等。

（二）“学习促进者”职前素质发展目标

1. 理解并知道如何促进学生的学习和发展

教师学习者理解学生是如何学习和发展的，能够运用基于自身对个体或群体行为动机的理解，创造学习环境，提供学习的机会，促进主动的社会交往，积极地投入学习和激发自我内在动机，以支持他们智力的、社会的和人格的发展。另外，教师学习者应该拥有对学生思维过程的实际分析能力，能够解释学生是如何学习与发展的。

2. 教师学习者能够理解学生差别，公平对待每个学生

教师学习者对多元智力理论和不同能力的发展有着深入的理解，了解并接受学生的差异，形成对个体建构过程的认识，承认和接受学生的特殊知识建构，并对这种个体特殊的建构持一种宽容的态度，接受学生学习进步的不确定性。教师学习者应形成倾听的意识和习惯，拥有提出问题的能力。能够理解学生学习方式方法的差异，并且知道如何根据这些差别选择相应的指导方式。相信每一个学生能够通过适当的方法取得学习的进步，尊重和公平地对待每一个学生，不论学生的智力、性别、种族或学习能力等的差异。

3. 理解教与学的关系，促进同伴合作和小组学习

教师学习者需要理解关于学习的学习，以及如何把学习作为过程。理解教学交往的作用，形成教学民主的意识，并且运用有效的语言知识和非语言的技术，在课堂教学中促进积极地探究、合作和相互支持。理解个体和小组的动机和行为，并能够创造适当的学习环境鼓励同伴交往、主动地学习参与和自我激励。了解并能够根据一定的目标，创造有效的、良好组织的、能反映对学生高成就期望的学习环境。教师学习者应习惯和接受在一个开放环境中作为学习陪伴者的角色。

4. 掌握课程知识、学生知识

了解课程确立的标准和依据，理解课程和教学的相互作用，能够根据

建构主义学习和教学的原则，基于学科知识，获得的技术和课程以及课程目标来计划、组织、调整和实施课程教学。了解学生知识的意义和内涵，建构一个尽可能实用的学生知识模型，以此作为课程设计和教学活动实施的基础。

5. 熟悉和掌握基本的教学工具和资源的运用

掌握基于计算机和网络学习与教学的方法和相关能力；了解如何获得和利用教学和学习资源；理解科学文献的意义；利用一系列的教学策略鼓励学生进行批判性思维，促进学生解决问题能力和操作技能等的发展。

6. 理解教育评价的基本的模式、理论基础和前提性假设

理解和掌握基于建构主义知识、道德和人格发展基础上的评价观念、相应的标准和原则；能够利用不同的评价方式对学生的学习、道德发展等进行评价，并利用这些结果促进学生的学习，保证学生持续、全面的发展。

（三）反思型实践者等的素质发展目标

所有的建构主义教师教育方案，都把“反思型实践者”及教师的反思能力作为培养的基本目标。[①]

1. 反思能力

教师学习者基于专业标准、信息反馈、优秀实践和有效沟通等反思和改进教学实践。理解反思性实践的意义，形成反思习惯，并且不断地评估他们选择和行为对他人（学生、家长和学习共同体中的其他专业人员）的影响，从而促进自身的专业成长。

2. 沟通与合作能力

教师学习者理解与同事、管理者、学生、家长建设合作的和相互尊

---

① Rainer Dangel, J., & Guyton, E., An emerging picture of constructivist teacher education. *The Constructivist, 15*(1), 2004,pp.1-35.

重的关系的重要性，并在教育教学过程中初步形成合作和沟通的习惯和能力。

3. 职业道德素养

教师学习者了解教师职业的基本的道德规范，了解这些规范对于学生的智力、人格和社会发展以及对于教师自身专业成长等的意义，并在学习和初步的教学实践中实践和体验这些规范，初步实现教师的道德角色的专业化。

4. 终身学习能力

形成终身学习的态度和能力。教师学习者理解终身学习意义，形成终身学习的观念和习惯，成为学习共同体的一员。把师范生培养成为“自我规约”（self-regulated）或定向的学习者。

（四）社会民主促进者等的素质发展目标

1. 形成民主的观念和态度

要求教师学习者应能够理解“相信所有人的学习的能力”信念中所包含的价值、信仰和伦理意义，并且有热情去实现它。能够换位思考、理解和支持他人，包括那些在文化、社会经济状况、种族等方面与自己不同的人。理解民主的义务需要积极地参与，形成与他人合作的愿望。

2. 拥有批判反思能力

理解社会权利、话语和不同的社会文化对知识、学校和课堂教学的影响。教师学习者能够运用社会、文化、社区和家庭对学生学习产生影响的相关知识，来创造体现多元文化的、丰富的、多维的课程。教师教育者应致力于学生批判性思维和习惯的培养。

最后还需要强调指出的是，除了以上角色和素质发展目标以外，还有一个全面性的、关键的教育目标是：实现教师学习者观念的转变。如丹格尔（Dangel）等发现，“实现教师观念的转变是每个教师教育方案明显的共同的目标”。[①] 多数的研究者和教师教育方案主张，应重在促进师范生关于学生、学习和教学的信念、观念的转变。

总的来看，这些方案目标的确立有三个重要的依据，第一是以中小学建构主义教学实践为服务定向的；第二是从教师职业终身发展的理念来确立教师职前培养的任务；第三是基于建构主义自主建构和合作学习为基础的学习发展观。从具体的内容看，基本的素质发展要求与我们前面探讨的教师素质内涵是一致的，但体现了明确的阶段性。

另外，与我们所熟悉的传统的教师教育目标相比较，具有以下不同的特点。

第一，强调观念的转变。强调以建构主义为指导以学习者原有经验为基础的学习观念、教学观的转变。这里之所以强调观念的转变是因为如果观念没有改变，教师学习者在未来的教学中仍然会以原有的观念为指导。另外，从建构主义学习论的视角看，如果学习者的观念没有转变意味着他们没有将新观念与原有观念建立实质性的联系，没有冲突或融合，因而表示学习没有真正地发生。

第二，重视教师学习者对知识的理解，强调能够准确地对知识进行多种解释，能够以多种方式呈现知识内容。这与传统上强调准确的记忆和严格的回忆、重现的目标要求是不同的。

第三，强调知识掌握的综合化和整体性的要求，重视对认知过程或程序性知识的了解、把握等。这与行为主义基础上的强调知识的分割、细化，强调“结果”等显然是不同的。

第四，从促进建构主义课堂教学的角度规定了教师所需要的知识、能力和态度。如了解学生、尊重、接受差异、不确定性、公平、民主等。

第五，强调作为反思性实践者和专业合作者所需要的能力和道德素质的培养。独立的实践能力、反思能力、实践能力、交流合作能力、了解道德规范等。

---

① Rainer Dangel, J., & Guyton, E., An emerging picture of constructivist teacher education. *The Constructivist, 15*(1), 2004,pp.1-35.

第六，把教师应作为终身学习者所需要的自主学习和发展能力，作为学习者发展的基本目标等。

三、建构主义教师培养的途径与方法

建构主义指导下的教师教育，其基本的途径主要有三个，其中课堂教学和教学实践仍然是两条主要的途径，另外一个是行动研究。其主要的革新之处在于教育教学的基本理念、内容与教学过程的组织形式和教育教学方法上。在各种教育方案的设计中，运用最多的建构主义的理论框架是皮亚杰的认识论和维果茨基的社会文化方法，以及批判建构主义的有关理论和主张。[①]这些理论的基本观点和主张，我们在第二章中已经做过详细介绍。

（一）基于建构主义的教育教学

1. 建构主义教师教育教学的基本主张

（1）教师教育的教学本身应该是建构主义的

汤姆（Alan R.Tom）和佛斯特（Fosnot）等认为，对于一个将要从事建构主义教育教学的教师来说，如果自身没有经历建构主义教学环境和学习方式的熏陶，他也就难以真正地了解建构主义理论和教学的实质，把握其精髓，从而有效地实施以学生为中心的和学生自主发展的教学和指导。所以，如果想让未来的教师们在将来的教学中按照建构主义方式教学，教师教育应该为他们提供相应的教学模式作为榜样。[②]因而，在我们的教师教育的教学中，就不能仅仅提供给他们一系列要运用的教学方法，而应该让这些未来教师们真正沉浸在一种质疑、假设和探究、想象和辩论的环境之中。同理，如果想要学生成为未来的自觉的社会革新者，他们也应该在自

① Rainer Dangel, J., & Guyton, E., An emerging picture of constructivist teacher education. *The Constructivist, 15*(1), 2004,pp.1-35.

② Alan R.Tom,*REDISIGNING TEACHER EDUCATION*, NewYork ,State University of NewYork Press,1987,p.103.

己的教师教育的学习中，对人种、社会阶级及少数民族和性别等的意义进行探究。

教师教育者应引导教师学习者在学习教学的过程中，体验知识建构的过程，并鼓励教师学习者考虑把建构主义学习方法运用到教育以外的其他学科，如科学、幼儿教育、数学或领导等学科的学习中。①

总之，研究者们反对采取传统的以课堂讲授为主的教学方法来“教”学生如何进行建构主义教学。他们认为:“通过进行大量的直接的理论和实践的教学，而缺少为学生提供探究、发现和自我检查的机会，很容易变为过度方式的教学，这样的教学本质上是与建构主义的主张和原则相背离的。”②

（2）以学习者原有教育经验的认识与改造为培养的切入点

研究者认为，大量研究证明人的许多行为受到早期经验的影响，个体早期经验容易产生“首因效应”，甚至在与新的信息发生矛盾时，也不容易改变。③对于教师学习者来说也是如此。由于多数的教师学习者长期以来处在一种以知识的传授和记忆为主的学习环境中，观摩了大量传授型教师的教学案例，因而在不知不觉中，形成了“学习即寻找正确答案”和“教学即知识传授”等的观念或信念。④这些观念显然与建构主义理论是不一致的，是相对立的。而根据建构主义学习理论，这些信仰在学生成为教师的专业发展中发挥着重要的影响，因而要建立新的观念，必须先了解和改变这些观念，这也是促进教师发展的基本前提和有效途径，是实现个体专业发展的“无缝衔接”的必然要求。

据此，教师教育要实现有效教学，首先必须让学习者认识到这些经

---

① Rainer Dangel, J., & Guyton, E., An emerging picture of constructivist teacher education. *The Constructivist, 15*(1), 2004,pp.1-35.

② Oldfather,P.Bonds,S.& Bray,T.,Drawing the circle: Collaborative mind mapping as a process for developing a constructivist teacher education program. *TEACHER EDUCATION QUARTERLY 21(3)*,1994,pp.5-13.

③ Jones.M.G.,Brader-Araje.L.,The Impact of Constructivism on Education: Language,Discourse,and Meaning, *American Communication Journal 5(3)*,2002,pp.1-10.

④ Tom Russell,Radical Program Change in Preservice Teacher Education:What and How We Learn From Personal and Institutional Experience, *Accessed April 10*,2004. http://educ.queensu.ca/~russellt.

验，并改变学生的经验中的错误认识，并在此基础上形成新的观念。在基本的方式方法上，许多研究者和培养方案强调教学中采用“自传”的方法。派纳（W.F.Pinar）认为，“自传”的方法可以拓展教师学习者认识到观念形成的依据，拓展新的建构的连接点。如他认为，通过恢复并认识在过去经历的生活情境中被遮蔽掩盖的大量的丰富的感觉，重新体验呈现在多维度与无序之中的过去的时刻，从而重新找回一个丰满的具有多样性经验的自我。而这种新的自我对于学习发展的意义是巨大的。他认为这时的经验主体的“记忆的边缘被扩展了，经验之水与空气渗透进来，致使记忆之池更大、更深、更完全”。他提出了通过“自传法”实现个体教育经验的认识与超越的三个步骤:“第一，通过心灵的自由联想的形式，使个人的教育经验转化为语言；第二，用其批判官能理解在其教育生活中起作用的原则和模式；第三，分析其他人的经验以揭示传记界限的、我所称谓的‘基本教育结构或过程’的内容”。[①] 教学中“自传法”常常是与基于自传的讨论等相结合。

另外，也有研究者提出通过谈话法，教师教育者通过提供一些让师范生感到进退两难的问题，对学生的原有认识或经验提出挑战，并通过教师和同学的帮助、自身的主动探究来实现个体认知转变。

（3）将以共同体“合作学习”作为学与教的重要形式

为促进教师学习者合作意识和能力发展，获得共同体学习的经验，促进以语言、对话等为基础的知识的学习，多数教育方案强调学习共同体的建设，把基于共同体形式的合作学习，作为教师素质发展的重要方式和途径。

所谓学习共同体是指以合作小组为形式的课堂教学环境和组织方式。教师教育者通过适当的课堂环境创设，使学生与教师、学生与同伴在共同参与的活动中展开充分的思考。研究者强调，这种课堂教学的文化应是一种宽松的、民主的、促进个体主动社会合作发展的文化。它支持学生的冒险和探究，因而，学生能够在学科内及学科间建立联系，并运用知识和技

① 张华:《经验课程论》，上海教育出版社 2001 年版，第 132 ~ 136 页。

能从一个学科或情境到另一个学科或情境中。[①]

学习共同体的活动一般由六个部分组成：教学是基于真实性任务；学生的发展是建立在小组活动中相互依赖的基础上；学生—学生、教师—学生争论与协商各自的理解；教师与学生公开地与班级所有共同体分享见解；学生与课外专家合作；共同承担学与教的责任。[②]

但研究者指出，这种共同体为形式的课堂教学，具有理论上的合理性，要取得应有的效果，也并非轻而易举，如果组织不当，可能方便一些学生逃避学习而“免费搭车”[③]，出现成为少数学生主讲的“微缩课堂”等情况。[④]因此，强调教师应发挥好组织者的作用。教师应把学习者进行适当的分组，设立明确的合作学习的目标，进行必要的监控和介入，向学生展示有关的合作技能，提供需要彼此合作完成的学习任务，促进合作小组组内的学术争论，另外，还要把合作学习活动、竞争性学习活动、个人化学习活动结合于一体等。

（4）把“反省”作为教学的重要目标和手段

美国学者波斯纳曾指出:“教师的成长＝经验十反思。”[⑤]“反思”亦称为“反省”，在建构主义教师教育方案中受到普遍高度的重视。对于建构主义教师教育来说，反思既是目标，也是方法。在绝大多数的教育方案中，反思具有两个基本的作用，一是被作为连接或凝聚教育方案中其他组成部分或任务的黏合剂；二是被看作学习者新旧知识联系的催化剂，如当人们在主动地同化新的、与原有信念和经验不一致的内容时就需要反省。研究者认为，这些内容相关但不同阶段的反思，对于促进学习者在实践基础上的

① Education Unit,Bagwell College of Education,Kennesaw State University ,Collaborative Development of Expertise in Teaching and Learning,*Accessed May 5*,2004. http:// www.kennesaw.edu/col_hhs/hps/general/TED/BCOE-CF.

② 裴新宁:《“学习者共同体”的教学设计与研究—建构主义教学观在综合理科教学中的实践之一》，载《全球教育展望》2001 年第 3 期。

③“免费搭车”的意思指一些同学不积极参与，任务由其他同学替自己完成。如教师布置了小组学习的任务，可能只是部分同学在参与，而一些同学在“偷懒”，而报告最终是以小组的名义交上去的。

④ 李红美:《论合作学习中教师的角色转变》，载《继续教育研究》2004 年第 4 期。

⑤ 关卫东、骆伯巍:《教师的反思能力结构及其培养研究》，载《教育评论》2001 年第 1 期。

理论与实践的整合，促进学生作为反思实践者知识和技能的增长等是必要的和必需的，反省活动被认为是一个教师专业学习和成长的关键的部分。

为促进教师学习者反思能力的提高和习惯的养成，多数的方案和研究者都强调，在整个教育教学和实践过程中，都应为教师学习者的反思活动安排时间。但一些研究者强调，“仅仅提供要求和反思机会并不能保证深入的反思”。[①] 还需要为对如何进行持续性的反思进行模式化，对教师学习者的反省过程进行训练，提供一系列的反思模式，并对教师学习者的反省效果进行及时的反馈。另外，一些研究者认为，长期坚持写日志可以使学生逐渐养成一种反思的习惯。因此主张应通过让教师学习者撰写学习自传和日志，写案例分析，特别是对自己实践的案例分析等来发展他们的反思能力，形成反思习惯。[②]

另外，在技术和手段上，有人主张运用超媒体环境的案例教学来促进反省。主张通过计算机、多媒体和因特网技术把教师教学的有关影像、文字和声音融合在一起。从而可以使教师学习者对自己的教学实践录像，或其他更富经验的教师实践录像，进行精细化的分析和反思，从而使他们能够全面清晰地了解行为背后的思维意图。[③]

（5）重视真实、综合和学习者参与的评价

所谓的真实评价（Authentic Assessment），是指评价是在真实的情境中进行的，因而是过程性的和诊断性的，目的在于把评价作为促进教师学习者专业发展的重要的手段。所谓综合性评价，强调的是基于多种方式和途径的评价，区别于传统的以书面考试等的单一的考试方式。如斯奈德等在向美国教师教育院校协会（AACTE）提交的高质量教师教育设计方案研究报告中指出，优秀教师教育方案的特征之一是：“评价是综合的并与教学相

① Rainer Dangel, J., & Guyton, E., An emerging picture of constructivist teacher education. *The Constructivist, 15*(1), 2004,pp.1-35.

② 黄飞莺、周志毅：《师范生批判性反思能力的培养：意义 · 方法》，载《浙江师范大学学报（社会科学版）》2003 年第 4 期。

③ Ellen van den Berg,Janine van der linde ,R.V.Piekartz,.M,Vervoot.Bring practice to thoery in teacher education:the role of hypermedia enviroments, *Accessed October 12*,2003 http://co-op.edu/.

结合的，评价的结果被用来保证学习者的学习是在真实的情境中进行的。评价资料通过案例研究、行为评价和利用档案袋收集。”①

总的来看，多数建构主义方案从学习是一个主动的和反省的建构主义观点出发，强调评价策略应该是专业成长计划的统一的和不可分割的部分，而不只是课程学习结束的评价活动。在技术和方法上，一些教师教育方案采取下限分数（benchmarks）、上限成绩（capstones）和专业档案袋（professional portfolio）等方式，同时提供形成性和总结性评价。在评价成绩的决定上，为实现促进学生自主发展目标，使学习者了解教学评价的过程、依据，掌握基本的方法，让学习者获得有效的反馈，多数教育方案中，鼓励教师学习者在评价中扮演一种积极的角色，包括协商评价过程，自我成长评价。允许学生在很大程度上控制自己的评价，如感觉成绩不满意可以要求重新提交作业等，教师学习者与教师教育者进行评价合作，并且从指导者那里接受无排序的反馈，从而这种反馈成为教学和学习过程的一部分。

2. 建构主义教师教育的一些主要教学方法

建构主义教师教育教学中常用的一些教学方法包括：交互式教学、认知学徒教学、抛锚式教学、支架式教学、随机进入式教学等教学方法或模式。研究者认为，这每一种方法，都提供了一种便于概念学习的具体的途径。② 当前，这些方法也是中小学教学中常常采用的一些比较成熟的方法。教师教育者运用这些方法，除有利于促进学生知识能力发展的目标外，还能够向学生示范并让他们熟悉、体验和掌握这种方法，获得在这些教学方式下学习的经验等。

（1）交互式 (Reciprocal) 教学

交互式教学模式最早由帕林克萨（Palincsar）和布朗（Ann L.Brown）等在 20 世纪 80 年代开发提出。根据帕林克萨的阐释，所谓交互式教学是

---

① Dale P. Scannell. Models of Teacher Education, *Accessed October 12*,2016. https://zh.scribd.com/document/151140895/Models-of-Teacher-Education.

② Elizabeth Murphy. Characteristics of Constructivist Learning & Teaching, *Accessed October 12*,2004. http://www.cdli.ca/~elmurphy/emurphy/cle3.html.

指教学活动是师生围绕学习的文本内容，通过对话的形式进行的。[①] 这种对话是通过总结、问题产生、澄清和预测四种策略为结构框架进行的。教学过程中教师和学生轮番扮演导引对话的角色。教学的目的在于通过教师和学生、学生与学生共同的努力来呈现学习材料的意义。其中四种策略的具体目标为：总结是为了给学生提供机会以鉴别和整合文本中最重要的信息。问题的产生是在总结基础上把学习者的理解活动向前再推进一步。因为，学生们要提出问题，就必须对产生问题的信息作出分析，然后才能把这些信息转化为问题形式，并且确定他们自己能够回答自己所提出的问题。所谓澄清是让学习者对所学习材料的意义的理解把握。如学生可能会读，但却不明白单词和句子的意思。预测是让学习者对作者下面的内容提出假设。为此，学生们必须对原来关于这一主题的相关的背景知识进行细致的分析。学生们就会有目的地进行阅读，以支持或否定自己的假设。另外，这也让学生在下面将学习的新的知识与他们的原有知识之间建立联系。所以这四种策略，都是为帮助学生从文本中建构意义的方法，同时也是学生审视自己是否对所学习内容真正理解的重要途径。

（2）认知学徒 (Cognitive Apprenticeship) 教学

这种模式最早由科林（Collins）、布朗（Brown）和纽曼（Newman）等人于 1989 年提出，它受到杜威、维果茨基及当代许多认知心理学家教学模式的影响，是对传统教学脱离现实生活的弊端的革新，是“做中学”教学模式的一种衍生。认知学徒作为一种教学方法主要针对的是专家在处理复杂问题过程时的教学。这种通过有指导的经验性的学习，致力于学生认知的和元认知技能的发展，而不是传统的认知学徒中的身体的、动作的技能和过程。运用认知学徒方法教学，要求教师和学生把通常内在的认知过程外化。[②] 如教师把自己对问题认识的思维过程说出来。认知学徒教学模式重视有效教学的教学策略。为增进学生对教学内容的理解，它提出了三

① Reciprocal Teaching, *Accessed May 20*, 2004.http://www.ncrel.org/sdrs/areas/issues/students/atrisk/at6lk38. html.

② Judith Conway.Educational Technology’s Effect on Models of Instruction, *Accessed May 20*, 2004.http://copland./~jconway.htm.

种策略，包括增加内容的复杂程度、增加内容的多样性、首先传授最高水平的技能；为刺激学习者的认知活动，它提出了六种策略，包括模仿、辅导、提供——逐渐拆除——重新组合“脚手架”、提供学生表达新获取知识的机会、反思、鼓励学生的探究能力；为促使个体学习的社会化，它提出了五种策略，包括情境学习、模拟、专家实践的文化群体、内在动机、利用合作。

（3）抛锚式教学 (Anchored Instruction)

这种模式是由温比尔特认知与技术小组 (CTGV) 于 1992 年开发的，其学习理论基础是情境学习 (Situated Learning)、弹性认知 (Cognitive Flexibility) 理论、情境认知 (Situated Cognition) 理论，特别是情境认知理论影响较深。它强调学习应着眼于解决生活中的实际问题，学习过程应在实际中进行，学习效果应在具体情境中评估。这种模式中的“锚”是指一种真实的宏观背景，教师的任务就是要重点设计锚，以便学生能够借助于各种资料去发现问题、形成问题、解决问题。这种模式的教学目标是让学生能够将学科解题技巧应用到实际生活的问题中，教学策略强调学生学习的主动性，强调活动的参与性，强调合作学习，教学过程一般包括设计锚→围绕锚组织教学→学生自主学习与合作学习→超越具体的锚，促进学习迁移→自主进行效果评价。当前，为促进教师运用教育技术的能力，许多教师教育方案中把抛锚式教学置于互联网等的网络环境下，尤其是教育技术课程教学中，重视把教育技术与抛锚式教学方法进行有机融合。

（4）支架式教学① (Scaffolding Instruction)

所谓支架式教学就是为学习者建构对知识的理解提供一种概念框架。这种框架中的概念是为发展学习者对问题的进一步理解所需要的。这种教学思想的理论基础是维果茨基的“最近发展区”。建构主义者借用建筑行业中使用的“脚手架” (Scaffolding) 作为上述概念框架的形象化比喻，其实质是利用上述概念框架作为学习过程中的脚手架。由于概念框架是按照

① 何克抗:《建构主义的教学模式、教学方法与教学设计》，载《北京师范大学学报（社会科学版）》1997 年第 5 期。

学生智力的“最邻近发展区”来建立的，因而可通过这种脚手架的支撑作用(或称为“支架作用”)不停顿地把学生的智力从一个水平提升到另一个新的更高水平，真正做到使教学走到发展的前面。

（5）随机进入式教学 (Random Access Instruction)

随机进入式教学的理论基础是建构主义学习理论的一个新分支“弹性认知理论”(cognitive flexibility theory)。该理论的提出者斯皮罗（Spiro）等认为，应根据问题领域知识的结构化程度进行必要分类。一类知识是结构良好的，如数学等。这类知识的呈现或教学可以是线性的，如按照内在逻辑的顺序等。而另一类领域的知识是结构不良的（ill-structuredness）和复杂的。这种领域内的知识，如果按照传统的线性的教学是无效的。[①] 基于这种认识，为克服这方面的弊病，在教学中就要注意对同一教学内容，要在不同的时间、不同的情境下，为不同的教学目的、用不同的方式加以呈现。换句话说，学习者可以随意通过不同途径、不同方式、不同角度进入同样教学内容的学习，从而获得对同一事物或同一问题的多方面、多角度的认识与理解，这就是所谓“随机进入式教学”。显然，学习者通过多次“进入”同一教学内容将能达到对该知识内容比较全面而深入的掌握。这种多次进入，绝不是像传统教学中那样，只是为巩固一般的知识、技能而实施的简单重复。这里的每次进入都有不同的学习目的，都有不同的问题侧重点。因此多次进入的结果，绝不仅仅是对同一知识内容的简单重复和巩固，而是使学习者获得对事物全貌的理解与认识上的飞跃。这种理论的宗旨是要提高学习者的理解能力和他们的知识迁移能力(即灵活运用所学知识的能力)。不难看出，随机进入式教学对同一教学内容，在不同时间、不同情境下，为不同的目的、用不同方式加以呈现的要求，正是针对发展和促进学习者的理解能力和知识迁移能力而提出的，也就是根据弹性认知理论的要求而提出的。

① Stephanie R. Boger-Mehall.Cognitive Flexibility Theory: Implications for Teaching and Teacher Education.version, *Accessed May* 28,2004. https://www.researchgate.net/publication/266418963.

（二）与理论学习有机结合的教学实践

与以往的教育见习、实习不同的是，建构主义指导下的教学实践，重视和强调与相关的理论或方法课程学习的密切结合，重视学习者多种教育经验的获得，强调教学指导的衔接性和统一性等，具体体现在以下方面。

1. 强调教学实践、理论学习的密切结合

建构主义教师教育者从情境性教学、反思性实践等理念和原则出发，主张学生的教学实习不应单纯的是理论课程学习后的一个环节，而是将两者有机地融合。以保证理论的建构是围绕“真实”情境中的问题展开的，实践是理论指导下的实践，从而使教学实践成为一种真正的理论与实践有机结合的实践，使学习成为一种基于真实情境的学习。因而这里的教与学的过程，体现的是实践和理论的双向建构过程，对实践的理论反思可以提升实践的自觉性，也为理论的迁移提供了实践情境的结合点。在辛德（Snyder）和哈蒙德（Darling-Hammond）提交的“有效教师教育方案设计研究报告”中，把这种将“见习和实习与理论学习相结合的”安排，作为有效教学的重要特征和关键要素。为保证目标的实现，一些方案规定把理论学习与实习在时间、内容和次序上相对应。哈蒙德等认为，这些理论学习的内容应“包括成长和发展、学习理论、教学法内容知识等”。为适应这种教学与实践的安排，她们建议应“延长见习和实习时间，实习的时间至少应达到 30 周”[①]。

2. 增加见习和实习的内容，丰富学生的实习经验和经历

基于对相关情境中的参与学习和经验的积累，对于学习者理论学习和专业发展重要性的认识，为使学生获得全面的教育教学经验，许多的教师教育方案建议，应为学生安排更多情境下的实习任务。如许多方案在每学期都为师范生们提供在教师监督指导下的教学实践作业和研讨会，并通过教学观摩，以及对每天一到两节的教学的反思，增加学生对教学的责任

① Dale P. Scannell. Models of Teacher Education, *Accessed October* 12,2016. https://zh.scribd.com/document/151140895/Models-of-Teacher-Education.

感。直到教师学习者们获得全天候的经验，持续几周全天地管理班级并致力于学生的学习。他们认为："不同的情境可以使学生教师们获得不同的经验，能够帮助他们在教学理论和实践之间形成更牢固的和有用的联系。"[①] 一些教师教育方案中还特意安排学生先后到不同情况的学校中见习和实习，以便让学生更多地了解各种不同的学校和课堂文化，尤其是让学生体验那些不同于他们原有经历和认知的学校文化和课堂文化，如了解少数民族较多的学校学生的情况，了解贫困地区的学校和家庭的儿童情况等。研究者认为："关注和支持少数民族学生、贫困家庭的学生不仅是一名称职的教师应做到的，也是一名有责任心的社会公民应尽的义务。"也就是说，这里实习的目的不只是为了将来的教学做准备，更考虑到教师学习者成长作为一名负责任的社会公民所需要的。[②]

3. 强调实践标准的统一和教学指导的前后一致

多数的建构主义教师教育方案中，强调应形成相对统一的实践标准来指导临床经验。为此，每个教育方案都制定了一个全面的关于教育实习内容和要求的实习指导手册，对实习各方面的内容作翔实周全的规定。如美国为帮助学生顺利通过教师资格证书考试，其中的许多内容是根据国家或各州教师资格考试的相关内容为基础制定的。

另外，为保持对教师学习者在教学实践指导上的前后一致性。要求参与指导的大学教师教育者和中学指导教师应密切协商与合作，形成一种共同认可的信念，使学习者在原有基础上得到进一步发展。

4. 重视教师学习者在教学实习期间的合作

与教学中强调共同体的合作学习要求一样，在实习环节上，多数方案要求学生的教学实习应以一个合作的共同体或小组为单位进行。教学实习合作小组一般由几名固定的学生和指导教师组成。他们一起进行课堂观

① Rainer Dangel, J., & Guyton, E., An emerging picture of constructivist teacher education. *The Constructivist, 15*(1), 2004,pp.1-35.

② 郑东辉、施莉:《国外教育实习发展概况及启示》，载《高等师范教育研究》2003 年第 5 期。

摩，在协商的基础上进行共同的教学设计，同学之间的互相听课，共同参与课后教学讨论、评价和反思等。研究者认为，这种以小组为主的教学实习组织形式，为教师学习者的发展提供了宝贵的社会性的支持，对于他们获得合作学习与实践的宝贵经验，形成合作专业发展观念和能力等都是有益的。[①]为了在小组中形成密切合作的人际关系，使学生们更好地相互了解，形成对彼此更有效的支持，多数研究者和方案强调，应使这种学习和教学合作小组长期化、固定化，以便于成员之间彼此熟悉、了解和信任，实现真正意义上的合作发展。

（三）参与教育行动研究[②]

建构主义教师教育方案中，把教师学习者有指导地进行教育行动研究作为提升教师素质和实现专业发展的重要的途径和方式。

1. 关于教育行动研究的意义

李特（Lytle）和史密斯（Cochran Smith）等把教师行动研究定义为“教师系统的、有意识的探究”[③]。也有研究者将行动研究理解为教师们为理解他们工作的本质和特性，以便于进行交流和扩大影响，而对他们的实践进行的调查。利伯曼（Lieberman）认为，教师进行行动研究是教师专业发展的必然要求，作为行动研究者的教师，行动研究不是教师专业发展中的一两天的活动，而是他们作为一个专业人员自己角色和观念的一部分。

教育研究者发现，通过教育行动研究能够有效地促进教师探究、反省、解决问题等能力的发展，有利于挑战师范生的传统观念，培养他们的

① Ron Goddard,Robert Campbell，(2003),Developing a Teacher Education Program for the Twenty-First Century. *A Proposal for the Hawaii International Conference on Education January*.

② 该部分“行动研究”的概念有两种含义，一种是如第六章中所阐释的，是指一种研究性教学方式，文中利伯曼的理解就属于这一种；另一种理解是指对教师教学行为的研究，如文中李特等的理解。因此在下文中，我们将前一种理解称为教育行动研究，将后一种称为教师行为研究。

③ Tracy C,Rock,Levin,Barbara.Collaborative action research projects: Enhancing preservice teacher development in professional development schools, *Accessed May* 2,2004. https://www.researchgate.net/publication/234709221.

专业责任心，激发研究兴趣。[①] 另外，有研究表明，行动研究有利于学习者主动地追求他们自己的问题，实现知识的有机整合，构建他们自己的知识基础，形成个人的教育观、教学观；同时也有助于学生超越专业发展的阶段，能够较早地做到关注学生。[②] 行动研究在许多的教师教育方案中，被用来提高教师学习者的探究和反思能力。那些与师范生一起进行行动研究的教师教育者发现，他们对自己的课堂教学行为进行反思、批判和分析的意识和能力也大大增强了。一些教师教育者相信，通过行动研究来培训的教师，能够使他们在以后的职业生涯中坚持这一方向。

2. 行动研究的一般实施过程与方法

行动研究在建构主义教师教育方案中，是与课程教学与教学实习密切配合的。行动研究可以用来为教学中的问题讨论收集教学证据，以便作出基于资料和研究基础上的决策。如为理解学生的行为，教师教育者会安排教师学习者到学校情境中，对学生进行有目的的系统观察、访谈等。更多的行动研究是为增进教师学习者对真实情境中教师行为和课堂教学的了解。有研究者对教师教育中基于课堂教学的教师行动研究做了如下概括。[③]

第一，研究观察的类型有三种：一是实习观察 (Student teacher observation)。实习生与一位经验丰富的教师进行合作，通过观察教师的课堂教学活动，收集记录重要的课堂资料，课后就有关的问题求教授课教师，来了解和掌握课堂教学的规律和模式，基本的课程教学策略和技巧，经过自我反省和反复的自我实践来提高教学技能。二是相互观察 (Peer observation)。教师学习者可以自愿结对，相互观察，互利互惠。观察教师和被观察教师的关系是平等的、互助的。双方既可以通过互相观察彼此的

① 黄飞莺、周志毅:《师范生批判性反思能力的培养：意义·方法》，载《浙江师范大学学报（社会科学版）》2003 年第 4 期。

② 美国学者福勒（Fuller）依据教师关注指向的不同，将教师的职业生涯分为几个阶段：教学前关注，即教师处于职前培养时期，以旁观者的身份关注评价任教教师；早期生存关注，即教师新上任，开始关注自身的职业生存；教学情境关注，即教师已熟悉环境，开始关注教学情境；关注学生，即教师对教学本身较为熟悉，开始关注学生特点。由此看：关注学生通常是教师关注的较高阶段出现的，师范生能够较早地关注和认识学生，则说明研究有助于提高教师的发展阶段。

③ 裴学梅:《教师行为研究：外语教师发展新途径》，载《山东外语教学》2003 年第 1 期。

教学来提高教学意识，改进教学方法，也可以就自己关注的问题邀请对方予以配合进行重点观察，获得自己无法收集的资料。双方还可以选择课题，进行长期的合作和研究。三是小组观察 (Group observation)。指导教师和实习生组成观察小组，对教学中普遍存在的问题、大家所关注的焦点以及一些新思想、新理论在教学中的运用情况进行集体观察，交流看法，共同发展。

第二，在研究和观察的内容上主要包括五个方面：一是教师的教学技能和策略，如教态、提问技巧、教学指令、教学内容的呈现、课堂里的应变能力、纠错策略、教师的角色转换等。二是对学习者，如学习动机、学习水平、学习风格、学习策略、学习态度、注意力等。三是课堂教学的组织，如开始、结束、各项教学活动之间的过渡、意外情况及其处理方式等。四是课堂教学的交互模式，如结对或分组活动、时间安排与课堂节奏、课堂上的决策权等。五是学习，如课程学习的性质、学习目的、教与学的作用、教与学的比较等。

第三，常用的研究观察方法有两种：一是全景式观察 (big picture observation)。它是指听课教师对整节课进行观察记录，以获得教学某方面较为完整的信息和数据。它对教师的观察技能如信息和数据的预测、捕捉能力有较高的要求。二是针对性观察 (Focus observation)。它是指教师就一两个观察重点或教学的某个片断，依据观察图表，运用一些简单的图符，进行实况简要记录。不论使用哪种方法都需要做到有目的、有计划、有针对性，循序渐进，逐步展开和深入。为提高观察的目的性、有效性，可以通过设计或选择图表方式。

研究者认为，进行教师行为研究需要注意如下一些问题：一是教师行动研究属于自然观察法，为使观察细致、可靠，应保持被观察事物或对象的自然态。观察教师应预约听课时间，提前准备好辅助采用的设备，尽可能避免介入任何课堂教学活动。二是应取得与教师的密切合作。在课题研究过程中教师间应默契配合，无条件分享收集到的信息资料。在处理问题时，应求同存异，协作讨论产生新的思想和新的方法。三是注意资料的保密性，遵守研究道德。研究者教师在没有征求授课教师允许的情况下，不应在任何场合泄露、评价该授课教师的教学情况，只能将收集到的信息作为研究资源，这是取得教师合作的重要前提。

3. 教师行动研究中的具体要求

与传统的教师教育中的学生行为研究相比较，基于建构主义的教师行动研究具有以下方面的特点。

第一，在选择研究的对象上，强调应以实施建构主义教学的教师和课堂教学为主，这样可以为教师学习者提供正确的教学示范。另外，可以与日常的理论学习和教学实践等有机地统一起来。

第二，强调合作研究。主张学生研究者应是一个学习研究合作小组，以合作协商等形式进行，以便为讨论、探究、反思、批判等提供社会合作、反馈的平台。

第三，重视研究中的个体意义的建构。主张个体对现状和问题的判断、理解，认为研究的主要目的不是科学的发现，而是基于个人知识、经验基础上的理解。因而与客观主义基础上的强调重视客观性等的行动研究不同。但研究者也认识到，这种个体意义为目标对于教师培养存在一定的危险性，因而第二条中强调的“合作研究”就显得非常重要。

第四，重视对话和批判性的反思。这里的对话主要强调的是与作为被研究者教师的对话，认为只有在这种对话基础上，才能对自己的判断的适当性提供依据，才能对教师行为的理解做到“真正”全面的理解。另外，强调批判性的认识和反思，研究者认为，这是激活自身已有经验和认识，创造性地发现问题的基础，对被研究者提高教学水平提供帮助，为实现长期的合作打下好的基础。

四、建构主义教师教育改革面临的挑战与问题

研究者认为，尽管当前建构主义指导下的教师教育改革已经得到较为

普遍的认可，但仍然存在着理论和实践上的双重挑战，也存在着许多错误的认识和许多需要进一步研究和解决的问题。

（一）建构主义教师教育所面临的挑战

1. 对理论的挑战

一些研究者认为，建构主义主要是关于学习的理论，而不是关于教的理论。因而对于教师和教师教育者，首先遇到的挑战是如何把学的理论转变为教的理论。与此相应的问题是教师需要知道什么和能够做什么。

2. 对标准的挑战

第一，对于教师教育者来说，如何实现在了解不同学科特殊的教学需要，与在教师教育课程和实践中示范建构主义的方法之间达成平衡。

第二，在个体性与统一性等的要求上存在一些两难问题：譬如，一方面，为让教师学习者进行探究，强调教师教育者应形成相应的态度，放弃控制；另一方面，又把好的教学标准，以及对知识的深度理解作为重要的目标。

3. 对教师教育者的挑战

第一，有研究表明，在推行建构主义改革中，教师们在转型期间会感觉到紧张、害怕、不安，感到孤独。第二，对于许多教师教育者来说，他们的传统观念是根深蒂固的。教学改革中，他们常常忽略自己观念的转变，所以研究者认为，教师教育者需要对自己的教育学进行反思和认识，尤其是与课堂权威相关的教育学，教师应当理解并且能够运用建构主义教育学进行教学。但这对于许多教师来说是不易的。第三，改革需要教师教育者投入大量的时间和精力，需要进行大量的实践和思考。因此，一些研究者提出，要考虑这些改革是否值得推行下去，或者是应在多大范围内开展。

4. 对教师学习者的挑战

许多学习者因对这种教育形式不熟悉，缺乏明确的要求和标准，在开始学习时也会产生恐慌。另外，他们在接受这些新的角色、开始自我定向的学习、把与同伴的相互作用看作知识的来源，以及针对性地检验他们的学习等方面会感到困难。如一位来自哈佛大学的学生，对该校开放式的教师教育方案做了一个很幽默的评价，她说："这种开放的教师教育让人'耳目一新'，但也令人'胆战心惊'（enlightening but frightening）。"①

5. 对政策等的挑战

如前所述，改革需要教师教育者投入大量的时间和精力，也需要足够的资源为基础，为保证有效工作的开展和改革的持续推进，需要在报酬、资源、政策等方面进行支持；另外，如何对教师教育在高等教育体系中的性质和形式进行界定？为给改革提供一个适合的环境，实现在培养体系中与中学教育的密切结合，有研究者认为，需要改变高等院校追求孤立的传统观念。②

（二）教师教育改革应注意的问题③

1. 不应把建构主义作为唯一的理论框架

一些研究者指出，作为教师教育者不应该把建构主义作为教学和学习的唯一的理论框架。作为教师应该知道，建构主义只是一种思考关于知识和理解知识如何形成的途径或方式，但不应是唯一。另外，还需要明确的是，各种立场的建构主义之间并不是不能够相互沟通的。教师教育者应该让未来的教师们了解各种不同的观点，并且给予他们机会进行鉴别和思

---

① Joseph O.Milner,Roy Edelfelt,Peter T.Wilbur, *DEVELOPING TEACHERS*, New York, University Press of America,2001,P.14.

② Rainer Dangel, J., & Guyton, E., An emerging picture of constructivist teacher education. *The Constructivist, 15*(1), 2004,pp.1-35.

③ Abdal-Haqq, Ismat. Constructivism in Teacher Education: Considerations for Those Who Would Link Practice to Theory, *Accessed December* 12,2004.http://www.ericfacility.net/ericdigests/ed426986.html.

考，以便更全面地理解和借鉴这些理论。

2. 不要过于简单或盲目乐观地看待建构主义改革实践

研究者认为，应认识到建构主义教师教育改革是一项全面而复杂的改革，不应该过于简单地对待。它需要在观念、实践和体制等方面都要进行相应的改革，如为实现内容和方法类知识教学中的有机配合，需要对课程和机构等进行结构性调整。因此，建构主义教学改革远非它的主张那样看似来的简单，学校需要在政策等方面给予全面的支持。

3. 应对建构主义的基础假设进行批判性的解构

研究者认为，教师教育者应该对不同的建构主义解释背后的文化假设进行解构和思考，以揭示它们背后的社会信仰是怎样影响理论的形成和实践的。没有这样的细致考证，社会不平等和历史上各种形式的压迫可能充斥到建构主义课堂中，建构主义所致力于摆脱的，各种对个人发展的约束会在这里加强。

第八章

8

建构主义视域下我国教师教育改革的思考

一个人遇到好老师是人生的幸运，一个学校拥有好老师是学校的光荣，一个民族源源不断涌现出一批又一批好老师则是民族的希望。

——习近平

在以上各章研究的基础上，我们将以建构主义的有关理论为视角，以培养胜任作为社会改革者、学生学习促进者和教育行动研究者角色的教师为目标，借鉴国外建构主义教师教育改革的有关经验和思路，就如何进行我国的教师教育改革做初步探讨。主要包括以下内容：第一，我国教师教育现状与改革必要性认识；第二，对建构主义指导下教师教育改革可行性的实践性认识；第三，对我国教师教育教学改革的有关建议；第四，推进改革的有关措施。

一、建构主义对于我国教师教育改革的意义

（一）我国教师教育现状与改革必要性的认识

我国拥有着世界上规模最庞大的教师教育体系和教师群体。2004 年我国中小学教师数量有 1300 万左右，大学教师 70 多万。在我国的高等教育体系中，师范院校的学校数、在校学生数始终占有很大的比例，在各科教育中，仅次于工科居第二位。[①]

在很长一个时期内，我国一直采用的是一种封闭式定向型教师培养模式。这种模式形成于 20 世纪 50 年代的新中国建立之初，其主要的特点是

① 资料来源：《全国教师教育论坛召开 教师教育将全面创新发展》，载《中国教育报》2004 年 5 月 24 日。

由专门设立的师范院校培养教师，师范院校的毕业生也必须选择相应的教师职业。这种模式曾在一定时期较好地保证了我国庞大的教育体系对教师的巨大需求。从 20 世纪 90 年代后期开始，随着我国高等教育体制的重大改革，教师教育规模的日益扩大，以及对新教师需求量的减少，这种传统的教师培养模式受到了越来越多的批评，认为它过于死板、专业口径狭窄、知识结构单一、培养规格统一，无法“满足新时代对培养高素质创造性人才的需求”[①]。因而主张应深化教师培养体制和模式改革，由传统的封闭式定向型培养模式改为开放式非定向型培养模式。所谓开放式非定向型培养模式，主要是指由综合性大学或其他高等学校来共同办师范教育，也是美国等发达国家中小学教师培养的现行模式，研究者们认为，这种模式有利于提高教师教育的质量，具有“培养目标多样灵活，课程设置广泛机动，设施和设备等条件较为优越；学生学术水平和学科程度较高，知识面较宽，工作适应性较强；学生来源和职业出路较宽”等优点。[②] 1999 年，中共中央、国务院《关于深化教育体制改革全面推进素质教育的决定》明确指出，鼓励综合性高等学校和非师范类高等学校参与培养、培训中小学教师工作，探索在有条件的综合性高等学校中试办师范学院。

从改革的情况看，师范大学发展的综合化和非师范性大学举办教师教育的步伐已经迈出，但是从我们了解的情况看，这种改革的进展不均衡，主要表现为：一些师范大学对成为综合性大学表现出极大的兴趣；而综合性大学，除了一些由原来师范院校合并成的综合大学外，在原来的综合性大学，尤其是国家重点大学中举办教师教育热情并不高，进展不大。因而总的来看，我国中小学教师的培养仍然是以原有师范院校为主的模式。但从教师的来源和师范院校的毕业生走向上，已经发生了实质性的改变。师范院校学生的就业已经基本放开，可以选择教师以外的其他职业，而不少的非师范院校非教师教育专业的毕业生已经进入教师队伍。

---

① 文辅相:《我国大学的专业教育模式及其改革》，载《高等教育研究》2000 年第 2 期。

② 张金福、薛天祥:《论目前我国教师教育培养模式的认识取向——兼评我国当前教师教育政策》，载《高等教育研究》2002 年第 6 期。

教师教育体制的另一项改革是培养层次的提升。针对传统教师教育体制下教师培养的学历层次偏低的问题，如小学教师主要是由中师学校培养，我国自20世纪80年代中期开始，就在一些中等师范学校，开始进行培养专科层次小学教师的探索。对教师培养层次全面性提升是在1995年以后。1995年，原国家教委师范教育司制定公布《大学专科程度小学教师培养课程方案》，并在全国试行。1998年开始，南京师范大学等开始培养本科学历小学教师的试验。到2001年底，全国已有近20所学校获准开办小学教育本科专业。①

与之相应的，中学教师学历培养的要求也在提高。如根据有关部门的计划，到2010年，全国高中教师研究生学历层次将达到10%。②而实际上，随着教育硕士等新的教育形式的推出，以及在一些经济发达和人才集中的地区，教师资源的相对过剩，研究生学历在中小学教师中已经达到一定的比例。如有资料显示，现在我国高中教师中拥有研究生学历者比例已经达到0.795%。所以总的来看，当前我国师范教育体系的层次结构，已经由原有的三级师范过渡为二级师范，甚至是一级师范。

除培养层次的提升外，与原有的体制相比，当前我国教师培养的另一项大的改革是初步打破了原有体制下教师培养与培训条块分割的现象，在教师培养一体化理念指导下，初步地实现了职前与职后培养体系的贯通。这一工作主要是在1995年后相继展开的，当时凭借高校体制改革的东风，如在上海等地率先实现了师范大学与教育学院的合并，从而至少在机构和管理体制上实现了培养与培训的初步的融合。

另外，国家针对我国地区之间发展的不均衡，为加强和方便教师的在职培训和提高，充分利用现代网络技术，开始为教师提供网络教育。由北京师范大学等8所师范大学共开设了1337门网络课程，主要面向中小学

① 惠中:《高等教育体系中小学教育专业建设的思考》，载《高等师范教育研究》2003年第2期。

② 资料来源:《教师教育模式的创新——访北京师范大学教育学院院长张斌贤》，载《中国教育报》2004年2月27日。

教师的培养和培训。[①]

通过以上对我国教师教育培养模式和体制等的改革与发展回顾可以看出，当前我国的教师教育在近十几年来已经发生了较大的改变，应该说，这些改革方向是正确的，改革的理念是符合世界教师教育改革潮流的，对于建立我国高水平现代教师培养制度等方面具有重要的意义。尽管如此，我们发现在改革中仍然存在不少认识和实践上的误区。譬如，在培养层次的问题上，一些研究者认为培养层次提高了，教师质量也会得到自然提升；在一体化改革中，把一体化的理念简单地理解为管理体制的统一化；在教师培养改革过程中，简单地认为，只要实行教师培养的大学综合化改革，教师培养质量就可以自然地得到提升；另外，存在着将师范大学与非师范大学盲目攀比的现象等。我们认为，在这些问题的背后隐藏着一些深层次理念或观念问题，一是没有对教师教育的师范性等问题引起应有的重视，仍然以传统的客观主义知识标准来看待教师知识，把教师的教育教学能力仅仅等同于学科知识层次的提升，把师范大学的教育科研能力，凌驾于教育学院长期进行教师培训积累的丰富经验之上等。显然，从国外所经历的相似历程所取得的经验以及教训看，这些简单化的、仅仅靠提高学历或知识层次的观念和做法，并不能从根本上保证教师质量的提高。不能从根本上实现教师教育观念的转变，深化教师教育人才培养模式的改革，教师教育宏观体制改革也难以产生如期的效果。

相对于教师教育宏观体制改革，我国教师教育在微观人才培养层面的改革处于一种相对滞后的状况。由于长期以来受传统教育思想和教学观念束缚，教师教育培养目标单一，专业设置狭窄，教学内容陈旧，教学方法和手段落后等问题并没有得到根本改观。表现在教师职前培养阶段，在我们的调查中发现，不少学校的教师培养严重脱离中小学基础教育改革的实际，在教育教学理念和方式上，仍然遵循着以单一的知识讲授为主的灌输模式，参与教师教育学科理论和实践指导的教师，主要以大学专业教师为

① 教育部:《全国教师教育网络联盟计划开始启动》，载新华网：http://www.news.xinhuanet.com/zhengfu/2003-08/13，2004 年 4 月 20 日。

主，多数人对中小学教学近期改革实践缺乏足够的了解，也缺乏在中小学教学实践的经验。教育类学科课程知识内容空洞、老化，缺乏与现实教育实践的联系等。这一状况可能造成的结果是，一些过时的、正在被当前中小学基础教育改革所抛弃的课堂文化和教学模式，在教师教育中继续得到强化，我们所培养的新教师，将是在对未来职业实践缺乏必要了解和基于过时教育教学模式影响下走向工作岗位的。正如一些中学校长所指出的，现在的师范专业毕业生教育理念落后且不会教学。由此可见，这样的师范教育正在沦为阻碍基础教育改革的保守力量。

根据我国当前的师范教育的现状和问题，我们认为，要提高新教师的培养质量，一是需要转变办学观念，二是需要更新教师教育思想和实现人才培养模式的转变。在教师教育办学观念上应真正体现为中小学服务。既然是服务，必须了解中小学基础教育改革对教师素质的实际需求，并真正按照需求来培养人才，而不是如现在的“闭门造车”，或抱着一种“皇帝的女儿不愁嫁”的心态。办学思想明确了，而更为关键的是如何针对需要深化师范教育人才培养模式的改革，培养出能够满足基础教育需要的高素质师资。

综合以上分析，我们认为，院校层面教师教育人才培养模式的滞后是当前影响我国教师教育质量提升的首要问题。要转变人才培养模式，需要确立与我国经济社会改革发展相适应的，同时能够满足基础教育改革和实践需要的教育人才目标，在此前提下，深化教师教育课程、教学、评价等的整体化改革。基于这种认识，结合当前我国基础教育课程改革对教师素质的新需要，借鉴国内外有关建构主义教师教育改革的经验，我们将以建构主义有关理论为主要的认识论和学习论基础，就院校层面如何深化教师教育人才培养模式改革做一探讨。

（二）建构主义对于我国教师教育改革的意义

如前所述，建构主义关于知识的个体性、情境性、复杂性的认识和主张，与人们对教师知识特性的观察结果和实践经验等具有相当的一致性，因而以建构主义知识观作为教师专业发展和教师教育新的知识视角，有着理论的合理性。以这种知识观为指导，对于打破在我国教师教育中客观主义知识观的霸权与知识垄断，增加观察和认识的新视角，获得对教师专业基础的全面性认识，无疑具有积极意义。另外，建构主义关于个体基于自身经验进行知识建构的学习观，以及教学论中对个体主动探究学习、合作学习等的主张，有利于真正激发学习者学习的兴趣和专业发展的主动性，提升学生自主与合作学习的能力，提高学生的创造能力。而这些能力是我国当前和未来中小学教师所需要的，也是我国教师教育所追求的重要的教育目标。另外，运用建构主义学习观、教学观指导我国的教师教育的教学，对于教师获得与中小学教学相一致的学习经验，形成适当的时代教育教学理念，掌握相关的教育教学模式都无疑是有益的。具体来说，至少体现在以下三个方面。

1. 为课程观和教学观的创新提供了适当的理论基础

教师知识观、教师发展观是教师教育的核心问题，也是课程体系建设与教学模式改革的基础性、前提性问题。所依据的教师知识观和发展理念不同，教师教育的目标和功能定位也会不同，课程的组织和教学方式也就会存在较大的差别。我们认为，当前我国教师教育中存在的许多改革瓶颈，是与对这两种观念不适当的认识直接相关的。长期以来，我国教师教育受到科学实证主义认识论和知识观的影响，把教师知识等同于系统化的教育科学理论知识，将教师的专业发展等同于教师学习者对系统教育科学知识的掌握，以及在后天实践中的熟练运用。因而，相应地也使得教师教育中的学科本位、教师本位等成为一种自然而合理的存在。教师教育者完全控制着课堂，讲授的内容空洞且枯燥，远离教师学习者的经验的教育实际，教师学习者长期处于一种被动的位置和消极的学习状态，所以导致教师教育的教学常常是低效的、无效的甚至是负效的。建构主义从知识的个体建构以及基于教师学习者自身经验的学习发展观，为我们正确认识教师知识所具有的实践性、个体性、发展性等特征，形成适当的教师教育课程观、教学观，确立教师学习者在教学和发展中的主体地位，激发教师学习者的学习积极性等提供了积极的借鉴。

2. 为教育教学方式方法的改革提供了适当的方法论

当前我国教师教育中，多数教师教育者为学生所“示范”的教学模式，与中小学新课程等改革中对教师的教学实践要求是相背离的。这种状况不但不利于教师学习者获得与未来教学实践相适应的经验，甚至常常起到负面的效果。从前面的研究中我们知道，建构主义指导下的教师教育，主张以建构主义教学方式组织教师教育的教学，让学习者体验并获得建构主义环境下的学习经验，同时也为他们提供不同类型和风格的建构主义教学范例，这对于他们以后进行的建构主义或类似要求的教学实践无疑是重要的。另外，建构主义所强调的基于个体经验的自主建构，合作学习、反思性教学、探究性学习等，为教师创造能力、终身学习能力、反思性实践能力等的培养提供了方法论基础。而这些教学思想和方法也正是我国中小学教学实践中所倡导的。

3. 为实现教师教育的无缝衔接提供了适当的接合点

长期以来，不同阶段教师教育课程与培训内容的合理衔接问题，一直没有得到很好解决。建构主义基于个体经验基础上的学习观和教学主张，为这一难题的解决提供了重要的方法论依据，有望实现教育的“无缝衔接”。[①] 这里所谓“无缝衔接”是指在教师教育过程中能够以促进以教师学习者主动自主知识建构为目标，以教师的自主学习、研究性学习、以问题为中心的学习、小组合作讨论学习等为主要教学组织方式，有助于教师教育教学经验发展的连续性和教育影响的衔接性。另外，有关反思性教学的

① 我们认为这种教育的“无缝衔接”可以分为三个阶段：第一阶段是师范教育阶段，主要关注的应是学习的内容与教师学习者以前的经验的衔接；第二阶段是入职阶段的衔接，是新教师已经形成的教育观念、教学技能等，与新的教学环境中具体教学实践等的衔接；第三阶段是在职教育，是已有的教育经验与新知识或标准等的衔接。按照建构主义学习论原则，三个阶段的衔接要达到“无缝”，都需要指导者以学习者原有的观念认识为前提，学习者以原有的经验来加工、解读新问题。学习者的“反思”是这种衔接的“黏合剂”。

主张，也为实现这种衔接提供了重要的启示。教学过程中，教师可以通过加强教师学习者的反思等手段，促使他们将新旧知识产生联系，新旧观念实现对照。从而使传统上教师教育培养过程中，过去的经验与当前的教育教学内容联系问题，理论学习与教师个体实践的协调性问题，包括在教师培养培训一体化实践中存在的衔接问题等，都找到了适当的解决途径。

显然，以上问题如果能够在建构主义指导下得到合理解决，对于我国教师教育质量的改善将是显著的。

二、基于建构主义教师教育教学可行性的体认

（一）建构主义指导下的教师教育教学课案设计

为深刻地理解有关建构主义的原则、思想，获得有关在教师教育中运用建构主义理论为指导，进行教育教学的可行性、有效性等问题的经验性认识，2005 年 1 月 30 日—2 月 3 日，本人将建构主义有关的理论与方法，运用到为期 5 天的教师函授培训的教学中。下面所列是我的一次概念教学课的教学设计。

建构主义指导下的教师教育教学实验设计课案

课程名称：现代教育原理

第一部分：什么是教育？

一、学生情况

1. 所有的学员都是中小学教学一线的教师，部分学员是工作 1—2 年的新手教师，多数教师是工作 3 年以上拥有较为丰富经验的熟练教师，他们每个人都已经形成了自身对教育教学理论与实践等的特定理解和认识，这些认识中“真知”与“谬误”并存，且都在直接或间接支撑着学员们平

时的教育教学实践，但学员们对这些认识缺乏审查甚至不自知，处在自在或缄默状态。

2. 他们长期在传统的以教师中心、教材中心、课堂中心教育教学文化之下进行着学习和教学实践，形成了较为根深蒂固的传统学习观念、教学观念等。

二、教学目标

1. 认知目标：致力于使学员形成自己的关于“现代教育”的理解。

（1）这里所谓“自己的”是指学员根据自身实践经验基础上和自身学习以及与同事交往等社会性学习过程中形成的，能用自己的语言清晰表述的，对他们自己来说认为是或坚信为“正确”的现代教育理念。

（2）引导学员认识并审查自己已有认识和观念，帮助他们纠正、改组、拓展和丰富这些观念。

2. 能力发展目标：致力于使学员获得反思、小组学习、安全课堂等的认识和体验。

提高学生的反思能力、组织课堂小组学习、创建安全的课堂是学员们日常课堂教学的重要任务，通过课堂教学使他们获得相应的认识和体验是本课堂教学的目标之一。

3. 课堂文化体验目标：致力于使学员获得一种新型课堂文化的体验。

课堂文化包括精神文化、价值文化、环境文化、制度文化、行为文化等，它对学习者的认知、情感、行为、人格等具有潜移默化的影响，本次教学的重要目的是让学员们认识和体验一种以民主、平等、尊重、批判、互助等为核心的课堂文化，使学员们从理论上认识这种课堂文化的价值并在学习中获得初步的体验。

4. 教学观摩与体验目标：为学员提供建构主义教学的观摩机会并使其获得初步体验。

所谓建构主义教学并没有一种固定的模式，本课程教学将以建构主义学习理论等为核心依据，通过环境的设计、教学组织方式的改变等致力于学员主动学习、自主建构、合作建构、深度反思等，创设一种基于建构主义的课堂让学员们观摩和体验，获得对建构主义教学初步的认识，以为他们在自己的教学中实施课堂教学改革提供借鉴。

第二部分：教学设计的理论基础

根据建构主义认识论，知识是人类对存在的一种发现或创造，人类认识能力的有限性、事物变化发展的永恒性决定了人类对事物认识的过程将是无限的，相应地，人类获得的知识其真理性都是相对的，都具有暂时性、发展性等特征。所谓的“教育原理”简单说来是人们对教育教学的一些根本问题的系统化的认识和看法，传统上是由教育专家以一定的社会的、心理的、教育等理论和教育实践经验为基础提炼、归纳、总结、概括形成的，与其他知识一样它也是不断变化发展的，且具有一定的历史局限性、文化局限性、人为性等，因而并不存在一种绝对正确的、唯一合理的教育原理。另外，从知识的社会建构的视角看，所谓的教育原理本质上是教育学术共同体内通过协商等达成的共识性内容，因而教育原理知识具有一定程度的社会协商性等特点。

根据个体建构主义学习理论，知识是学习者主动建构的，不是被动接受的。按照这一观点，就本次教学而言，如果只向学员们系统地讲授教育原理而没有使学员们主动地理解和自主建构，所教授的东西就难以与学员原有的知识和经验相结合而真正成为他们自己的东西，因而教学是难以取得效果的。因此在教学中，教师除要系统清晰地进行知识的讲授外，关键的是还要能够通过适当的环境创设和有效的教学来真正发挥学员学习的主动性，促进学员知识的建构。具体来说，教师的作用之一是挑战和促进学习者对教育、学生、教师、教学等教育关键问题和概念等深入理解和观念重构。教师的基本的教学方法是根据一定的教学目标或学习者发展目标，依据学员当前对知识的理解，通过与学员的对话和基于学员的思维现状而提出针对学员个人或群体有挑战性的问题，唤醒学员的已有观念和认识，引导学员进行深度反思和重构。二是通过组织学员开展小组讨论实现学员间的相互交流、批判和彼此借鉴。学员们通过在同一语境下思想和观点的相互碰撞、对话、辩论、妥协、寻求达成共识等可以了解知识的社会性建构的本质、过程和意义。

第三部分：课程教学具体设计

（一）课程教学结构——循环式学习和教学

课堂教学采用的是在教师引领下的以课堂讨论为主的滚动式、循环性的教学，每一轮教学有几个环节：一是教师简单讲授并提出讨论问题；二是学员分组讨论并以小组为单位形成他们的观点；三是在全班分享各小组的观点；四是教师引导全班对这些观点进行集体讨论；五是总结提出下一轮要讨论的问题。第二轮学习和讨论的问题主要是第一轮讨论中有争议的问题。

（二）课堂教学环境与要求

1. 课堂人际关系：课堂人际关系建立的准则是尊重、平等、民主、批判、理解、合作。具体来说，课堂中不存在权威，教师和学员、学员与学员之间关系上是平等的、每个人的观点都值得尊重，每个独特性的观点都值得肯定和赞赏，每个人都应该努力维护自己的观点，同时应努力理解和尊重他人的观点，民主、平等的；相互尊重；真诚对待他人；鼓励不同观点；维护自己的观点等。

2. 对教师和学员的要求：学会倾听，为此需要关注对方、细心倾听；学会提问，注意提问的时机和提问的技巧；学会反思，在回答对方问题时候对自己提出问题等。

（三）第一轮教学的基本步骤和教学方法与要求

第一步：教师讲授并提出问题

1. 教师讲授：同学们好，我们今天要学习和讨论的问题是教育是什么？或什么是教育？大家知道任何一个概念都是对应着某类事物，要对概念进行界定就必须将该类事物所具有的本质特征概括出来，它们构成了概念的内涵，符合概念内涵的事物都属于概念的外延。如我们说：“人是会使用工具的动物”，这里“会使用工具”成为了人这一概念的本质特征，其外延就是所有会使用工具的动物。如果会使用工具的动物中并不是只有人，譬如大猩猩等也会使用简单的工具，但大猩猩不是人，这就说明对人的概念的界定不确切，或者是说概念不周延，需要进行重新界定。同样如果我们要给“教育”概念下一个定义，它的本质特征应是什么？它的外延有哪些？

2. 教师提出的问题：请你谈谈你自己对教育这一概念的看法，并为它下一个定义，还要说明你的依据。要求每个学员将自己真正的观点和看法写下来。（给学员一定思考和完成任务的时间）

第二步：小组交流、讨论

1. 任务：同您所在小组的其他教师分享你对“教育”的理解，要明确地告诉大家你的观点是什么，这种观点是怎么形成的，依据是什么等。

要求：一是每个学员都必须发言，清楚地表达自己观点；二是仔细倾听、记录他人的观点。

2. 小组成员讨论：针对彼此的观点和见解进行提问、批判和讨论。

要求：要彼此尊重，不能恶意讽刺、挖苦他人；应以事实为依据，摆事实讲道理；要平心静气地接受他人的质疑和批判，可以努力为自己的观点辩护。

3. 基于你原来的理解并参照讨论中他人的观点，对自己的观点进行反思和重构，并写出你对教育概念的新理解。

4. 形成小组讨论结果。每个小组由一人负责将大家讨论的结果进行记录、整理。

第三步：呈报结果和班级讨论

1. 小组轮流汇报：每个小组所有成员都集中到教室前面，面向班级其他同学。

2. 由一位学员将小组讨论的结果、达成的结论、存在的争议写到黑板上，并作出相应的解释。

3. 小组成员共同回答教师和其他同学的提问和质疑。

第四步：教师对问题进行归纳、总结，并从中提出一些新的问题。

应注意教师不应对学员存在的困惑或问题简单地给出答案，主要是总结、归纳学员们的观点，并从中能够提出需要学员们进一步思考的问题。

可能存在的问题：教育是否是人类独有的活动，或者说动物是否存在教育活动？如果动物也存在教育，那么动物与人的教育有哪些相同点？存在怎样的根本性区别？如果有组织、有目的地对儿童施加系统化影响的活动才能称之为教育，那么如何理解生活化教育？是否所有的生活经历都可以看作教育活动？对学员们为教育概念所做的界定进行分析、提问，指出问题。

（四）进入第二轮教学

针对第一轮基础上提出的新问题，进入第二轮学习。

第二轮教学步骤、方法和要求与第一轮基本相同。

（四）对教学实验效果的评价及其反思与结论

对这次教学实验，我并没有采取较为严格的变量控制，也没有前测、后测等的效果差异检验，评价的方法主要是以教学观察，如学生参与学习的积极性；学生对教学的评价；学生对一些问题的理解、观念转变的自我描述，以及与自己以前的函授课程教学所经历情况的比较等为依据。因此，从严格的教育实验来说，这也许算不上一个“真正”意义上的教学实验，但许多明确的迹象表明这种教学起到了许多积极的效果，具体表现在以下几个方面。

第一，多数学员表现出较高的参与课堂学习的积极性。这是我以前按照常规的讲授法函授教学中所没有遇到的。

第二，从课堂讨论和汇报的情况看，不少学员开始对“教育”问题进行真正的思考。如一些学员认为，尽管自己长期以来从事着教育工作，但对什么是“教育”，自己的“教育”观是什么并没有进行过系统的思考。一些学员谈到，对于教育概念大家都熟悉，但要说明白教育是什么却真不容易。也有学员认为，通过给教育概念下定义使自己认识到概念的重要性。

第三，从课后学员对教学的评价中，许多学员认为，这种方式的教学“逼迫”自己不得不参与到讨论学习中，并且从其他教师的观点中得到了不少启示。

第四，从学员的自传中可以看出，不少教师开始回忆和挖掘对自己当前的教育观念产生影响的一些典型的事件或人物等。

另外，这次教学对我自己产生的影响也很大，改变了我原有的许多认识，也从学员们身上学到了不少东西。它使我认识到，只有在师生有效交流的环境中，教学相对才能真正地实现，不了解学生的情况一味灌输的教学既是一种浪费，也是一种损失。对于教师来说，失去了从学生身上学习的机会，在教学中反思的机会、专业发展的机会；对于我所要讲授的“教育”内容，学员们显然知之甚少，但他们有着自己的“教育”，只不过他们的“教育”是以“母亲和自己的盲女讨论着花开的声音”，是在“两年多来，自己如何成功地实现弱智儿童智力提升的大量感人的情境和过程中”，是在“‘春晓’为题的音乐课堂中，孩子如何创造性地表现中”等丰富的生活、教育事例为载体和体现的。[①] 这些认识尽管缺乏系统性，但却对他们的教育实践产生了直接的影响。我作为教师，如何建立在他们这种认识的丰富性上，并且能够把它向前推进一步呢？这些认识使我对自己以往的教育信念产生了反思，也对自己未来的教学充满了许多新期待。另外，也使我认识到，要成为有效的促进者，自己首先必须是学习者，成为研究者。

显然，这仅仅是一次短暂的教学实验尝试，我也认识到其中存在着不少的问题，[②] 但它确实使我相信，建构主义有关的观念和主张在理论上具有合理性，在实践上是可行的，它们可以为教师改进教学提供一种新的理论视角和方法论借鉴。这一认识与当前国内其他一些教师教育者的观点基本

① 这些举例选自于“学员们对影响他们教育观的主要典型事例自传性回忆”。

② 我认为最大的遗憾和不足是时间较短，我对学员们的了解太少，所以这种情况下的建构主义教学更多的体现在形式上的和技术意义上的，这对于能够有针对性地真正地促进学生学习是不利的。另外，班级的人数过多（45人），如果规模在少于20人以下，教学效果可能会更好。

上是一致的。[①]

三、建构主义视角下对我国教师教育改革的建议

（一）更新传统的教师教育观念

观念是行为的先导，教师教育改革首先需要转变观念。以建构主义为指导改革我国教师教育，首先应转变传统的教师教育观念。需要以建构主义认识论、学习论和教学论理论视角和方法论为参照，从基础教育改革对教师素质的需求出发，确立新的教师观、教师知识观、教育目标观和教学观等。

1. 以教师作为“反思型实践者”理念为基础确立新的教师观

教师观是指人们对教师职业的特点、责任、教师的角色以及履行职责所必须具备的基本素质等方面的认识。教师教育实践与改革必须依据一定的教师观。就实际来看，当前我国教师教育所依据的教师观，仍然是将科学知识的传授和正确观念与思想灌输作为教师的主要职责，仍然期待教师扮演知识与道德权威、行为与人格的示范者、政府形象与权威的维护者、学生行为的规训者等角色，这些观念与正在深化改革的基础教育领域新的教师观念存在很多本质性的不同，这必然会造成高校教师教育的人才培养与基础教育改革需要之间的脱节，难以培养出符合基础教育改革需要的高素质教师。总的来看，我国基础教育改革正在向着以培养学生的学习能力、创新能力和健全人格为目标的方向逐步迈进，教育教学方式正在从重视教师的“教”转到注重学生的“学”上来，要求教师以有效促进学生的能力和人格发展为依据转变角色提升素质，成为学生学习和道德发展的促

① 其他研究者如丁邦平、张琦、李广平、陈向明等（研究详见丁邦平、张琦:《办好教师发展学校，促进教师专业发展》，载《教育科学研究》2002 年第 6 期。李广平:《建构主义理论对教师教育的启示》，载《外国教育研究》2004 年第 5 期。陈向明:《如何营造一个支持性培训环境》，载《教育科学》2003 年第 1 期）。

进者、思想和行为的引导者，成为反思性实践者、成为研究者。为承担好这些角色和科学履行职责，需要中小学教师除拥有精深的学科专业知识以外，更要具备适当的教育教学观念、较强的实践能力、反思能力、研究能力以及良好的教师职业道德等。教师教育是为基础教育服务的，这些新的教师观理应成为教师教育改革的重要观念基础，并以此来确立新的教师教育人才培养的目标，探索教师教育的新模式。不仅如此，高校教师教育还应该发挥对基础教育的引领作用，如前所述，我们应培养未来的教师以社会主义核心价值观为依据，以促进社会的公平、公正、民主、法治、自由等为目标，成为积极的社会改革者。

最后，我们以一个综合性的理想教师角色——教师作为反思性实践者为例对这些新型的教师观做一概括。作为一个基础教育领域的合格教师应该是这样的，他或她能够围绕学生主动的深层次的学习和社会性发展为中心，以每个学生的创造性思维与个性发展、人格完善、公民意识培养，以促进社会民主和公正、新型人际关系的生成等为目标，以学生的个体发展状况和经验等为主要依据，基于教育中的真实问题，对影响教育教学以及学生素质发展的外在社会因素，对自身的教育教学理念，教学组织过程、方式方法及其效果等进行经常性的、持续性的批判反思，并形成良好的反思习惯。在此基础上还能够以研究者的身份以任务或问题为导向，以提高教育实践效果为目标开展教学行动研究和管理行动研究等。

2. 以教师个体性知识、实践教学知识等观念为依据更新教师知识观

教师知识观是关于教师教育教学所需要知识的性质、价值、特点、内涵、结构、发展方式等的看法和观点。教师知识观对教师教育的课程建设、教育教学方式的选择等具有直接的影响。总体来看，我国教师教育采用的是一种以科学实证主义为基础的教师知识观，它将教师知识看作是一种抽象的、普适的、公共的知识，认为这类知识对教育教学实践具有普遍指导意义，因而只要教师学习者掌握了这些知识，就可以以此为指导进行科学的教育实践。由于这种教师知识观将理论与实践的关系简单化，教师

教育理论教学中采用了不适当的教育教学模式，因而没有发挥应有的作用。另外，这种教师知识观长期压制了人们对教师知识所具有的经验性、个体性、发展性、情境性的认识，使人们更多地看到了教师个体教学经验的偏颇性、局限性，忽略了经验对于教师个体所具有的无可替代的价值，也使教师教育没有将教师的个体知识发展作为教育培养的重要目标。

因此，要推进我国教师教育的深层次改革，需要在对传统教师知识观扬弃的基础上，以对教师个体性知识、实践教学知识的深入研究和认知为依据，确立一种以个体性、经验性、情境性、理论实践统一性等为主要特征的新的教师知识理念。重新认识教师个人知识、实践性知识的作用、价值和意义。认识到对于教师来说，真正有价值的知识是经过教师深度学习、主动建构形成的个体知识，是经过自己的经验认同或在一定的教育情境实践检验证明为有效的知识。这种知识同时又是不断发展的。教师通过对现实问题的发现—提出解决方案—进行行为决策—判断效果—改进方法等的过程，本身是个体基于问题的知识结构不断调整的过程，经过这样的长期实践，教师就会形成自己的、适应于特定社会文化和教育情境的，一种灵活的、具有弹性的、技艺性的知识或能力，这种知识和能力具有个体性、有效性和不可替代性等特点。从建构主义的视角看，教师的这种个体性专业知识和能力是会随着不断地学习和教育实践持续变化和发展的。它需要在持续不断的教育改革中，针对不同的教育对象而变化和发展。

同时，正确认识到教师知识中个体性知识与公共理论知识的关系。公共的教育理论知识是个体建构和形成个体知识的重要知识来源，教师个体知识的发展离不开作为公共知识的教育理论知识的指引。但公共教育理论知识无法替代教师的个体知识，教师实际对教学知识的需求，远远超越了已经被教育专家发现、归纳和格式化的教育科学知识或公共知识。

3. 以新型教师观为依据确立新的教师教育目标观

根据我国当前中小学的教育改革实际需要，以学习的促进者、社会改革者、反思性实践者、研究者等新的教师角色、素质要求为依据，重点培养教师形成以学生自主发展和社会化有机统一目标为中心的新的教育观念，形成以个体主动建构深层次理解基础上的，与现实生活和教学实践存在丰富联系的合理的知识结构，在能力发展上，应以教学设计能力、课程能力、反思能力、交流合作能力、创造能力、行动研究能力、学习能力等主要的能力发展目标；形成平等、合作、公正、尊重等为新的职业道德人格和关系发展目标。这些新的角色，以及相应的素质发展要求，应该成为当前我国教师教育培养方案的新的目标。

4. 以学习者主动参与、合作学习为基础构建教育教学观

从建构主义学习论的视角看，要促进教师学习者有意义的学习，实现教育观念和行为的真正变化，需要改变以知识、道德观念灌输为主的教育教学观。教育观念应从灌输观转为发展观，教学主导思想应从关注"'怎么教'，转换成'教学生怎样学'"上来。[①] 应把教师的专业发展，看作是基于个体经验的不断地持续的拓展、重构等发展的过程，是通过个体实践反思、专业实践合作不断超越自我的过程。认识到学习如何教育教学的过程也是一个个体经验基础上生长的过程、经验改组的过程，一个不断对知识和环境进行创造的过程，同时也是一个专业社会化的过程。应将教学过程看作是一个教师学习者在教师教育者的有效引领和组织下自主学习、主动探究、合作发展的过程，是一个教师学习者的经验不断改组、重组、整合的过程，是一个通过自主建构和深层次理解将公共教育理论转变为教师个体知识的过程。应改变以区分优劣、等级为主的单一的终结性评价观，建立以过程性评价为主以促进学生发展为目的的多元的教学评价观。教学评价应有助于促进学生自主地学习，鼓励学生有依据的对知识的多元建构，鼓励学生提出创新性的思想，鼓励学生的批判性思维，鼓励学生进行理解、整合为特征的深层次学习、开展研究性学习、以问题为中心的学习、以小组为基础的合作性学习等。鼓励学生进行反思性教学实践、开展教学

① 谢安邦:《中国师范教育改革发展的理论问题研究》，载《高等师范教育》2001年第4期。

行动研究等。

最后需要强调指出的是，教师教育的深化改革能否顺利推行，教师培养的模式与教育教学方式是否能够实现转变，关键在教师教育者是否能够首先转变观念，成为真正的学生学习的促进者、反思性实践者、教育行动研究者、合作者、终身学习者等。

（二）构建动态、开放、多元的教师教育课程

1.构建动态、开放、多元的课程体系

所谓“动态”是指课程的过程性、生成性。强调课程是教师和学生根据一定的学习和发展目标，围绕一些现实的教育问题或教育情境而共同探究、对话交流而生成的。所谓“开放”是指课程的内容不再是封闭的，固定不变的。教材内容不再是“标准答案”的唯一来源，而只是成为许多参考的文本中的一个。学生和教师的经验以及要探讨和学习的内容一起，成为课程的重要的资源。所谓的“多元”强调的是课程形式不是唯一的，不再是传统的书本教材，可以是电影、录像等电子文本，可以是丰富的课堂教学现场等。

2.促进不同学科课程内容知识的融合

根据实现知识综合性和增强迁移性的目标，依据建构主义关于学习者在不同知识之间互为架构的理念，应密切学科教学法课程与学科教学内容的联系，加强二者的适当的融合。如把物理课程教学法与普通物理学的内容有机地整合在一起。在实施的方法上，可以由课程教学法教师来承担该类课程的教学任务。

3.形成统一的、前后一贯的核心的课程概念框架

为保持培养工作的相对一致性，保持学生经验获得的连续性、统一性，教师教育课程开发中，应形成一些基本的核心课程概念框架，以作为教师教育方案课程开发的基础。各学校应根据自己的情况，依照国家

的标准，开发自己的统一的校本课程。从国外一些成功的经验看，统一课程核心概念框架的确立，不但可以向学生明确地传达方案设计的目标，也有利于形成大学与中学教师指导者之间的教育的衔接。但应注意在课程要求的统一性，与学生的自主发展和个体理论的建构的目标之间的平衡。

4. 重视以现代信息技术为基础的课程开发

以计算机和网络等为工具进行课程开发，是国外发达国家教师教育改革的主要趋势，也是建构主义教学改革思想实现的有效工具。课程开发的目标应该使教师学习者从基于技术学习应用的消费者和参与观察者，转变为对自己的教学进行适当技术运用的开发者和设计者。不但重视学生对一般信息技术性知识和能力的提高，还应该能够在特定课程为中心的课程学习活动中进行适当的运用。另外，应该注意，在课程设计中将内容知识、教学法内容知识、教育技术知识实现有机的统一。

（三）促进以学生主动学习为中心的教学

按照建构主义学习理论，教师学习者的学习也应是一个基于个体经验的主动的建构过程。教学要获得成效，必须与学习者的原有知识和经验相联系；教师职业的合作发展的专业化要求，以及社会建构主义关于合作学习对个体发展的重要意义，要求教学中促进教师学习者的合作学习，培养未来教师的合作意识和协作能力；教师学习者的学习是一种明确的职业定向的学习，教师获得的知识应是有利于在实践中迁移的知识，根据建构主义情境学习理论，建构主义教学应强调基于真实教学情境的案例等的教学。这些认识告诉我们，应改革当前以知识的单向灌输为主的教育教学形式，采用以学生自主探究和合作学习等为形式的新的教学模式。对于教育类课程学习与教学的改革，我们主张：

1. 构建促进学习者自主发展的教学模式

学习者自主发展模式强调，教学中应以学生为中心，促进学生主动学习。首先，应关注学习者原有的知识和经验，并在此基础上设计和组织教学，教学应能够挑战学生原有的经验，并致力于让学生发生认识失衡，或信念的冲突。如当前我国的多数师范生所形成的对教学的认识在很多方面是与我国中小学正在进行的新基础课程教学观的要求是不一致的。教师教育教学中要取得预期的效果，首先必须让教师学习者认识到自己的原来的观念，并致力于这种观念的转变。第二，应提供学习者选择的机会，并尊重学生的选择，鼓励学生为自己的选择进行辩护，并勇于承担责任。第三，应关注教师学习者个体的差异等。第四，应引导和帮助教师学习者形成自己的教师角色理想。

2. 创设民主、合作、对话的教学文化

根据前面对建构主义学习观和教学论的分析我们知道，创建民主、合作、对话的教学文化，是促进学生认知发展的重要环境基础，也是合作能力、协商能力和民主意识等培养所需要的。① 为创建这种文化，第一，教师教育者应转变自身的角色，成为促进者、合作者、交流者和学习者，教师必须理解这种课堂文化的教育意义和社会价值。教师应给予学生机会，并鼓励学生勇于表达自己的思想；提倡师生之间和同学之间的建设性的对话。第二，加强学习共同体的建设，促进合作学习。根据我们的了解，当前我国的教育中，尽管一直提倡互相帮助，相互学习，互帮互学，但学生们的学习多数是在一种“孤独”的状态下进行的，这种状况至少对培养合作精神是非常不利的。当然建立学习共同体，我们的教育组织形式拥有一

① 总的来看，我国从小学到大学的课堂中仍然保持着一种传统的教学和学习文化，它体现在师生关系上如第三章所指出的是一种主客的关系，是一种灌输与接受的关系，是一种权威与服从的关系，没有形成一种平等基础上师生交流合作的文化。这种传统课堂文化反映出的深层次的文化，是一种传统的等级制的、人与人之间不平等的社会文化。这种传统社会文化基础的课堂文化，实际上在不自觉地再造着一种与我国当前社会文明发展不相适应、相背离的一种文化，从对教育的直接影响看，这种文化造成的一个明显的问题是，师生的交流不畅。北京《新闻晚报》2004 年 1 月 2 日刊载了这样一项报道，在全国范围内，由“知心姐姐”负责的涉及北京、上海等 8 个省市中小学师生交往情况进行的调查显示，“有七成以上的中小学生害怕与老师主动交往”。这则报道所反映的情况从我们自身的经验中可以得到判断是可信的。我们认为要改变这种状况的根本的途径之一，就是应该加强文化的改造，这种改造需要从家庭教育、从幼儿园开始做起，但我们认为，要着手这种改造首先必须从他们的教师的培养，从我们的大学教师教育的课堂开始。

定的优势，如许多学校仍然是以班级为单位进行管理和授课，这种相对固定的制度结构，利于学习者形成长期固定的合作学习关系。这种长期的共同的经验的分享，对于形成基于共同任务基础上的合作伙伴意识，促进他们之间的沟通对话，相互的认知、情感、社会化等的架构，对于他们习惯并成长为未来教学专业发展共同体中的合格一员等，都将具有积极的意义。另外，应重视基于网络的学习共同体的建设与教学的组织，这是现代学习共同体发展的一个重要趋势。

3. 促进以真实的教学实践案例基础上的情境化教学

为实现知识与情境、理论与实践的有机结合，教师教育中应重视以具体的教学实践等为案例基础上的情境教学。关于在教师教育中运用案例教学，我国教育硕士专业学位教育指导委员会在 1999 年《检查教育硕士专业学位联考院校培养工作参考提纲》中已经明确地提出，将“是否安排有案例教学”确定为课程设置检查的标准之一。但据我们了解，由于教师教育者们对这一方法缺乏全面的把握，也缺少足够的适当的教学案例，这一要求在实践中并没有得到很好地贯彻实施。根据我们的理解，开发或选择适当的案例应是案例教学的关键环节，在案例的开发和选择上，当前应该以中小学新课程改革中的优秀教师的教学案例为主。教师和学生应主动地参与到案例收集，编写等的过程中。为保证案例教学工作的开展，教育管理部门和高校应积极开发具有自身特色的案例库。另外，根据国外的经验，当前我们应重视基于计算机和网络为基础的综合性案例文本的建设，以便为教师教育提供鲜活的真实的案例。同时通过网络与中小学改革的较为成功的优质课堂教学建立网络连接，从而实现教师教育与中学教育改革的同步性或从批判的视角上实现适度、超前的发展。

4. 应把“反思”作为重要的教学手段和目标

重视“反思”对于教师成长的重要意义，把促进教师学习者的反思既作为发展的目标，也作为教育教学的重要方法和手段。第一，为促进学生反思能力的发展，应重视有组织和目的地促进学生的反思。为此，不仅应对反思的意义进行深入的认识，还应该在课程和教学的设计等方面贯彻这一思想，进而落实到教师教育的整个过程中，做到制度化、系统化、持久化。为提高教师学习者反思的质量，提高反思能力，应为他们提供一些固定的成熟的反思模式，有目的地进行训练，并结合内容的学习进行持续性的培养。另外，可以通过让教师学习者写日记，参加教师行动研究等途径和方式，培养学生形成反思习惯，使之成为他们生活、学习和工作习惯的一部分，逐渐把自己培养成自我定向的、具有合作精神的、以主体间性关系存在的、合作的专业工作者，一个负责任的新时代的公民与合格教师。第二，应把反思作为一种教育的途径和方法。一方面应该把反思作为促进学生与原有知识和经验相联系的基本的教学方法和手段，并贯彻教学始终。既要重视学生在学习过程中的反思，也重视促进他们学习后的反思；另一方面，把反思作为一种“黏合剂”，用它来连接教育方案中各组成部分或任务，使它们成为一个有机的整体。

5. 运用计算机、网络等新技术改进教学手段

建构主义的发展与新的教学技术手段的革新密切相关。计算机网络技术使得长期以来所追求的个性化教学成为可能，因而教师教育通过计算机网络教学，向学习者展示教师是如何实现 1 对 1 的指导的，怎样进行以网络为基础的学习共同体的学习等，对于教师学习者获得教学经验，以及学习的体验都是必要的。为此我们的教师教育中应加大教育技术改革力度，让教师学习者学会和了解如何通过现代技术和信息平台来实现建构主义教学改革理念。提高教师学习者创造网上合作性学习环境的能力。给他们提供机会和条件，鼓励他们利用网上的资源，在网上交流、解决问题。鼓励教师学习者进行网络学习，以提高他们进行网络学习的能力和教学指导能力。

需要注意的是，以新的教育技术为手段的教学应强调以技术为中介的师生之间互动的合作学习，而不应该强调，如以计算机等来代替教师，每个学生与他的计算机形成一个独立的、封闭的人机对话系统，使学生成为一个缺乏交流的孤独的学习者。日本学者佐藤学认为，这种人机循环系统存在的弊端是，“将切断和谐的人际关系，进一步加剧每一个人的‘个体化’，导致共同体的解体”。他认为，促进“‘学习共同体’的‘媒体’与‘网络’的理想模式，”“‘媒体’与‘网络’不能停留于电脑空间”，应“把学校作为异质文化相互交流的媒体装置加以重建；把课堂这一场所加以重建，使之从信息与信息的‘网络’终端变为人与人的‘网络’据点”。[①] 我们认为，这些认识和建议，是值得我们作为教育技术革新的后来者思考和借鉴的。

6. 运用参与性、综合性的教学评价方式

针对当前我国教师教育中过分注重事后评价、终结性评价、评价方式单一和学习者很少参与的状况，我们认为，我国教师教育的评价理念和体制需要作出如下变革。

第一，在思想上应改变将评价仅仅作为一种促使学习者学习和评价优劣工具的功利性评价观念，而应将其作为向学习者不断提供信息，促进他们持续性发展的重要的手段。第二，重视在真实教学情境中的评价，将评价的重心放在过程性的和诊断性的评价上。第三，采取综合性的多种评价方式，如可以借鉴西方经验，采取专业档案袋、行为评价并结合原来的笔试等的评价等。第四，把教师学习者参与评价作为其专业能力发展的一个重要手段。将评价作为专业成长计划统一的和不可分割的部分，而不只是课程学习结束的评价活动。为此，应允许教师学习者在自己的评价中发挥重要的作用，这不但可以有效地促进他们的学习，也是他们专业学习的内在要求，作为一个未来的教师，他们需要了解教学评价的标准、程序、过程与依据，掌握基本的方法。

---

①［日］佐藤学:《学习的快乐——走向对话》，教育科学出版社 2004 年版，第 72、108 页。

（四）对教师教育实践环节的改革建议

1. 实现教学实习与相关的理论课程学习的有机结合

理论学习与相关实践的有机结合是加强知识理解，提高知识迁移的基本途径和方法。因此，为促进教师学习者理论实践的有机结合，需要打破当前我国教师教育课程设置中理论学习与教学实践相分离的状况。把教学实习与相关理论课程的学习在时间、进度、指导教师等方面进行合理安排，以使教师学习者能够将理论的学习与教学实践密切结合，促进一般理论知识与学科教学知识的有机融合，使教师学习者生成真正属于自己学科教学法知识，并通过对实践过程和经验的全面反思，形成实践教学知识。同时，也有助于学习者感受到个体理论与实践的相互建构过程，体验基于个体理论的实践反思等。

2. 增加教育实践的内容、丰富学习者的实践经验

建构主义强调个体经验是新知识的连接点。为增加学生教师的实践经验，为理论课程的学习提供全面的实践经验支撑，应拓展学生参与教育实践的领域，增加学生教育实习的内容安排，除教学以外，应让学生参与到一个在职教师在平常教学中可能从事的一切工作和活动中。为丰富学生对不同学校文化、学生群体的了解，根据国外教师教育实践的经验，可以安排学生分别到办学条件不同、情况差别较大的学校中获得相应的体验。另外，除了传统的见习和实习的内容以外，为提高教师学习者的研究能力，还应要求他们参与一定的课题研究，如从事教师行为研究、学生研究等探究性活动。

3. 应保持教学指导工作的一致性

保持教学指导工作的一致性是教师学习者获得连续性的学习经验，形成相对统一、和谐、整体性教育教学知识的重要保证。为防止因不同的指导教师在主要的教学观等方面存在的冲突，为保持教师学习者经验的连续性和教师指导的有效性，大学和中学指导教师在基本的指导思想和认识上

应形成一致性的看法。另外，需要制定具有观念明确、标准清晰的学生实习指导手册，以保证指导和实习要求的统一性。

4. 促进行动研究与教学实践的结合

应将开展教育行动研究作为教师学习者教学实践的基本要求，通过开展教育行动研究使学习者形成教学即研究、管理即研究、教师即研究者的观念和意识，并发展相关的教育实践研究能力。应引导和鼓励教师学习者开展以团体合作为基础的教育行动研究，教师以引领者和合作者的角色参与到学生的行动研究中去。

四、推进教师教育改革的几点建议

对于当前我国的教师教育来说，基于建构主义理论的改革堪称是一项“革命性”的变革。但这种“革命”应该是循序渐进的，因为建构主义本身就是一种开放的理论体系，国外建构主义改革并没有也不可能为我们提供一种标准的范本。它需要我们结合自身的教育实际和问题，以我国基础教育改革的现实需要为目标，以建构主义的基本理论和教学主张为重要理论依据，进行积极的教学改革试点，不断总结经验，以逐步形成我们自己的理论和方法体系。为保证改革稳妥、顺利地进行，我们提出以下几点改革建议。

（一）应积极进行教师教育改革的试点

为保证这一改革的质量，实现改革工作的长期、稳定、有效的开展，应采取由点及面，先实验再推广的改革策略。为此应建立一定的改革实验基地。根据国外的有关经验，为有利于理论与实践的有机统一，改革实验基地的建设应该是以中小学为中心，由中小学和大学共同联合来筹建。参与改革试点的单位，开始应以建构主义教育改革领域的科研力量强的师范大学与那些当前在新课程改革中成绩突出的中小学为主，并由大学教育专家和中学教学专家教师共同来规划组织日常的教育教学的工作。

为实现各项工作协调有序列地进行，实现教育培养的良性循环，可借鉴美英等国的做法，把改革实验基地建立成为集中小学教学、师范教育和教育科研为一体的，有机协调、相互促进的多功能基地。如通过大学教师教育者与中小学教师密切合作，形成长期稳定的教学与科研关系，他们在一起共同研究教学，共同从事师范生的教师教育，合作进行中小学课程与教学改革的实践，共同指导毕业生的教学实习，也共同进行着新教师的入职教育和以后的培训工作。这种长期的教学研究相结合的伙伴关系，可以使参与其中的教师们获得不断的专业发展，成为合格的教师教育者。

（二）加强教师教育者培养培训工作

"教师是教育活动和教育改革的主导因素，其质量的高低直接决定着教育的质量优劣。"[①] 建构主义教师教育改革的培养目标能否实现，关键在于建立一支合格的教师队伍。当前，大学中熟悉建构主义理论和教学的师资还很有限，要进行改革需要加强培养、培训工作。除国内培养外，我们也应当选派教师到国外一些建构主义教师教育开展较成功的大学去进修，以便获得全面的学习和教学经验。另外，应该注意从中学师资中选拔教师教育者，如那些在教学改革中成绩突出的教师，应该对他们进行适当地培训，让他们参与到教师教育者的队伍中来。从实现教师教育与中小学教学实践密切结合的改革趋势看，根据国外有关经验，吸收中小学优秀教师作为教师教育者，应是未来教师教育者的重要来源。

（三）提供必要的政策和资金等支持

任何改革都是有代价的。从上一章我们知道，建构主义教师教育改革，需要政策的支持，需要人力、物力、资金等的投入。从政策上来说，我们已经看到，这一改革牵扯到教师观和教师素质目标的重新定位问题，牵扯到课程等的教学纲领问题，教学的评价标准问题等。它们需要对教师

① 谢安邦:《教师教育一体化改革的理论探讨》，载《高等师范教育研究》1997 年第 5 期。

资格标准、课程标准、教学标准等作出相应的改革调整。没有这些政策合理性的支持，改革将难以取得应有的成效。从资金和物质条件来说，这种教学改革需要充足的空间和一定的设备等为基础。另外，对于参与改革的教师教育者个人来说，需要付出大量的时间和精力，需要承担改革给自己带来的心理压力和不安全等。因此，要有效地推动改革，从国家政府以及大学等主要决策者和部门来说，除了在思想上对这一工作的意义真正地认识，并给予足够的重视外，还需要从物力、资金、人员待遇等政策方面给予必要的支持。

主要参考文献

一

1. [巴西]保罗·弗莱雷：《被压迫者教育学》，华东师范大学出版社2001年版。
2. [美]Lynda Fielstein，Patricia Phelps著，王建平等译：《教师新概念——教师教育理论与实践》，中国轻工业出版社2002年版。
3. [美]爱莉诺·达克沃斯主编，张华等译：《“多多益善”——倾听学习者解释》，高等教育出版社2004年版。
4. [美]杜威著，傅统先等译：《人的问题》，上海人民出版社1965年版。
5. [美]杜威著，王承绪译：《民主主义与教育》，人民教育出版社2001年版。
6. [美]莱斯利·P.斯特弗：《教育中的建构主义》，华东师范大学出版社2002年版。
7. [美]麦金太尔（McIntyre，D.J.）等著，丁怡等译：《教师角色》，中国轻工业出版社2002年版。
8. [美]托马斯·库恩：《科学革命的结构》，北京大学出版社2003年版。
9. [美]小威廉姆·E.多尔，[澳]诺尔·高夫主编，张文军、张华等译：《课程愿景》，教育科学出版社2002年版。
10. [美]约翰·D.布兰斯福特·安等编著，程可拉等译：《人是如何学习的——大脑、心理、经验及学校》，华东师范大学出版社2002年版。
11. [日]筑波大学教育学研究会编，钟启泉译：《现代教育学基础》，上海教育出版社1986年版。

12. [日]佐藤学著，钟启泉译:《课程与教师》，教育科学出版社2003年版。
13. [日]佐藤学著，钟启泉译：《学习的快乐——走向对话》，教育科学出版社2004年版。
14. [瑞]皮亚杰：《认识发生论》，商务印书馆1987年版。
15. [瑞]皮亚杰：《心理学与认识论》，求实出版社1988年版。
16. [意]维柯：《新科学》，商务印书馆1987年版。
17. 曹卫东：《交往理性与诗性话语》，天津社会科学院出版社2001年版。
18. 陈贵生：《教育原理》，华东师范大学出版社2000年版。
19. 陈永明：《教师教育研究》，华东师范大学出版社2002年版。
20. [美]戴维·H.乔纳森著，郑太年、任友群等译:《学习环境的理论基础》，华东师范大学出版社2002年版。
21. 范良火：《教师教学知识发展研究》，华东师范大学出版社2003年版。
22. 冯友兰：《觉解人生》，浙江教育人民出版社1996年版。
23. 冯增俊：《教育人类学》，江苏教育出版社2001年版。
24. 傅道春：《教师的成长与发展》，教育科学出版社2001年版。
25. 顾明远主编：《教育大辞典(卷2)》，上海教育科学出版社1990年版。
26. 黄济：《教育哲学》，山西教育出版社2002年版。
27. 教育部师范司：《教师专业化的理论与实践》，人民教育出版社2003年版。
28. 刘捷：《专业化：挑战21世纪教师》，教育科学出版社2002年版。
29. 刘清华:《教师知识的模型建构研究》，中国社会科学出版社2004年版。
30. 罗树华、李洪珍：《教师能力学》，山东教育出版社1997年版。
31. 孟育群：《现代教师论》，黑龙江教育出版社1991年版。
32. [瑞典]胡森：《教育大百科全书：教学、教师教育（卷8）》，西南师范大学出版社、海南大学出版社2006年版。
33. 施良方：《学习心理学》，人民教育出版社1994年版。
34. 石中英：《知识转型与教育改革》，教育科学出版社2001年版。
35. 唐松林：《教师行为研究》，湖南师范大学出版社2002年版。

36. [俄] 维果茨基：《思维与语言》，浙江教育出版社 1997 年版。
37. 吴康宁：《教育社会学》，人民教育出版社 1998 年版。
38. 谢安邦：《师范教育论》，中国建材工业出版社 1997 年版。
39. 薛天祥：《高等教育文集》，高等教育出版社 2003 年版。
40. 叶澜：《教师角色与教师发展新探》，教育科学出版社 2001 年版。
41. 袁维新：《认知建构论》，中国矿业大学出版社 2002 年版。
42. 张华：《经验课程论》，上海教育出版社 2001 年版。
43. 钟启泉：《现代课程论》，上海教育出版社 2003 年版。
44. 周浩波：《教育哲学》，人民教育出版社 2000 年版。

二

1. [德] 埃瓦尔德·特尔哈特：《建构主义与教学(一)——在普通教学论中会出现一种新思想吗？》，载《外国教育资料》2000 年第 3 期。
2. [美] 布朗：《什么是建构主义》，载《职教论坛》2003 年第 6 期。
3. 安维复：《社会建构主义评介》，载《教学与研究》2003 年第 4 期。
4. 操太圣、卢乃桂：《教师专业发展新范式及其在中国的萌生》，载《教育发展研究》2002 年第 11 期。
5. 陈皓薇、林逢祺、洪仁进：《课程统整与教师知识的转化——以文艺和人文领域教师为例》，载《台湾师范大学学报(教育类)》2004 年第 1 期。
6. 陈俐：《建构主义理论及其德育观》，载《内蒙古师范大学学报》2003 年第 1 期。
7. 陈少华、郑雪：《整合人格：一种建构主义的观点》，载《心理学动态》2000 年第 4 期。
8. 陈向明：《如何营造一个支持性培训环境》，载《教育科学》2003 年第 1 期。
9. 陈向明：《小组合作学习的条件》，载《清华大学教育研究》2003 年第 4 期。

10. 陈向明：《实践性知识：教师专业发展的知识基础》，载《北京大学教育评论》2003 年第 1 期。
11. 丁邦平、张琦：《办好教师发展学校，促进教师专业发展》，载《教育科学研究》2002 年第 6 期。
12. 丁邦平：《建构主义与面向 21 世纪的科学教育改革》，载《比较教育研究》2001 年第 8 期。
13. 方燕萍：《教师应该知道什么、能够做什么》，载《外国中小学教育》1997 年第 4 期。
14. 傅维利、王维荣：《关于行为主义与建构主义教学观及师生角色观的比较与评价》，载《比较教育研究》2000 年第 6 期。
15. 高文：《教育中的若干建构主义范型》，载《全球教育展望》2001 年第 10 期。
16. 郭裕建：《“学与教”的社会建构主义观点述评》，载《心理科学》2002 年第 1 期。
17. 韩红、李海涛：《交往理性、主体间性与新世纪文化对话——兼论交往与社会进步》，载《徐州师范大学学报(哲学社会科学版)》2002 年第 2 期。
18. 韩向前:《国外教师心理研究述要》,载《心理科学通讯》1988 年第 1 期。
19. 何克抗：《关于建构主义的教育思想与哲学基础——对建构主义的反思》，载《基础教育参考》2004 年第 10 期。
20. 何克抗：《建构主义的教学模式、教学方法与教学设计》，载《北京师范大学学报(社会科学版)》1997 年第 5 期。
21. 何萍：《维柯与文化哲学》，载《福建论坛·人文社会科学版》2001 年第 3 期。
22. 胡斌武、吴杰：《建构主义教学论述评》，载《电化教育研究》2002 年第 7 期。
23. 胡艳：《关于影响中小学教师基本素质因素的探讨及其素质内涵的理解》，载《高等师范教育研究》2000 年第 6 期。

24. 黄飞莺、周志毅：《师范生批判性反思能力的培养：意义·方法》，载《浙江师范大学学报（社会科学版）》2003 年第 4 期。

25. 黄飞莺：《建构主义教学观对教师教学行为的影响》，载《杭州教育学院学报》2002 年第 2 期。

26. 惠中：《高等教育体系中小学教育专业建设的思考》，载《高等师范教育研究》2003 年第 2 期。

27. 李广平：《建构主义理论对教师教育的启示》，载《外国教育研究》2004 年第 5 期。

28. 李红美：《论合作学习中教师的角色转变》，载《继续教育研究》2004 年第 4 期。

29. 李树臣：《建构主义教学观下数学教师的理念》，载《理科教学探索》2003 年第 12 期。

30. 李云文：《基于建构主义学习理论下的教师知识技能》，载《首都师范大学学报（社会科学版）》2002 年增刊。

31. 郦妍：《建构主义视野下的教师能力构成与师资培养》，载《安徽教育》2003 年第 10 期。

32. 刘娟：《建构主义课堂教学对教师提出的新要求》，载《教育评论》2001 年第 3 期。

33. 柳英林：《建构主义教学模式与大学英语教师角色的重新定位》，载《现代教育科学》2002 年第 1 期。

34. 马录堂：《爱生厚学博艺——教师基本素质》，载《教育科研通讯》1997 年第 2 期。

35. 孟万金：《教师的专业素质及其立体建构：校长的视角》，载《高等教育研究》2004 年第 6 期。

36. 裴新宁：《“学习者共同体”的教学设计与研究——建构主义教学观在综合理科教学中的实践之一》，载《全球教育展望》2001 年第 3 期。

37. 裴学梅：《教师行为研究：外语教师发展新途径》，载《山东外语教学》2003 年第 1 期。

38. 钱广华：《康德的范畴理论》，载《安徽大学学报(哲学社会科学版)》2001年第3期。
39. 邱紫华：《维柯〈新科学〉在思想史上的创新》，载《江汉大学学报》2001年第4期。
40. 曲铁华、梁清、孙帅：《国外关于21世纪教师教育所面临的困境的思考》，载《外国教育研究》2002年第6期。
41. 曲铁华、张晓静：《教师劳动美浅析》，载《教育研究》1996年第2期。
42. 饶从满、王春光：《反思型教师与教师教育运动初探》，载《东北师范大学学报(哲学社会科学版)》2000年第5期。
43. 申继亮、费广洪、高潇潇：《知识、反思、观念——当前中小学教师教育的主要任务》，载《中小学教师培训》2001年第3期。
44. 申继亮、费广洪、李黎：《关于中学教师成长阶段的研究》，载《天津师范大学学报(基础教育版)》2002年第3期。
45. 申继亮、李琼：《从中小学教师的知识状况看师范教育的课程改革》，载《课程·教材·教法》2001年第11期。
46. 申继亮、王凯荣：《论教师的教学能力》，载《北京师范大学学报(人文社会科学版)》2000年第1期。
47. 沈书生、李艺：《论建构主义的竞争意义缺失》，载《中国电化教育》2002年第6期。
48. 汤丰林、申继亮：《论基于问题学习的教师观——兼论我国新课程实施中教师角色的变化》，载《高等师范教育研究》2003年第4期。
49. 唐松林、徐厚道：《教师素质的实然分析与应然探讨》，载《高等师范教育研究》2000年第6期。
50. 唐玉光：《论教师教育的专业性》，载《教育研究》2002年第7期。
51. 童世骏：《没有“主体间性”就没有“规则”——论哈贝马斯的规则观》，载《复旦学报(社会科学版)》2002年第5期。
52. 王爱玲、靳莹：《新世纪教师能力体系探析》，载《教育理论与实践》2000年第4期。

53. 王本陆：《面向21世纪的学生观》，载《课程·教材·教法》1998年第10期。
54. 王光荣:《维果茨基心理学理论述评》,载《心理学探新》2002年第4期。
55. 王文静:《维果茨基“最近发展区”理论对我国教学改革的启示》,载《心理学探新》2000年第2期。
56. 王紫馨：《建构主义视角下的师生身份确认与角色转换》，载《西南交通大学学报(社会科学版)》2004年第3期。
57. 文辅相：《我国大学的专业教育模式及其改革》，载《高等教育研究》2000年第2期。
58. 吴惠青、刘迎春：《论教师课程能力》，载《高等师范教育研究》2003年第2期。
59. 吴卫东、骆伯巍:《教师的反思能力结构及其培养研究》,载《教育评论》2001年第1期。
60. 肖川：《建构主义与道德教育中的灌输》，载《河北师范大学学报(教育科学版)》1999年第10期。
61. 谢安邦:《教师教育一体化改革的理论探讨》,载《高等师范教育研究》1997年第5期。
62. 谢安邦:《中国师范教育改革发展的理论问题研究》,载《高等师范教育》2001年第4期。
63. 谢培松:《本专科小学教师教育课程方案的研究与构建》,载《课程·教材·教法》2004年第3期。
64. 辛涛、申继亮：《论教师的教育观念》，载《北京师范大学学报(社会科学版)》1999年第1期。
65. 熊川武：《试析反思性教学》，载《教育研究》2000年第2期。
66. 徐斌艳：《极端建构主义意义下的数学教育》，载《外国教育资料》2000年第3期。
67. 徐静竹：《建构主义学习理论与我国当前的教学改革》，载《青岛大学师范学院学报》2003年第1期。

68. 徐银燕：《建构主义学习环境下师生角色的转变》，载《广东职业技术师范学院学报》2002 年第 1 期。
69. 杨春宏、张生春：《建构主义与基础教育改革》，载《河北师范大学学报 (教育科学版)》1998 年第 3 期。
70. 杨启亮：《教师成长发展的观念及其昭示的必然性分析》，载《教育发展研究》2001 年第 11 期。
71. 叶澜：《实现转型：新世纪初中国学校变革的走向》，载《探索与争鸣》2002 年第 1 期。
72. 叶澜：《思维在断裂处穿行》，载《中国教育学刊》2001 年第 4 期。
73. 张贵新、饶从满：《反思型教师教育的模式述评》，载《东北师范大学学报 (哲学社会科学版)》2002 年第 1 期。
74. 张贵新、饶从满：《国际新教师专业特性论介评》，载《外国教育研究》2002 年第 11 期。
75. 张红霞：《建构主义对科学教育理论的贡献与局限》，载《教育研究》2003 年第 7 期。
76. 张建伟、陈琦：《简论建构性学习和教学》，载《教育研究》1999 年第 5 期。
77. 张金福、薛天祥：《论目前我国教师教育培养模式的认识取向——兼评我国当前教师教育政策》，载《高等教育研究》2002 年第 6 期。
78. 张锦坤、刘露：《谈建构主义教学观对教师的要求》，载《龙岩师专学报》2002 年第 5 期。
79. 张奎明：《美国教师教育中案例方法的应用与研究》，载《高等师范教育研究》1997 年第 2 期。
80. 张文兰：《建构主义学习环境下教师角色的再定位》，载《电化教育研究》1999 年第 4 期。
81. 张学民、申继亮：《国外教师职业发展及其促进的理论与实践》，载《比较教育研究》2003 年第 4 期。
82. 赵继政：《建构主义与外语教师的培养》，载《湛江师范学院学报 (哲学社会科学版)》2000 年第 4 期。
83. 赵蒙成:《建构主义教学的条件》,载《高等教育研究》2002 年第 3 期。
84. 郑东辉、施莉:《国外教育实习发展概况及启示》,载《高等师范教育研究》2003 年第 5 期。
85. 郑毓信:《建构主义之慎思》,载《开放教育研究》2004 年第 1 期。
86. 邹艳春:《建构主义学习理论的发展根源与逻辑起点》,载《外国教育研究》2002 年第 5 期。

三

1. 鞠玉翠:《教师个人实践理论的叙事探究》,华东师范大学博士论文,2003。
2. 李春艳:《基于建构主义的网络化 CAI 的研究》,哈尔滨工程大学硕士论文,2001。
3. 李启柱:《建构观与中学数学教学》,华中师范大学硕士论文,2000。
4. 李曦:《“创设情境,导学探索,自主解决”教学模式在初中数学教学中的实验研究》,西南师范大学硕士论文,2002。
5. 刘振博:《CAI 在中学物理教学中的应用研究——论建构主义与传统物理教学改革》,山东师范大学硕士论文,2001。
6. 罗欢:《建构主义课程研究》,西南师范大学硕士论文,2002。
7. 马秀梅:《建构主义与中学数学教学》,首都师范大学硕士论文,2000。
8. 彭小芝:《化学情境教学的构建与实践》,华中师范大学硕士论文,2003。
9. 肖婕:《21 世纪教师形象设计》,华中师范大学硕士论文,2000。
10. 杨素萍:《论课堂交往》,广西师范大学硕士论文,2000。
11. 杨晓娟:《基于建构主义学习理论的教学过程设计模式》,山东师范大学硕士论文,2000。

12. 于晓波：《基于建构主义教学环境的开发》，山东师范大学硕士论文，2000。
13. 张程：《建构主义观点下的数学创造性思维的研究》，首都师范大学硕士论文，2002。
14. 张桂春：《激进建构主义研究》，华东师范大学博士论文，2002。
15. 张宏涛：《论网络时代的教师角色》，河南大学硕士论文，2001。
16. 赵福菓：《中学教师教学效能感与若干因素的相关研究》，西南师范大学硕士论文，2000。
17. 郑秋贤：《“冲破坚冰”——三位浸入式教师成长的故事》，华东师范大学博士论文，2003。
18. 卓秀坚：《渗透性德育初探》，华中师范大学硕士论文，2000。

四

1. Abdal-Haqq, Ismat(1999), Constructivism in Teacher Education:Considerations for Those Who Would Link Practice to Theory. ERIC Digest. ERIC Clearinghouse on Teaching and Teacher Education Washington DC [EB/OL]. http://www.ericdigests.org/1999-3/theory.htm.
2. Alan R. Tom, (1997), Redisigning Teacher Education, State University of NewYork Press.
3. Alberto J. Rodriguez and Cathy Zozakiewicz, (2005), Using Sociotransformative Constructivism (sTc) to Unearth Gender Identity Discourses in Upper Elementary Schools[EB/OL].http://www.urbanedjournal.org/articles/article0017.htm.
4. Alberto J. Rodriguez, (2000), Sociotransformative Constructivism:What is it and how can I use it in my classroom? http://edweb.sdsu.edu/pathways/construct.pdf.
5. Andy Hargreaves, (2003), Teaching in the Knowledge Society:Education in the Age of Insecurity.New York:Teachers College Press.

6. Anne Edwards,Peter Gilroy & David Hartley, (2002), Rethinking Teacher Education:Collaborative Responses to Uncertainty.Routledge/Falmer,New York.
7. Brooks, M.G., & Brooks, J.G.,The courage to be constructivist. Educational Leadership57(3),1999,pp.18-24.
8. Brooks,Jacqueline Grennon and Martin Brooks., (1993), In Search of Understanding—The Case for Constructivist Classrooms. ASCD:Alexandria,Virginia.
9. Calderhead,James Shorrock,Susan S., (1997), Understanding teacher education. Falmer Press.
10. Cannella,G. S.,& Reiff,J. C., (1994), Individual constructivist teacher education:Teachers as empowered learners. Teacher Education Quarterly 21(3).
11. Carol M. Barker., (2000), Education for International Understanding and Cathy Miles Grant.Professional Development in a Technological Age:New Definitions, Old Challenges, New Resources[EB/OL].http://ra.terc.edu/publications/TERC_pubs/ professional2.html.
12. Characteristics of Constructivist Learning & Teaching [EB/OL] http://www.cdli.ca/~elmurphy/emurphy/cle3.html.
13. Charles Ahearn,Servedeborah,etc, (2002),The Diversity Kit:An Introductory Resource for Social Change in Education.The Northeast and Islands Regional Educational Laboratory a program of The Education Alliance at Brown University[EB/OL] http://www.alliance.brown.edu/tdl/diversitykitpdfs/.
14. Coed Conceptual Framework(May, 2004). The University of Wyoming (uw)College of Education (coe) Conceptual Framework [eb/ol].http://www.uwyo.edu/ted/democratic.asp.
15. Education Unit,Bagwell College of Education,Kennesaw State University ,Collaborative Development of Expertise in Teaching and

Learning,Accessed May 5,2004. http:// www.kennesaw.edu/col_hhs/hps/general/TED/BCOE-CF.

16. D.D. Goldhaber and D. J. Brewer, (1996), "Why Don't Schools and Teachers Seem to Matter? Assessing the Impact of Unobservables on Educational Productivity, " Journal of Human Resources 32,no. 3.
17. D.H. Monk,(1994),"Subject Matter Preparation of Secondary Mathematics and Science Teachers and Student Achievement, " Economics of Education Review 13,no.2.
18. Dale P. Scannell. Models of Teacher Education,Accessed October 12,2016. https://zh.scribd.com/document/151140895/Models-of-Teacher-Education.
19. David Scheidecker & William Freeman, "Bringing Out the Best in Students How Legendary Teachers Motivate Kids".
20. Deborah Burk Rodgers, Christine Chaillé.Being a Constructivist Teacher Educator:An Invitation for Dialogue [EB/OL].http://www.ed.pdx.edu/project/eccte/article1.html.
21. DES.CLARKE, (1992), Annouces Radical Over haul of Teacher Traning. The Department of Science Education & Scince News.
22. Donald Schön's, （1987）, "Educating the Reflective Practitioner" to the meeting of the American Educational Research Association.Washington,DC [EB/OL]. http://educ.queensu.ca/~russellt/howteach/schon87.htm.
23. Ellen van den Berg, Janine van der linde, R.V.Piekartz, M., Vervoot. Bring practice to thoery in teacher education:the role of hypermedia enviroments. Paper present at the 13th conference of the World Association on Cooperatief Education , August 27-29, Rotterdam, the Netherlands.
24. Geelan D. R., (1997), Epistemological Anarchy and the Many Forms of Constructivism, Science & Education, Vol.6.
25. Geelan.D.R.,Charles Taylor P.,Day B., Teaching as a Moral Activity:Critical Reflections in Teacher Education[EB/OL].http://bravus.port5.com/moral.

htm.

26. Global Competence. Report of a Meeting Convened by Carnegie Corporation of New York January 21.

27. Illinois State University Physics Teacher Education Program Overview[EB/OL]. http://www.phy.ilstu.edu/~wenning/NCATE/overview.html.

28. James H. Stronge.(2002). Qualities of Effective Teachers[EB/OL]. http://www.ascd.org/publications/books/2002stronge/chapter2.html.

29. Jean W. Pierce, Deborah L. Kalkman. （2003）.Applying Learner-Centered Principles in teacher education.Theory Into Practice.

30. Jerry Willis.The Maturing of Constructivist Instructional Design:Some Basic Principles That Can Guide Practice contributing Editor. [EB/OL]. http://www.etc.edu.cn/fenlei.htm.

31. Joe L. Kincheloe.(2003).Teacher as researchers.First published by Routledge Falmer.

32. Joellen Killion, (1998), Learning depends on teacher knowledge [EB/OL]. http://www.nsdc.org/library/publications/results/res.

33. John Seely Brown, Allan Collins and Paul Duguid, (1989), Situated Cognition and the Culture of Learning.Educational Researcher; v18 n1, pp. 32-42,Jan-Feb [EB/OL].http://www.exploratorium.edu/resources/museumeducation/situated.html.

34. Jones.M.G.,Brader-Araje.L., (Spring, 2002), The Impact of Constructivism on Education:Language, Discourse, and Meaning. American Communication Journal. V5, [EB/OL] http://www.acjournal.org/holdings/vol5/iss3/special/jones.htm.

35. Joseph O.Milner, Roy Edelfelt, Peter T.Wilbur, (2001), Developing Teachers. University Press of America, Inc.Lanham · New York · Oxford.

36. Julie Rainer Dangel, Edi Guyton, (Fall, 2004).An Emerging Picture of Constructivist Teacher Education.The Constructivist. Vol. 15.

37. Katherine K.Merseth.(1991). “The Early History of Case Based Instruction:Insights for Teacher Education Today” Journal of Teacher Education Vol. 42 No.4.

38. Kerry Cochrane,Mary Jane Mahony, （July, 1999）, Capabilities, constructivism and portfolios:working towards a fresh approach to curriculum design in management education .HERDSA Annual International Conference[EB/OL]. http://www.herdsa.org.au/branches/vic/Cornerstones/pdf/Cochrane.PDF.

39. Kristi L. Pearce & Carol A. Hess.（1999）.The Nature of Constructivism. the Collaboration for the Advancement of College Teaching & Learning Quarterly.

40. L.S.Shlman.(1987), Knowledge and teaching:Foundations of the new reform, Harward Educational Review , Vol.57, No.1.

41. Lee A. Plourde, Osman Alawiye, （2003）, Constructivism and elementary preservice science teacher preparation:knowledge to application.College Student Journal.

42. Lynn Schofield Clark,Critical Theory and Constructivism:Theory and Methods for the Teens and the New Media @ Home Project [EB/OL]. http://www.colorado.edu/journalism/mcm/qmr-crit-theory.htm.

43. Mathematical Sciences Education Board (MSEB) and National Research Council,Everybody Counts: A Report to the Nation on the Future of Mathematics Education,Accessed June 30, 2004. https://www.nap.edu/catalog/1199/everybody-counts-a-report-to-the-nation-on-the-future.

44. Matthews,M.R., (2000), Constructivism in Science and Mathematics Education. In D.C. Phillips (ed.),National Society for the Study of Education,99th Yearbook,Chicago,University of Chicago Press,pp. 161-192.

45. Merryfield,Merry, (1995), Teacher Education in Global and International Education. ERIC Clearinghouse on Teaching and Teacher Education

Washington DC.

46. Michael de Courcy Hinds. , (2002), Teaching as a Clinical Profession:A New Challenge for Education.Carnegie Corporation of New York.

47. Michael L. Bentley,Intrducing critical constructivism: Critical Consciousness Through A Critical Constructivist Pedagogy,Accessed October 15,2016.https://web.utk.edu/~mbentle1/Crit_Constrc_AESA_03.pdf.

48. Naylor, Michele.Vocational Teacher Education Reform. ERIC Digest No. 180. ERIC Clearinghouse on Adult Career and Vocational Education Columbus OH[EB/OL].http://www.ericfacility.net/databases/ERIC_Digests/ed407572.html.

49. Newmann. Fred. M.,Wehlage.Gary.G.,Five Standards of Authentic Instruction[EB/OL].http://www.ascd.org/pdi/demo/diffinstr/newmann.html.

50. Oldfather,P.,Bonds,S.,& Bray,T., (1994), Drawing the circle:Collaborative mind mapping as a process for developing a constructivist teacher education program. Teacher Education Quarterly 21(3), 5-13. ej 492 137.

51. Carol M. Barker.,Education for International Understanding and Global Competence.Report of a Meeting Convened by Carnegie Corporation of New York January 21,Accessed November 20,2004.https://www.carnegie.org/.../ccny_meeting_2000_competence.pdf.

52. Paul Ernest, Social Constructivism as a Philosophy of Mathematics: Radical Constructivism Rehabilitated?. http://www.tigerulze.net/prof/profdocs/ernest.pdf.

53. Prawat, R. S., (1992), Teachers' beliefs about teaching and learning:A constructivist perspective. American Journal of Education, 100(3), 354-395.

54. Rand J. Spiro,Paul J. Feltovich,Michael I. Jacobson and Richard L. Coulson. Random Access Instruction for Advanced Knowledge Acquisition in Ill-Structured Domains. [EB/OL]http://www.ilt.columbia.edu/Publications/papers/Spiro.html.

55. Richard I. Arends, (1998), Learning to Teach.McGrw .Hill.
56. Ron Goddard,Robert Campbell, (2003), Developing a Teacher Education Program for the Twenty-First Century. A Proposal for the Hawaii International Conference on Education January.
57. Ronald J. Bonnstetter. A Constructivist Approach to Science Teacher Preparation.
58. Rosie Turner-Bisset, Rosie Bisset Turner.Expert Teaching:Knowledge and Pedagogy to Lead the Profession[M].David Fulton Publisher Ltd.2001.
59. Saila Anttonen, (1999), The Trouble of Social Constructivism.Paper presented at the European Conference on Educational Research, Lahti, Finland 22-25 September 1999[EB/OL]. http://www.leeds.ac.uk/educol/documents/00001349.htm.
60. Standards and quality in Initial Teacher Training at the University of Wales Aberystwyth and its partner schools, (2001), Crown Copyright[EB/OL]. www.estyn.gov.uk/inspection.
61. Steve Rhine.What Do Constructivist Teachers Do?[EB/OL]. http://www.willamette.edu/~srhine/Articles/whatconstruct.
62. The Delawareh Professional Teaching Standards（1999）[EB/OL]. http://www.doe.state.de.us/DPIServices/teacher.htm.
63. The Holmes Group. Tomorrow' Schools of Education.East lansing, Mich.1995.
64. The University of Wyoming (uw), (2004), College of Education (coe), Conceptual Framework. [eb/ol]. http://www.uwyo.edu/ted/democratic.asp.
65. Tom Russell, Radical Program Change in Preservice Teacher Education: What and How We Learn From Personal and Institutional Experience, Accessed April 10,2004. http://educ.queensu.ca/~russellt.
66. Tom,Alan R., (1997), Redesigning Teacher Education. Albany.State University of New York Press.

67. Tony J. Manson.(2002)Teacher Education Preparation for Diversity.Edwin Mellen Press.

68. Tracy C.,Rock,Levin,Barbara,Collaborative action research projects: Enhancing preservice teacher development in professional development schools,Accessed May 2,2004. https://www.researchgate.net/publication/234709221.

附录　作者已经发表的有关教师教育研究论文

"无缝衔接"的教师教育理念及其实现

终身教育时代背景下的教师职业生涯是一个不断学习的过程。应对时代的挑战，针对基础教育不断变革的要求，着眼于教师持续的专业发展，不同阶段的教师教育应实行整体性、系统性设计，不仅要实现教师职前培养与在职培训的一体化建设，而且更要强调教师教育过程中的"无缝衔接"。

一、教师教育衔接的理念、现状与问题

教师教育衔接理念是针对教师职业发展的不同阶段相互分离、自我封闭、缺乏联系，培养、培训内容低水平重复等问题而提出的，为提高培养培训的效能，促进教师学习者 (teacher learners)[①] 专业知识和技能的持续不断提高，应对教师职业生涯不同发展阶段的培养培训工作进行整体设计、科学规划，使教师的职前培育、人职教育和在职培训形成一个相互衔接、逐步提高的完整教育体系。在这一理念指导下，以促进阶段衔接和教师学习者持续发展为目标的教育改革实践大致有三类。

第一类强调机构的整合。这类改革主要解决的是教师培养培训机构之

① 教师学习者是对接受教师专业教育人员的统称，主要包括师范生和在职学习的教师。其对应概念是教师教育者或教师指导者 (teacher educators)。

间相互分离、自成一体、资源配置不合理等问题，试图通过机构整合或合并等方式，加强机构之间的联系，统一规划教师的培养培训工作。如20世纪90年代后期以来，我国将一些教育学院与师范大学进行合并，由师范大学统一规划教师的培养、培训工作等改革就属于此类。

第二类强调指导职前教育工作的延伸。这类衔接主要针对的是教师职前培养和初期在职培训两个阶段。长期以来，教师职前培养主要由高校来负责，而新教师的初期在职培训由用人单位来承担，二者之间不存在直接的联系。改革者认为，这种状况会使指导工作缺乏应有的连续性，甚至存在前后矛盾和冲突，导致新教师无所适从。为增强指导工作的连续性和一致性，促进新教师较快地适应工作岗位，主张高校对师范生的指导工作不应该随着学生的毕业而结束，而应当适当延伸到毕业生的初期在职培训阶段。具体来说，应使负责职前培养的高校教师与师范毕业生所在学校的指导者之间建立起合作指导关系，共同制订新教师的培训方案，以实现指导工作的连续性和衔接性。目前在欧美的一些教师教育方案中提倡加强此类衔接。

第三类强调课程的衔接。主要针对不同阶段教师培训中常常存在的课程重复设置等问题，主张应从整体上对培训的阶段目标、课程和培训内容进行规划设计，实现有机衔接。不同阶段培训课程的内容应不相重复，同时又能够相互联系，后者是前者在逻辑上的合理延伸、内容维度上的适当拓展、难度上的适当提高等。显然，以上改革和主张都具有一定的合理性，对于促进教师教育的衔接都发挥了不同程度的作用，但从持续促进教师学习者素质提高的目的看，分别又存在很多的缺陷和不足。

第一类改革只是在形式上实现了教师培养培训的衔接，但要保证教师的持续发展，仅有整体规划与系统设计是不够的，最终还需要通过教育教学等环节才能实现。从我国当前实施这类改革的实际成效看，效果并不明显。第二类改革在国外一些教育学院的实践中被证明是有效的。但由于存在成本较高、需要大学指导教师投入大量时间和精力等问题，在我国教师教育实践中无法做到大面积推广。尤其是大量的新教师可能要到农村或偏远地区中小学任职，在这种情况下，指导衔接工作将遇到许多难以克服的困难，因而在适用范围和可行性等方面都存在较大的局限性。第三类改革主张对于构建一体化、系统化的教师教育课程体系具有积极的意义，但相对于教师教学这样一个实践性强、知识结构不良的专业领域 (ill structured domains) 来说，这种理念所隐含的科学主义知识观的合理性值得商榷。应该说，基于这种理念，通过推进体制变革，加强教师教育的系统化管理和整体协调，实现课程设置在逻辑和内容等方面的衔接并非难事。但由于外在课程内容转化为学习者内在的知识需要经过教学等环节，需要学习者主动地运用自己的内部语言进行转换，因而外部课程的衔接并不能代表和必然导致学习者的知识与能力等发展的连续性。由于以上问题的存在，目前教师教育衔接工作的成效并不明显，远未达到促进教师学习者素质持续发展的目的。要克服其中的缺陷，突破实践中遇到的瓶颈，实现衔接的最终目标，需要进一步更新观念，探究一种新的衔接机制。

二、“无缝衔接”的教师教育理念

所谓“无缝衔接”的教师教育，简而言之就是通过寻求一种适当的衔接点，建立一种更为可行的衔接机制，使不同阶段的教师教育实现有机衔接，不留缝隙地使教师学习者素质得到持续发展。具体来说，就是以不同阶段的教育教学为衔接点，使各阶段教师教育之间通过教学产生有机联系，实现紧密衔接，后期的教育教学能够以教师学习者前期的素质发展状况为依据，并促进其持续发展。这里之所以选择教学为衔接点，是因为教学是促进教师学习者素质发展的核心环节，实现学习者持续发展的目标只有在教学中才能得到落实。那么要达到这样的目的，我们需要怎样的教学，需要建立怎样的衔接机制？按照一般理解，通过教学实现不同阶段教师教育之间的有机衔接，至少存在两种方式：一是可以通过固定指导教师和按照指定的教学内容严格地宣讲来实现。这种方式尽管符合了教学衔接形式上的要求，但它实际上只是课程衔接的一种扩展版，由于忽视了与教师学习者内在经验的连接，因而并不能有效地实现促进教师素质持续发展的目的。另一种衔接方式是我们所熟悉的，即以教师的“教”为中心，通过教师指导者根据学习者已有经验和实际需要，针对性地指导，做到因材施教而实现。从理论上看，这种衔接关注了学习者原有知识和经验，如果真正做到因材施教，确实可以实现不同阶段教育的有机衔接，从而达到促进学习者知识与能力持续发展的目的。但经验告诉我们，由于受教师指导者素质、时间、设施、学员人数等条件和因素的限制，教学中真正地做到因材施教并不容易。尤其是在新课改的背景下，这种以教师指导者的“教”为中心的教学难以有效实现促进教师学习者自主学习能力、探究能力等素质发展的目标。

综上所述，要通过教学真正实现教师教育的无缝衔接，需要从根本上转变教学的指导思想，建立一种更为适当的教学观。我们认为，建构主义学习理论是一种适切的指导思想。正如西方学者所指出的，无论对于基础教育还是教师教育，“建构主义都是一种更加自然的、适切的和有效的理论框架”。根据建构主义学习理论，学习本质上是一个学习者运用自己已有的知识和经验对新知识进行建构的过程。由此，只要在教学中能够促使教师学习者主动地学习，使他们的原有知识和经验与新知识建立起内在的联系，教育的无缝衔接就已经实现了。因为学习者此时的已有经验和知识结构中就包含了先前的教育教学影响，并且还包含了他们自身学习和实践中习得的大量专业知识与实践经验。因此，这里的衔接实际上是教师学习者原有知识、经验与新知识的衔接，而学习者的主动反思和知识建构就是实现“无缝衔接”的内在机制。

与传统的教师教育衔接理念相比，新理念具有以下的特点和优势：一是在实现促进教师学习者持续发展的目标上具有更大的可行性；二是具有更为广泛的适应性。表现在两个方面：一方面，按照这种新理念，只要教育教学的指导思想和教学模式实现转变，能够以学习者为中心，从学习者的原有知识和经验为出发点，通过适当的教学设计促进学习者的知识拓展和观念转变就可以达到衔接的目的，因而对培养培训机构之间是否衔接，对课程是否有系统的设计等没有特殊的要求，从而摆脱了原有衔接的时空等条件限制，扩大了适应性。另一方面，该理念适应于教师发展的任何阶段之间的衔接。一个教师的专业成长大致可以分为四个大的阶段：职业培养前阶段(教师学习者进入教师专业教育前的素质发展阶段)、职前培养阶段、入职教育阶段和在职培训阶段。其中在职培训又可以细分为多个阶段。新理念不但可以使不同阶段教育影响之间实现有机衔接，还有助于提高阶段教育的效果。如在教师的职前培养阶段，如果能够充分关注学习者的原有知识和经验，并引导他们在新知识学习中积极与原有知识和经验建立联系，将有助于学习者从根本上转变错误观念，深入地理解和加工新知识，实现知识的整合。最后，新理念的实现并不是轻而易举的，它对教学提出了更高和更新的要求，也对教师教育者的素质提出了新挑战。要实现无缝衔接的教师教育需要高素质的教师指导者，需要改变教师指导者的传统教学模式和学习者的学习方式。

三、实现“无缝衔接”教师教育的具体策略

（一）转变教学观：由知识灌输观变为发展观

观念是行为的先导，教师教育的“无缝衔接”新理念能否实现关键在于转变传统的教学观念。改变视教学为单纯知识灌输的传统教学观，把教学看作一个在教师指导者的组织、引导和交互作用下，教师学习者主动获得知识、探究知识、建构联系和意义的发展过程。以促进教师学习者在原有经验和知识基础上的不断发展、专业素养的持续提高为教学的根本目的，变“教师中心”为“学习者中心”，变“学科中心”为“问题中心”，将教学的重心由教师的教，转变为教师学习者的学。以学习者为中心的教学就是主张应以学习者的原有知识和经验为教学实施的前提和基础，以学习者主动地参与、积极地合作和主动地探究为主要手段，促进学习者知识

和能力的整体、持续发展。为此，教师指导者需要转变传统的知识灌输者的角色，成为学习的促进者、知识的提供者、反思型实践者和学习者。以问题为中心的教学主张应以基础教育实践中的问题、学习者提出的问题等为教学的切入点，并围绕这些问题组织理论和实践的教学。与学科中心教学不同的是，这种课程内容的组织形式容易激活学习者的原有知识和经验，从而为新知识的学习提供建构的联结点，由此而获得的知识便于长期记忆且容易迁移。由于教师培养、培训是目的性很强的活动，因而以问题为中心的教学应处理好问题与课程知识的关系等。

（二）关注原有经验：促进学习者经验的改组与超越

为实现教师学习者知识和经验等发展的连续性，教学中必须关注和重视他们的原有经验。由于个体经历和专业经验的不同，尤其是对于处在教育不断变革时代的教师学习者来说，他们原有的知识和经验对于新知识的学习和观念的形成并非都是有益的，在许多情况下还会起到阻碍作用。譬如，如果一个教师学习者拥有大量“教学即知识传授”经验，就会影响他对教师作为“学习促进者”等新观念的接受和理解。因此，要理解新知识，建立新观念，实现个体专业发展的“无缝衔接”，教学中必须首先使教师学习者了解自己已有的知识和观念，认识到它们与新知识和观念之间存在的联系或矛盾，进而加强这种联系或解决矛盾。一般来说，教师学习者的大量前经验、观念等并非是显性的，而是常常处于“隐性”状态，为此，教学中需要运用一定的教学策略或方法，其中常用的一些方法有“自传法”“谈话法”等。“自传法”教学是通过让教师学习者写个人自传并在此基础上展开讨论的教学方法。具体来说，就是针对一定的学习问题，让学习者提出自己的观点并对形成这些观点的依据进行回忆，写出自传，然后由教师指导者组织他们围绕问题和自传进行讨论。这种方法可以使学习者挖掘和意识到自己的大量的隐性知识，从而可以极大地拓展对新知识建构的连接点。通过与教师指导者或其他学习者的讨论可以使自己认识到自身观念的局限性和问题来源，从而实现观念的转变和自我的超越，在此过程中学生的元认知能力也将得到提高。

“谈话法”是运用谈话交流的方式使教师学习者不断深入思考，实现认识不断深入和观念转变的方法。教学中，教师指导者常常会针对学生的观点或问题，提出一些相反的证据和观点，形成对教师学习者的原有认识和经验的挑战，使学习者产生认知失衡，并通过自身的积极反思、主动探究，进行经验的重构和认知图式的改变。

（三）促进“反思”：使反思成为新旧连接的黏合剂

反思是教师学习者对知识进行深层次建构的内在过程，是有意义学习的重要体现。要实现无缝衔接的教学，促进教师学习者的反思是一个重要手段。反思在其中至少具有两个基本作用：一是连接和凝聚教育方案中其他组成部分或任务的黏合剂，二是促使学习者新旧知识联系的催化剂。为此，教师指导者在教学过程中应鼓励学习者进行反思，反思与新知识学习相关的其他部分的知识点和内容，并与其建立联系，从而使不同阶段和不同部分内容成为一个有机联系的整体，如通过实践和反思，使学科内容知识与教学法知识密切结合形成学科教学知识等；反思与新知识学习相关的专业经验和教育观念，以此来理解和建构新知识，并在与新知识、观念的碰撞中实现知识结构的重建与观念的转变。为促进有效的反思，教师指导者应在教学中为教师学习者反思提供必要的时间，进行反思方式、方法等的指导，并有意识地培养他们形成反思的习惯。为此，有研究者指出有必要对反思进行模式化训练，如提供一系列的反思模式，并进行持续性练习等。[①]既应重视教师学习者在教学中的反思，也应重视促进他们课后的反思。在方法上，可以鼓励学习者长期撰写学习自传和日志，写案例分析，尤其是通过对自身实践案例进行分析等，来发展反思能力，养成反思习惯。

① Julie Rainer Dangel,Edi Guyton,(Fall,2004),An Emerging Picture of Constructivist Teacher Education[EB/OL].http://www.odu.edu/educ/act/journal/vol15no1/dangel01.pdf.

（四）鼓励参与：使学习者成为发展的真正主体

如上所述，无缝衔接的关键在于促进教师学习者主动地学，而要做到这一点就必须使他们真正地参与到教学中，成为学习的主体、发展的主体、教学合作的主体。为此，需要改变传统的以讲授为主的教学方式，以促进教师学习者积极参与、主动地获得知识和体验为目标，采取课堂讨论、小组合作学习、课题研究、教学观摩、行为研究等多种教学方式。在这些教学方式下，学习者不再是一个被动的听众，而常常要扮演问题的主动提出者、观点的辩护者、研究的设计者、实施者、评价者等角色。面对新的问题和实践情境，为完成相应角色所赋予的职责，他们必须不断反复提取、运用和反思自己的原有知识和经验，从而使各自的认知结构在不断的同化和顺应中得到持续不断的发展，反思能力、探究能力等得到提高，使理论与实践、知识与情境等得到有机的整合。

由于这些方式、方法能够较大地调动教师学习者学习的积极性，因而可以提高教师教育教学的有效性。尤其是在中小学进行新课程改革的今天，这些教育教学方式与中小学教学改革的许多要求具有同构性，因而有利于教师学习者获得类似教学的经验和体验，保证了教师教育与基础教育改革实践的一致性。

（原载《课程·教材·教法》2009 年第 4 期）

小教教育硕士专业学位人才培养模式研究

人才培养模式是在一定的教育思想指导下，按照人才培养的类型和规格要求，所形成的教育目标模式、课程模式、教学模式、评价模式以及师资要求等的总称。因此，小学教师教育硕士专业学位人才培养模式构建，首先必须明确这类人才培养的基本规格和要求是什么，并按照这些要求确立相应的培养目标，为实现这些目标，应采用怎样的课程模式、教学模式、评价模式等。在此过程中，每一步骤都需要有一定的理论和教育思想为指导，所选择的理论基础和教育思想不同，所选择或创建的课程等模式也会不同。

一、小教教育硕士专业学位人才培养的目标模式

人才培养目标模式大致可以分为三种模式，一是知识本位的；二是能力本位的；三是知识 + 能力。知识本位的目标模式注重培养的是知识丰富的人。这一模式的指导思想认为，知识相对于实践是上位的，具有普遍的适应性，个体只要掌握了足够的知识就是人才，而能力是知识拥有者将知识在实践中的应用中获得的，因而并不太关注能力的培养问题。而能力本位的目标模式顾名思义，注重培养学习者的能力，这一模式所依据的理论和指导思想认为，社会的快速发展、知识更新速度（也是折旧速度）的不断加快，导致学校知识传授的步伐永远赶不上现实的需要，因而应把培养的重点放到学生的能力的发展上，如学生的学习能力、思维能力、实践能力、探究能力等，认为学生只要掌握了这些能力就可以根据需要不断地获取知识，并且可以将能力迁移到更为广泛的工作领域。这一模式并不反对知识的学习，但更多的是把知识的学习看作是发展学生能力的途径。

第三种目标模式可以看作是前两者模式的融合，即既注重知识的掌握也注重能力的发展。认为能力发展固然重要，但掌握一定的知识也是不可或缺的。如果没有一定知识的积累，能力的发展也会成为空中楼阁，等等。

从我国现有的教育硕士培养所采用的目标模式看，主要采用的是第三种知识 + 能力的目标模式。如全日制教育硕士在两年的时间内，课程学习与教育实践 + 学位论文研究各占一年时间。在职教育硕士的培养主要是假期的集中授课（或离职 1 年）和学位论文的撰写两部分，尽管没有安排专门的教育实践环节，主要是考虑到他们本身就具有丰富的实践教学经验，

拥有了一定的教学能力。从目标结构上看，这种目标模式似乎很合理，但深入分析可以发现，这种简单的二分法组合是有缺陷的，因为它把能力仅仅看作是教学实践能力和教育科研能力，而忽略了学习者反思能力、批判思维能力。如果除去教学实践和学位论文以外，课程的教学实际上是知识本位的，因而同样存在知识本位模式所面临的相似问题，即学习者学习的知识无法与自己的实践有机结合起来，也就是说在当前的这种目标模式指导下的教育硕士培养，学生所学与所能是分离的。

基于以上分析和自身对教师教学专业素质发展的理解，我们主张小教教育硕士专业学位人才的培养应该采用能力本位的模式，即应以教师自身专业发展能力、教育教学能力、教育研究能力等培养为主要目标。主要是基于以下几点理由：第一，教育硕士学位人才培养的目标取向①是培养教学专家或教育家，而较强的专业发展能力和教育研究能力恰恰是他们成为教学专家的最核心的素质；第二，从育人的角度看，要胜任教师工作，需要的知识浩如烟海，即使是教学知识，也不是在短短的两年时间内能够全面掌握的，并且迄今为止（将来也不可能有）也没有一个教师必知、必会、无所不包的“知识袋”，因而与其向他们灌输一些泛而空的知识，倒不如培养他们的学习能力、知识探究能力；第三，从后面有关教学的分析中可以看到，如果方法得当，获得知识与发展能力实际上是可以同时实现的，并且这样获得知识对于学习者是有意义的，②是容易在实践中实现迁移的，如学习者通过对自身的教学实践反思后获得的知识。

最后，在能力培养目标的定位上，应根据学习者原有的基础有所侧重，对于已经是小学教师的学习者，应注重他们专业发展能力和教育研究能力的培养，对于没有小学教学经验的学习者，以上三种能力都需培养。

---

① 注释：有些人把教育硕士的培养目标定位在培养教学专家或教育家，我们认为这一目标在短暂的研究生教育阶段是无法实现的，但我们可以培养教学专家所具有的基本素质，为他们未来成长为教学专家奠定基础。因此这里采用的是指教育的目标取向，不是培养目标。

② 作为对个体有意义的知识，是学习者经过自己的主动学习与他们的原有知识和经验建立联系的知识。

二、小教教育硕士专业学位人才培养的课程模式

当前我国教育硕士培养所采用的课程模式主要是学科课程模式，即按照教育学科、心理学科的知识分类为依据来设置课程的。这一模式与其知识本位的目标模式是一致的。那么，如果采取能力本位的目标，课程设置应依据怎样的思想为指导？设置哪些课程？按照泰勒课程设计的要素，小教专业硕士课程设计就是要以我们所确立的能力本位素质发展目标为依据，来确立提供怎样的“教育经验”，如何有效地组织这些教育经验和如何确定这些教育目标是否达到，其中前者是课程的内容设置，后两者分别是课程的实施与教育评价问题。这里我们主要探讨课程内容设置问题。有两种基本的设计思路，一种是以学科和小学教育需要为基础进行设计。依据小学教师素质发展所需要的知识和能力看，课程的内容应包括四大模块：分别是小学教育基础知识和能力模块、小学学科教学模块、教师专业发展模块和教育实践模块。其中小学教育基础知识和能力模块包括儿童心理发展、教育哲学、教育理论等内容；小学学科教学模块包括小学课堂教学技能、学科课程标准与教材研究、学科教学设计和学科教学评价等内容；教师专业发展模块包括教师专业发展、教育研究方法、教学反思等；教育实践模块包括教育见习、教育实训和教育实习等。

另一种设计思路是以中小学教育的实践领域和实际问题出发进行设计，可以分为：小学学科教学，学校与班级管理、德育工作，教师专业发展，教育教学研究四个模块，每个模块都以现实中的问题或学习者的能力发展目标进行设置。

以上两种内容设置各有优缺点，前者的优点是为学习者提供了比较全面、系统的知识，也易于组织和实施教学，不足是容易脱离实际，造成知识的割裂和“知会分离”。后者的优点是贴近学校教育实际，有利于学习者了解教育实际，提高分析和解决实际问题的能力；另外，还有利于知识的整合等。当然这里的优点和问题并不是绝对的，关键要看知识的呈现方式和教学。如果前者能够以实际教育案例为主要的内容呈现方式，并普遍

运用案例教学，则上面所提高的问题就在很大程度上能够得到解决。

另外，在课程的组织形式上，无论采取哪种课程设计，都应将知识的学习与学生的教学实践有机结合起来，如教学法课程、教师专业发展课程等应与教学实践环节密切结合。在做法上，必须打破当前在教育硕士课程组织中，教学与教育实践相分离的状况，使二者交错并行，将课程的学习由当前的一年，扩展为一年半，而将教育实践分段安排到全部两年的时间内，真正使理论知识的学习与专业实践相得益彰。

最后，由于教育硕士成分比较复杂，在学科基础、实践和教学经验等方面存在较大的差异，个体发展的需求也存在较大不同，因而在课程设置过程中既应注重课程的统一性，又要满足个性化发展的需要，为每个学习者确立个性化的课程方案，为此需要压缩必修课的数量，根据学生的需要开设更多的选修课。

三、小教教育硕士专业学位人才培养的教学模式

（一）探究式教学模式

这里的探究式教学是指学生在教师的引导下，首先对学习的问题进行自主探究，进而在教师组织下通过课堂讨论等方式进行教学的一类教学组织形式。在这种教学过程中，教师主要扮演着引导者、组织者的角色，教师的主要任务有三个：一是把课程学习的主要内容和逻辑框架讲解清楚；二是针对学习的内容，提出需要学生研究的问题，提供主要的参考文献和研究方法指导；三是组织引导学生在课堂上讨论他们的研究成果并进行适当的点评和总结。学生在教学过程中主要扮演学习者、探究者和讨论者的角色，学生也有三个主要任务：一是理解教师的讲授，把握教师提出的研究问题；二是根据教师提供的参考资料，采用一定的方法对问题进行研究，并写出研究报告，这一任务要求学生利用课余时间完成；三是参与课堂讨论，并根据课堂讨论和教师的反馈修改和完善研究报告。

从以上对这一教学模式的叙述中可以看出，学生在整个教学过程中真正承担着学习主体的角色，因而有利于激发他们学习的积极性；另外，通过学习问题的研究和课堂讨论，既有利于提高他们的研究能力、学习能力，也有助于加深他们对知识的理解，提高知识学习的系统性。

（二）案例教学模式

案例教学是一种以教育案例为知识载体，以案例讨论等为主要教学形式的教学模式。案例教学与传统的讲授法教学存在本质的差别。第一，教育案例是包含教育知识的真实的教育情境，这些知识不同于我们所熟悉的显性的命题性知识，它隐含在案例所提供的教育情境中，因此，要了解这些知识必须对案例进行分析和归纳。第二，案例教学知识的传授是由学习者基于案例情境主动建构实现的，是一个由特殊到一般的过程。学习者由此获得的知识会与蕴含知识的教育情境一并进入到他们的认知结构中。第三，课堂讨论是案例教学的主要形式。案例教学一般包括三个环节：教师呈现案例—学生解读案例—讨论案例，其中讨论案例是在教师的引导下，学习者将自己对案例的解读结果进行交流、辩论的过程。由于学习者原有知识和经验基础不同、视角各异，因而解读的结果也会存在差别，通过交流和辩论，可以使学习者对问题有着更为全面的认识，拓展学生的思维。为保证案例教学的有效实施，要求教师在教学中应转变角色，由讲授者变为引导者、组织者和耐心的听众，由知识和道德权威转变为合作学习者、平等的交流者。教师的主要职责和任务包括：提供教学案例、引导学生解读案例、组织学生陈述观点和引导学生开展讨论等。如果案例教学能够得到成功的实施，将对小教硕士研究生的教师专业素质发展产生积极的作用。

第一，它有利于增加学习者对教育实际的了解。由于教育案例取材于学校真实的教育实践，因而可以成为学习者间接了解教育实践的一个窗口。第二，它能够使学习者获得易于迁移的教育知识和间接的教育经验。正如上面分析中所指出的，学习者获得的知识是与具体的教育情境有机结合的，因而他们也就容易把这些知识应用到相似的教育情境中。第三，它有助于学习者全面地认识教育问题，实现以教育情境为载体的知识的融合。教育情境所包含的知识一般会涉及多个学科领域，因而通过对情境问题的充分讨论，有助于学习者了解到现实教育实践的复杂性，帮助他们从多个学科或视角全面了解教育问题。另外，这种与故事性的案例结合在一起的知识，较之于抽象的命题型知识更为容易记忆，也不容易遗忘。第四，它有助于学习者获得民主、平等、安全的课堂文化体验。这种课堂文化是当前基础教育改革中所倡导的，也是培养未来民主社会具有创造精神和主体性意识的合格公民所需要的。第五，它有助于提高学习者分析和解决现实教育问题的能力，促进学习者的发散性思维等创新素质的发展。第六，它有利于调动学习者学习的主动性，促进学生主动地知识建构，实现有意义学习。

（原载《集美大学学报》2011 年第 3 期）

院系层面的教师教育改革探究

一、问题的提出

经过政府、学术界与高校等的共同努力，近年来，我国的教师教育改革已经取得了可喜的进步：以开放的教师培养体制为主的改革理念已经在政府和学界达成了初步的共识；教师教育职前职后培养培训一体化的理念也在高等教育长期的改革实践中，至少在制度层面得到了落实……所有这些成绩，是每个了解中国教师教育历史和改革发展现状的人有目共睹的。但同样不能否认的是，我国教师教育仍面临不少的问题和挑战，尤其是在教师教育活动实际开展的院系层面。其所面临的问题和挑战至少表现在以下方面：在如何深化改革的观念上远未达成统一，实际的改革力度也不够大，不少高校的教师教育改革尚处在观望或酝酿阶段。教师教育与基础教育相分离的局面没有得到根本性的改善，不少院校教师教育的课程与教学依然延续着传统的模式，难以满足教师新素质发展的需要等。这些问题的存在，显然会影响教师教育的专业化水平的提升，阻碍教师教育质量的提高，因而也在一定程度上抹杀了前期改革的成就。有鉴于此，本文把院系层面的教师教育改革作为目前和未来一定时期教师教育改革的重心应该是合理的。继之而来的问题就是如何深化改革？针对这一问题，本文将以中小学改革对教师素质发展的新需要为观照，以科学发展观为指导，以培养合格的新基础教育师资、提高教师教育质量为着力点，对新时期院系层面教师教育的理念、模式、课程教学、师资队伍建设等方面的问题做一较为综合、全面的考察。

二、以科学发展观为指导全面深化教师教育改革

对教师教育来说，树立和落实科学发展观就是要适应经济社会发展的需要，满足中小学教育教学改革对教师素质发展的新要求，坚持以人为本，以提高质量为中心，不断优化结构，深化改革，实现教师教育与基础教育改革、教师职前培养与职后教育、阶段教育与终身教育等的协调发展。教师教育坚持科学发展观必须从以下几个方面加以认识和把握。

1. 坚持教师教育与基础教育等的协调发展

基础教育是教师教育的主要服务对象，基础教育改革是教师教育改革的重要依据，坚持科学发展观，第一，应以中小学基础教育改革对教师素质的要求为导向，不断改革教师教育，转变思想，改革发展思路，实现教师教育与中小学改革的协调发展。一方面，应该根据新课改的要求，将“学习的促进者”“组织者”“社会民主的促进者”“反思性实践者”和“终身学习者”等作为教师教育新的角色培养目标。重点引导教师学习者摒弃传统的教育观念，确立与创造性人才、和谐社会理想人格发展相适应的教育教学理念、教学过程观和评价体系。另一方面，应关注、参与和研究基

础教育改革，并通过教师的培养和培训导引和促进基础教育改革。

第二，应坚持教师职前培养与职后教育相统一、阶段教育与终身教育相协调的发展思路。就教师教育整体发展而言，应真正确立教师终身发展理念，并以此为指导，在制度、机制、内容等方面实现教师教育的一体化，并将新教师的培养放在教师终身学习和一体化制度等框架下来全面规划和适当定位。就教师个体而言，应将教师学习者大学教育前阶段、职前培养、入职教育、在职培训等作为一个整体来认识和设计一体化的教育。

2.以质量为中心，促进教师教育内部各要素的协调发展

教师教育发展关系到数量、结构、质量、效益等多个相互依存、相互协调的指标，既要有数量的增长、结构的优化、效益的跃升，更要有质量的提高。坚持科学发展观，就必须实现教师教育内部因素的全面协调发展，同时又必须以质量为中心，把教育质量摆在首位。没有教育质量的规模越大，造成的教育资源浪费也就越大；没有教育质量的结构，肯定不是合理的结构；失去了教育质量，就谈不上教育的良好效益。由于体制、结构等与质量的相关性，提高质量就必须坚持体制与结构创新，必须结合时代对教师教育的要求，对过时的教师教育体制与结构进行大刀阔斧的改革。

3.以人为本，实现教育与人的可持续发展

“以人为本”是科学发展观的本质和核心。教师教育中做到以人为本，应做到以下方面：第一，应坚持以学习者为本，以人文精神的培育和教师专业素养的发展作为基本的出发点和归宿。一是要弘扬人文精神、体现人文关怀，唤醒人的主体意识，重视人的价值，发挥人的主观能动性，激发人的智慧，提高人的素质。[①]教育过程中，应确立教师学习者所应该享有的权利，满足他们基本的需求，激发和引导高层次需要，把社会发展的需要与个人自身发展的需要有机统一起来，要以学生为主体，使他们享有学习发展的更大“参与权”和“选择权”，努力把他们造就成为富有人文精神

① 王冀生:《以人为本崇尚学术持续发展走向世界》，载《大学教育科学》2003年第2期。

和主体意识的人。根据专业化发展理论，这种人格正是教师专业化所诉求的。二要注重教师学习者的可持续发展素质能力的培养。教师的可持续发展素质主要体现为以研究能力、创新能力、反思能力、学习能力等为主要内涵的拓展能力。这些能力是教师作为“终身学习者”、研究者、反思实践者等的基本素质要求。三要以教师学习者个体已有经验和思维特征为教育教学实施的重要依据，促进学习者主动地学习与发展。将注重外塑与控制的传统“培养观”，转变为注重内在引导与激励的自主发展观。

第二，以教师为本，信任和依靠教师，改善教师教育者的质量。教师是影响教育教学质量的关键因素，教师教育中坚持以教师为本包括两个基本含义：一是把教师教育者整体素质的改善作为教师教育质量提升的根本途径，把教师队伍建设作为教师教育各项工作的核心任务来抓。二是应相信和依靠教师，发挥教师教育者在教师教育教学、管理中的核心作用。根据现代“柔性管理”的思想，要激发高层次知识分子工作的积极性，关键的是应当关心、爱护他们，注意满足和引导他们不同层次的合理需要，尤其是高层次的需要。

三、推进培养模式改革，促进教师教育专业化

1. 推进教育学院模式改革，提高职前培养质量

要有效提高我国教师教育质量，必须进行微观制度的改革与创新。教育学院模式是与我国“开放式非定向型”教师教育宏观体制改革相适应的一种教师教育模式。它是在综合大学中设置教育学院，专门负责教师的培养，其他专业学院将不再承担教师的培养工作。教育学院作为教师专业发展的专门培养机构，其培养对象是在其他专业学院完成相关学业要求的学生。如接受那些完成物理工程或现代文学等专业课程要求而希望做教师的学生。目前，这一模式在美国等许多西方国家的教师职前教育中被普遍采用。20 世纪 90 年代后期以来，随着我国教师培养体制由“封闭式定向型”

向“开放式非定向型”转变，教育学院模式也为我国一些高校所借鉴。

从实现教师培养的专业化，提升教师教育质量的视角来看，与我国传统的教师培养模式相比，这种模式具有许多优点：由于该模式一般采用其他专业教育＋教师专业化教育的分阶段培养方式，前者具有“培养目标灵活多样，课程设置广泛机动，设施和设备等条件较为优越；培养的学生学术水平较高，知识面较宽，工作适应性较强、学生来源和职业出路较宽”[①]等特点，因而能够保证学生在进入教师专业培养阶段有着良好的人文科学素养与学科专业基础。而后者由教育学院负责，对教师学习者进行长时间的系统、连续、高质量的培养、培训，因而有利于改善和提高教师教育的质量。

2. 建立教师发展学校，实现培养培训一体化

教师发展学校是大学与中小学合作，以中小学为基地进行教师培养培训的制度模式。它在美国被称为“专业发展学校”，在英国称为“伙伴学校”。目前已经成为世界，尤其是发达国家教师职前培养模式改革的流行趋势。[②]该模式是针对教师教育与基础教育长期分离，教师培养过程中理论教学与实践环节相脱节等问题而提出的，其目的在于提高教师教育的针对性，促进理论学习与教育实践的有机整合，同时实现教师培养培训的一体化。由于该模式将教师职前培养的大部分工作放在了中小学进行，大学教师教育者、师范生可以更全面地了解基础教育的实际及其需要，从而提高了学习与指导的针对性。另外，大量的研究表明，教师最重要的知识是“实践性知识”[③]。根据我国留美学者范良火博士等的研究，影响教师“教学知识”发展产生的各种因素中，最重要的来源是“教师的自身实践经验和反思”，以及“和同事的日常交流”[④]。教师发展学校模式可以为师范生提供大量的教学实习、观摩、研究学习的机会，因而将有益于他们实践性知识的增长以及理论与实践的融合。这一模式可以将教师的培养培训放在一个

① 张金福，薛天祥:《论目前我国教师教育培养模式的认识取向——兼评我国当前教师教育政策》，载《高等教育研究》2002年第6期。

② 朱旭东:《国外教师教育改革动力分析》，载《高等师范教育研究》2000年第6期。

③ 陈向明:《实践性知识:教师专业发展的知识基础》，载《北京大学教育评论》2003年第1期。

④ 范良火:《教师教学知识发展研究》，华东师范大学出版社2003年版，第5～11页。

统一的框架下统筹安排，所以可以在培养层面较好地实现二者的统一。由此，我们认为这一模式也适应于我国目前的教师教育改革。

3. 积极开展校本培训：促进教师的在职发展

如果说，教师发展学校主要的目标重点在于提高师范生的教育质量，校本培训则主要是针对在职教师的专业发展而言的。所谓校本培训是指教师在不脱离教学岗位的情况下，与大学教师教育者一起结成伙伴关系，实现自身专业发展的培训模式。与传统以大学为本的集中培训相比，校本培训克服了集中培训、受训面小、效率低等弊端，也较好地解决了教师的工学矛盾，降低了教育成本。因此，它被认为是一种与离职集中培训优势互补的运作方式。另外，这种方式还有利于实现理论学习与教学实践的有机结合。

四、深化课程与教学改革，提高教育教学质量

课程教学是人才培养的主渠道，确立适当的课程与教学理念、采用正确的教学方式是提高教师教育教学质量的关键。基于对我国基础教育改革需求全面观照的基础上，我们认为，要提高教师教育质量就必须更新课程与教学理念，致力于教育教学方式的改革。

1. 更新课程理念，形成动态生长的课程观

首先，应把课程看作是师生在共同的活动和交互作用下生成的。依据建构主义等的理论主张，这种动态课程的生成是教师与学习者根据一定的发展任务，围绕一定的知识或问题情境，以学习者原有的相关知识和经验的认识和反思为起点，通过师生、生生对话、研讨等形式，不断批判反省、修正、内化、外化的螺旋循环发展的过程。在此过程中，一定的国家标准是课程生成的重要内容和目标依据，但决非课程内容的全部。同时，教师和学生不是课程的消费者，而是课程共同的生成者、创造者。

其次，要以问题为中心构建开放的课程内容体系。美国学者、著名教

师教育专家舒尔曼 (L.Shulman，1987 年) 曾指出，案例知识是一种理论与实践情境高度统一的知识，围绕案例进行的教学能够提高教师学习者的知识迁移能力。[①] 据此，为提高教师教育的有效性，课程内容的组织应围绕“真实”的情境性问题为中心。也就是说，通过学习者基于自身经验对情境问题的辨别、认识、解释并提出解决策略等为主要途径来获得知识。由于这种知识是理论与实践高度统一的，经过个体思维深度加工的，因而是容易迁移到教学实践中的。这样的课程内容所形成的体系也必然是开放的。

最后，要加强不同学科间知识的联系及其与教育学知识等的整合，包括学科之间、学科内部、实践知识与理论知识等之间的整合。教师教育中整合的主要方式是强调真实的情境或问题为核心的知识的整合，它是由学习者基于自身经验对情境中的知识或问题主动建构实现的。为促进这种整合，借鉴西方发达国家改革的经验，应注意使教学理论课程与实践性课程在内容的安排上、时间进度和教学的要求上实现有机协调和统一。

2. 推进教育教学方式改革，实现个体能力发展

基于以上课程观，依据教师新的素质发展目标，应改变长期以来以理论灌输为主的教学模式，把教师学习者个体已有经验与思维特征等作为实施教学的重要依据。教学中应更多地采用案例教学、小组合作学习、研究性学习、观摩学习等多种学与教的方式，促进教师学习者学习能力、合作发展能力、研究能力等的提高，实现知识与情境、知识与经验、理论与实践的有机结合。教学过程中，教师应以学习者个体性知识的主动建构，以及社会关系的认知为目标，鼓励学生自主地学习、主动地学习、合作地学习，使学习者真正成为自身发展的主人，成为拥有合作意识和能力的合作发展者。

3. 更新教育技术，丰富教育教学手段

更新教育技术对于提高教师教育质量的意义至少体现在以下两个方面：一方面，以教育信息化带动教育现代化，是国家谋求教育事业实现新

---

① 张奎明:《美国教师教育中案例方法的应用与研究》，载《高等师范教育研究》1997 年第 2 期。

的跨越式发展的关键因素。信息化也是国家推进教师教育改革，实现教育现代化，促进教师终身职业发展，大规模、高水平、高效益地开展教师全员培训的重要途径和手段。为此，熟悉并掌握相关的教育信息技术，是教师实现自身专业发展的内在要求，因而应重视和加强新技术在教师教育教学中的应用。

另一方面，这也是教师学习者未来教学实践的需要。从时代文化的角度看，以计算机和网络等为特征的现代通讯技术的发展，已经改变了且正在改变着我们的生活，同时也改变着我们所体验到的世界。作为现代教师教育，要培养的是在这样一个环境中生存、学习与发展的个体的教育者。因而一个不熟悉这种技术和时代文化的教育者，显然也就难以成为一个合格的教育者。同时，新技术也是将现代教育理念转变为现实教育实践的重要条件，譬如长期以来我们提倡的个性化教学、因材施教等的教育主张，如果没有现代教育技术为支撑，在学生人数较多的情况下是难以实现的。由此，教师教育中运用新技术作为重要的教育手段显然是必要的和必需的。从当前我国教师教育在这方面的基本条件和实施情况看，条件上总体比较落后，在思想认识、重视程度上还做得很不够，人力与资金的实际投入、设备的管理和利用等环节上都存在不少的问题。

4. 加强实践环节，促进理论与实践教学的统一

教学实践是教师教育的重要环节，针对目前我国教师教育在实习环节上普遍存在着时间短、实习内容相对单一等问题，按照知识融合、教育的连续性和一体化等的原则，笔者认为应进行如下改革。

首先，将教学见习、实习与理论教学密切结合。改变当前理论课程学习与实习在内容和时间等方面相互割裂的现象，在教学内容和进程计划的安排上，做到理论学习与相应的实践调查、教学实习在时间、内容和次序上相对应。

其次，延长实习和见习的时间，考虑到上述融合的建议，这种见习、实习、理论学习的时间应至少保持在半年以上。

再次，增加教育实践的内容。拓展教育实践的内涵，强调除传统的见习和实习的内容以外，还应包括有关的课题研究，如学生的行为研究等的探究性内容。另外，增加学生教育实习的内容安排，应让教师学习者参与到教师日常主要从事的所有工作和活动中。为丰富学生对不同学校文化的了解，可以借鉴西方经验，让学生先后到不同的学校中实习，以获得更为丰富的体验。

最后，保持教学实习指导工作的前后一致性。大学和中学指导教师应密切联系，加强沟通，在基本的指导思想和认识上应形成一致性的看法，以保证对指导工作的相对连续性。

5. 改革评价思想，完善评价手段

针对我国当前教师教育中过分注重事后评价或终结性评价，评价方式单一和学习者很少参与的状况，笔者认为，应转变传统教师教育的评价理念，确立“真实、综合和学习者参与性”的评价观。

首先，拓展评价的功能，使评价成为不断为学习者提供信息，促进持续性发展的重要的手段。其次，重视在真实教学情境中的评价，把评价的重心放在过程性、诊断性的评价上。再次，采取综合性的多种评价方式，如专业档案袋，行为评价、笔试等多种评价方式相结合。另外，将参与评价作为教师学习者专业能力发展的一个重要手段，作为专业成长计划统一和不可分割的部分，而不只是课程学习结束的阶段性活动。为使学生了解教学评价的过程、依据，掌握基本的方法，应允许他们在自己的评价中发挥积极的作用。

五、优化队伍建设，造就一流师资

1. 教师教育师资队伍存在的问题

教师是教育活动和教育改革的主导因素，其质量的高低直接决定着教

育质量优劣。长期以来，大学对教师教育师资的素质要求，主要是以高的科研和学术水平为依据，而对他们是否具有中小学实践经验等没有具体的要求。这种认识与做法主要是以科学主义为基础的，在目标上是培养传递知识为目的的教师，认为未来的教师们只要掌握了这些科学的普遍的知识，就可以在实践中应用。

按照今天我们对教师教学知识特性和教师个体发展的了解，这些传统观念和做法，因无视教师职业的特殊性，如知识的个体性和实践性等特点，因而是有缺陷的，这样的教师教育者无法胜任新教师的培养任务。因此，我们认为，当务之急要实现我国师范教育培养范式的根本性转变，培养出适合中小学教育改革需要的教师，首先必须建立一支合格的教师教育者队伍。

2. 教师教育者队伍的合理构成与大学教师教育者的理想素质要求

一个合理的教师教育者队伍构成应包括两个基本的部分。一部分是大学专门从事教师教育的教师；另一部分是在中小学从事师范生教学实习指导的优秀教师。合理的教师教育队伍应该是两部分的适当分工，密切合作。正如英国前教育大臣克拉克所说："在将来，师资培训的整个过程必须基于中小学教师同师资培训机构的指导教师之间的一种更平等伙伴关系。"①

关于大学教师教育者的素质要求或任职条件，所有参与教师教育的大学教师应该具有一定的中小学实际教学的经验，或者至少应对中小学教育教学的最新实践和改革状况有着足够的了解。美国专业教学标准委员会现任主席科利（Barbara Kelly）认为，高质量的教师教育方案的一个重要考察因素之一，应是"教师教育者最近是什么时间在中小学进行过一段实际的教学"，她说："你很难想象一个培养律师的教授是一个很少从事过法律实践的人；也很难想象一个培养医生的医学家与病人的接触，仅仅是局限

① DES.CLARKE,(1992), *Annouces Radical Over haul of Teacher Traning*.The Department of Science Education & Science News.

于来自实习医生时的临床实践”[①]。笔者以为，这种职业经历的要求，有助于教师教育者形成合理的知识与能力结构，从教师教育的长远发展看，这种任职条件应该成为教师教育者资格条件的基本依据。

3. 教师教育者的培养与发展

一方面，要建立教师教育者成长的长效良性机制。与中小学教师的成长一样，教师教育者的专业发展大致可以分为职前培养和在职发展两个阶段。笔者认为，前面所提出的教育改革主张对于教师教育者的职前培养也是适应的。关于他们的在职发展，认为应主要采取教学与研究相结合的方式。如上所述，在机制上，应建立中小学与大学、大学教师教育者与中学教师之间长期合作与发展的伙伴关系，这种合作发展机制，既有利于教师教育者的成长，也有利于教师教育实现真正的良性循环。

另一方面，要争取获得有关的政策保障。从国内外教师教育者的总体情况看，他们的工作被许多学者们认为是最细致、烦琐和劳累的，而现实中他们的地位和待遇却在同行中往往是最低的。类似的问题不但会影响到教师们工作的积极性，也难以吸引优秀的人才参与到这项基础性的工作中来，因而需要在政策等方面提供相应的支持。

一要进行必要的政策与法规建设。国家应在法律法规上对教师教育者的任职资格做出明确的规定和要求，对教师教育者相应的权利和义务等做出明确的规定。应把大学教师教育者，接受由国家或教师教育专业团体认可的教师教育部门的培训，作为任职的基本条件。在相关政策上，应规定大学教师教育者必须定期到中小学担任一定的实际教学工作，同时吸引中学优秀教师在大学承担一部分教师教育的教学任务。

二要保证与其他专业人员享受同样的地位，获得相应的报酬。有研究表明，教师在中小学花费较多时间，会影响他们的传统专业活动，如著书立说等。因而许多人在他们学院的报酬制度中处于不利的位置。因此要完

① Joseph O.Milner,Roy Edelfelt,Peter T.Wilbur,(2001),DEVELOPING TEACHERS.University Press of America,Inc.Lanham · New York · Oxford.

善体系，实现大学与中学的真正合作，大学需要调整参与其中的大学教师的负担、报酬体系、经费问题、职称评定等，并做出相应的规定。对于参与教师实习指导的中小学教师来说，也存在一些类似的问题，也需要相关政策予以支持。

三要保证教师教育者培养培训资金等的投入，实现制度化、规范化，确保必要的制度和人力、物力的支持。应要求教师教育者在教学工作中与中小学保持密切联系，鼓励他们担任一定的中小学教学科研工作，并以此作为教师教育者自身专业发展的基本途径。作为教育“母机”的“母机”，教师教育者的培养应在人力和物力等方面集中教育领域最优秀的资源，从而把他们培养成既具有深厚的学科理论和科研造诣，又具有宽厚的教育理论功底和实践经验的教育实践家。只有这样的人才，才能实现教育理论研究与实践的真正融合，推动理论与实践的不断创新和发展，才能真正承担起培养合格的未来教育者的重任。

（原载《大学教育科学》，2007 年第 2 期）

美国教师教育中案例方法的应用与研究

一、案例方法在不同专业和职业教育中的应用与比较

美国学者舒尔曼（Shulman）将案例方法定义为：“教育学的方法与教学案例的联合应用。”案例方法不同于个案研究，按照舒尔曼的观点:“案例方法是教育学的一种形式，而个案研究是定性研究的一种形式。”用案例方法组织教学与教学中的举例说明也是不同的。在案例教学中，案例占据中心位置；而教学活动中的举例说明，在教学活动中处于次要位置，是一种辅助手段。

案例方法在美国教育中的应用可首推哈佛法学院。1870年，在院长兰革戴尔的指导下，强调在教学中由学生参与分析和讨论个别案例。目的是想通过个别决策的推广以达到对法律规则的一般化的理解。尽管在当时，这种方法受到其他学校教师的怀疑，但经过40多年以后到1915年，案例教学已被美国所有的知名法学院所采用。继法律之后商业教育中也开始采用案例方法。首先采用案例方法教学的是哈佛商业管理研究生院，是由哈佛集团1908年创建的。它在课程上基于商业实践，教学方法上“采用案例系统”，强调课堂的讨论。但在前10年里案例教学在商业教学中的进展是缓慢的。直到1919年，德海姆任该商学院的院长后情况才出现转机，德海姆毕业于哈佛法学院，对案例教学非常了解。他认为，商业教学需要自己的案例形式和不同的指导方法，商业课程应以真实生活情境中的问题为中心。在这些思想的指导下，经过进一步的努力，案例方法在商业教育中占据了重要地位。

案例方法在教师教育中的应用，可追溯到20世纪20年代。当时，位于美国蒙特科莱(Montclair)的新泽西州立教师学院，已将收集和研究案例作为教师教育的一部分。建于1920年的哈佛教育学院的教师们，起初也试图采用案例方法教学，但最终因缺乏学校和教师们的支持而被迫放弃了。另外，在整个20世纪用于教师培养和培训的案例用书一直在出版。但是案例方法却始终没成为教师教育中的一种主要方法。

半个多世纪以来，案例方法几乎成为美国所有的专业和职业教育中的一种主要方法，但直至今日，案例方法在教师教育中也并没有得到广泛的应用。这种现象引起了许多教师教育研究者的兴趣。一些研究人员为探明其中的原因，分别对不同的专业教育和职业教育中案例方法的应用进行了比较研究。如在对商业教育和法律教育中案例方法的应用研究中发现，它们存在如下的异同点：第一，从获取案例的方式看，美国法律教育中的案例主要是现实中成型的，如他们直接把上诉法庭对上诉案件的审理作为教学中的案例。商业教育中的案例，则要求教师或学生到商业实际中去搜集整理，商业案例只有通过系统的组织阐述才能作为教学内容。如在哈佛商业学院，编写案例是教师们的一项重要活动。第二，在教学方式上，法律教育中，教师们在案例教学中主要用“苏格拉底法”引导学生，通过他们自己归纳出法律程序的脉络，而不是单纯地通过说教方式，告诉他们法律是怎么说的；在商业教育中，则主要是以集体讨论的方式。目的在于使学生在集体讨论过程中形成解决问题和决策制定的技巧。第三，教师在教学中的角色和对学生的要求。在法律教育中，教师的角色是苏格拉底法中的提问者，而商业教育中的教师充当集体讨论的领导者。从对学生的要求看，法律案例教学中要求学生分辨基本的原则；而商业教学中，则要求学生尽可能地，对他们建议的行为所可能带来的结果进行检查。案例方法在两类教育中的共同点可以归结为以下几个方面：一是从教学的内容上看，案例都来自于实际的职业活动中。二是教学过程中都以学生的积极参与为前提。三是教学目标明确，法律教学中主要针对学生的判断和推理能力的培养；商业教育中则注重培养学生采取行动和对行为结果预测的能力。

研究人员从不同专业和职业教育案例方法的比较研究中发现，案例方法应用中存在的主要分歧，是由社会职业素质要求最终决定的。案例方法的成功之处在于，教学内容针对性强、接近实践，缩小了学校培养目标与社会职业素质需求的距离，抓住了职业素质中最本质的因素；作为法官或律师，逻辑的推理和论辩的技巧是最重要的，而商业董事最重要的素质是如何成功地决策。在课堂的教学中，学生在教师的有效指导下，作为一个真正的主体参与到教学中，可以较好地调动学生学习的积极性，从而可以收到较好的效果。在借鉴其他专业和职业教育中案例教学成功经验的基础上，教师教育工作者们也开始在教师培养、培训中使用案例方法，并做了大量的开拓性的研究和探索。

二、美国教师教育中案例方法的理论与实践研究

美国对教师教育中案例方法应用的研究，始于 20 世纪 80 年代中期。

并不断在升温。这其中部分地应归功于舒尔曼，他首次提出了教学的知识基础的概念，并认为案例知识是教学知识基础的一个关键部分。他宣称案例方法在教师教育中将有着重要的作用。导致这种升温的另一个原因是政治家们对教学专业化施加的压力。如在 1986 年，“卡耐基教育和经济论坛”倡议将案例方法应用到教师教育方案中。下面概括介绍一下美国教师教育案例方法研究中出现的一些具有代表性的理论和观点。

（一）教师教育中案例方法的理论研究

美国教师教育方案中存在着各种不同的概念定向，美国学者费曼—奈姆社将教师培养方案分为五个定向，分别是：学术的、实践的、技术的、个人的、批判的或社会的。教师教育中案例方法的理论研究大致可归于其中的前四类。

1. 学术定向

这个定向中案例方法的研究主要集中在对案例方法的一些基本知识的探究上，研究者中最为杰出的当数舒尔曼，他的贡献在于对案例概念开拓性的较全面的诊释，以及提出并定义了“案例知识”。关于案例，舒尔曼认为“对一个案例的合理理解应当是，它不是一个事件或事故的简单描述，称某事是一个案例是在做一个声明，它是某事的一个案例或是一个大的群体的一个例子”。他举例说，“一篇短文描述了一个教师听了他的同事的一堂课，后来又与这个同事一起分析这堂课，这便是一个指导的案例”。人们根据案例的作用将案例分为三种类型 : 范例 (Protypes)、判例 (Precedents)、比喻 (Parables)，范例型案例主要是用于例证和阐明理论的主张；判例型案例用于提供可借鉴的指导线索和模型；比喻型案例可资用于传达一种道德和价值，在使教师社会化方面是非常有用的。

关于案例知识，舒尔曼在 1986 年关于“教学知识的基础”一文中，把案例知识作为教学知识的一种形式。他认为案例知识与命题形式的知识是相对的，他定义案例知识为:“特殊的很好地用资料证明的详尽叙述的事件，而案例本身是事件或事件结果的报告，案例所代表的知识使它们成为案例；案例代表理论知识，这样案例和理论永远连在一起”。舒尔曼认为：“没有理论知识就没有案例知识”。“如脸上的一个红疹，在观察者了解到该病的病理之前，它不是某种病的案例”，“一般化”并不固存于案例中，而是存在于解释说明的概念性注释中。一个事件可以被描述，而一个案例必须被解释、说明、论辩、分解和重组。

学术定向主要是关心知识的传递和理解的形成。按照舒尔曼的案例知识概念，由于案例理论的共存性，学术定向的目的在于通过案例教学以达到理论传授的目的。布鲁第认为，教师教育者们缺乏一种学术上的共识，这种共识不会是在一系列的分类和理论中形成的，而更可能是在一系列的具有代表性的案例中。如布鲁第和他的同事设计了一个研究计划，力图从对教师的调查和他们的教学录像分析中鉴别出一些代表性的问题。

2. 实践定向

主要是集中注意熟练的教师们在教学中表现出的诸如技巧、技术和艺术的部分，并强调课堂教学的独特性、情境的模糊性和复杂性。实践定向保证了经验是教学知识的来源。卡特 (Kathy Cater) 认为，通过案例教学，可以使学生学会经验丰富的教师如何了解课堂的复杂性，并帮助他们获得如何了解的技巧。如科雷菲尔德 (Cleinfeld) 在一个教师培养方案中，所列出的案例教学的五个目标是 : 给学生提供可代替性经验，向学生展示专家教师如何构建教育问题，示范专家咨询的过程，练习和拓展学生学到的教学策略的全部技能，形成反省的习惯。这是一个较典型的实践定向的案例教学的例子。

3. 技术定向

技术定向的目标是使教师有效地完成教学任务，要求教师们通过对教学的科学研究来把握数学规律和实践。这个定向案例方法的研究者们，注重理性的决策形式和科学的原则在案例教学中的应用。与实践定向相似的是，它也注重决策的制定和分析，不同之处在于强调一个特殊的决策程序，追求决定的有效性。如戈雷兹曼 (Gliessman) 对从教学经验性研究中得出的教学技巧和行为，采用录像、电影等手段将之固定，并配以指导，目的是让学习者们掌握这些技巧。

4. 个人定向

个人定向中强调教师学习者个人的成长和发展。学习教学被勾划为一个有效的学习理解、发展和利用自己的过程。这个定向中案例方法的研究者，将教师学习者作为教育过程的中心。在教学目标和方法上，以学生个人经验的获得和他们的反省为主。如组织学生自己编写案例，重视学生参加课堂讨论及自我反省等。对于批判或社会定向中案例研究者的研究则较少。

（二）教师教育中案例方法具体实践的研究

案例方法的实践大致可分为案例的编写和案例方法的教学两部分。哈佛商学院的德海姆指出，如果没有足够的案例材料，案例方法教学就难以达到好的效果。一些研究者认为，要获得充足的案例材料，关键有两点：一是案例写作者们具有充分的案例写作知识，二是易于获得编写案例所需要的材料。编写案例包括选择题目、收集资料和呈现结果三部分。在案例编写过程中，一般都应具有一定的指导原则和程序，一个好的案例写作准则对案例作者们是很重要的。另外，案例编写过程中很重要的一点是教师应参与到案例编写过程中去。作为一个教训，创建于 20 世纪 60 年代的哈佛肯尼迪行政管理学院，起初投入了大量的资金和时间仅仅依靠研究生编写案例，但结果证明这许多案例材料是不能用的，因为它缺乏案例教学的指导者和案例作者之间的交流与合作，而案例编写者的案例也没有反映出指导者的教学目标。

在对案例方法的教学实践的研究中，研究者们认识到，用案例方法进行有效的教学并不是一个简单的自动的过程。斯科思 (Sykes) 指出“案例教学是非常困难的，它是教学材料与学生之间，学生与指导者之间以及学生之间相互作用的一种多层次的相互作用，内部关系是错综复杂的”。一些研究者强调指出，如果一个教师准备用案例进行教学，应首先提供一个概念或准概念的构架，使之与已拟定的问题构架相吻合。并要求案例教学指导者们在备课时应先回答这样一个问题：“为什么我要指定用这个案例？”由于案例本身是为了教学而精心组织的，指导者不仅应充分考虑其内容，而且还应预先设计好讨论的程序。一些研究者建议，如果可能的话，对于一个新的案例方法指导者，应注意观察有经验的教师教授同样的或相似的案例。可利用录像，或者成立教师教学讨论小组等方式。

三、案例方法在教师教育中存在的问题及困难

借鉴其他职业和专业教育中案例方法教学的成功经验，根据当前教师教育中案例方法实践与研究的现状，可将存在的问题归结为以下几个方面。

（一）关于教学案例

成功的职业和专业案例教学中，都有着自己的特色案例，而教师教育中的案例特色是什么？若用案例方法实施教学需要哪些方面的案例？一个优秀教师应有着哪些基本的素质等。对于这些问题尚缺乏一致性的认识。

（二）关于案例的形成

案例的形成是直接以教师教学中的现成案例为主，还是要经过一定的组织加工以后编写而成？一些教育研究者在将教师教育与商业教育和法律教育相比较后认为，教师教育同商业教育更具有相似性，主张在形成案例过程中应从实践中取材，按教学的需要系统地编写。而有些人则主张，直接采用教师教学中的具有典型性的教学实况录像作为案例。也有些人则认为，教师教育从师承性上讲，类似于法律教育；从结果的不确定性上看，类似于商业教育。建议形成案例时，可根据需要对教学实况加工而成。

（三）关于案例教学的方式

成功的案例教学，应根据教学目标的不同而采取不同的教学方式。法

律教育中的“苏格拉底法”，商业教育中的“集体讨论法”都是根据实际的需要而逐渐形成的。教师教育中教学目标是多维的，如何根据多维的目标确定相应的案例教学形式？ 这个问题无论是从理论上还是在实践中，都还没有很好的解决。

另外，案例方法在教师教育应用中，存在着一些外在的困难和问题。哈佛大学的案例方法专家莫塞斯博士 (Katherine Merseth)，在研究哈佛大学教师教育学院在 20 世纪 20 年代案例方法失败的原因时认为，主要原因有两个：一是由于缺乏资金而导致的案例材料的不足，二是缺乏教师的支持。就现在的情况而言，资金问题已得到初步的解决，案例的数量也大量增加。但一些研究者发现，案例的质量上存在着较大的问题，有许多案例根本无法用于教学。因此缺乏可利用的案例仍然将是影响教师教育中案例方法应用推广的主要原因。从教师的支持看，热心参与案例方法的教师教育者在增多，但由于案例方法对教师的要求较高，案例方法应用过程中，操作上难度较大，教学进度较慢等因素，所以并没有引起教师们的普遍兴趣和支持。其实莫塞斯提出的高质量的案例不足，不仅仅是资金缺乏而导致的，另一个重要的，也是最为根本的原因是“缺乏对教师教育的一种共识”，教学的目标不清楚也就无法形成清楚地服务于教学目标的案例。因此在重视案例方法研究的同时，要对教师教育自身内在的规律性进一步研究把握。

从以上分析中可以看出，案例方法在教师教育过程中的研究应用和推广中仍存在着不少问题及困难。但同时，我们没有理由怀疑案例方法将会同样适应于教师教育。可以肯定地讲，教师教育是有规律可循的，按照舒尔曼的“案例—理论”一体的观点，只要投入足够的人力物力，就可以获得一些高质量的案例。如果能充分调动教师们参与案例教学的积极性，案例方法在教师教育中的推广将是有希望的，案例方法会因广泛的实践而在教师教育中逐渐成熟起来，教师教育也会因案例方法的应用而更有生机。

四、评价和展望

案例方法在美国教师教育中的研究和应用正方兴未艾，希望与困难同在。案例方法很重要的一点就是从“实际”的情境中获得案例，并使学生参与案例的分析、推理、综合等。这对学生形成经验化的知识及调动学生参与和学习的积极性，是非常有效的。同时，学到的知识及形成的素质与职业实践中的要求是相近或一致的，这对于职业和专业教育而言，是很重要的。从案例方法在诸多的职业和专业教育中的成功应用中证明，它是一种非常有用的教育教学方法。但从现有的教育研究中发现，一些研究者把案例方法作为一种万能的方法，这种认识是有欠缺的、不完备的。在教育的发展过程中，有许多的教育教学方法是很有效的，因此没有必要将案例方法应用到一切教学中。案例方法在一些特定的问题的教学中易显出优势。如一些研究者认为，案例方法在探究复杂的没有明晰的理论的实践时是有用的。而对于教师教育来说，缺乏明晰的理论及一致性的认识，正是影响教师教育水平提高的根本障碍。因此，如果这种观点是正确的，则案例方法在教师教育中的应用，将为提高教师的培养、培训水平，提供了一种可能的方法。

在我国，尽管对案例方法在教师培养中的研究和应用还处在萌芽中，但我国拥有世界上最大的教师教育体系，大量的优秀教师的教学案例可供收集、研究、示范、应用和推广。加强案例方法在教师教育中的应用和研究，将有助于提高我国教师培养水平。就当今而言，我国的师范教育中师范生的教学实践时间不足，是大家公认的问题。由于案例方法的准实践性，学生从中可以获得经验化的知识，因此利用案例方法教学将有助于解决这个问题。

（原载《高等师范教育研究》1997 年第 2 期）